Basis of 标准化基础
Standardization

白殿一 王益谊 等 著

清华大学出版社
北京

版权所有，侵权必究。举报：010-62782989，beiqinquan@tup.tsinghua.edu.cn。

图书在版编目（CIP）数据

标准化基础 / 白殿一等著. —北京：清华大学出版社，2019.11（2024.1重印）
ISBN 978-7-302-54185-1

Ⅰ. ①标… Ⅱ. ①白… Ⅲ. ①标准化—研究 Ⅳ. ① G307

中国版本图书馆 CIP 数据核字（2019）第 271795 号

责任编辑：冯　昕　赵从棉
封面设计：傅瑞学
责任校对：赵丽敏
责任印制：沈　露

出版发行：清华大学出版社
　　　　　网　　址：https://www.tup.com.cn, https://www.wqxuetang.com
　　　　　地　　址：北京清华大学学研大厦 A 座　　邮　编：100084
　　　　　社 总 机：010-83470000　　邮　购：010-62786544
　　　　　投稿与读者服务：010-62776969, c-service@tup.tsinghua.edu.cn
　　　　　质量反馈：010-62772015, zhiliang@tup.tsinghua.edu.cn
印 装 者：三河市君旺印务有限公司
经　　销：全国新华书店
开　　本：170mm×240mm　　印　张：18　　插　页：1　　字　数：275 千字
版　　次：2019 年 12 月第 1 版　　印　次：2024 年 1 月第 6 次印刷
定　　价：78.00 元

产品编号：085549-02

序

自工业时代以来,人们的工作和生活与标准密切相关,对标准化作用的认识也越来越深入。最初认为标准化可以使事物从无序到有序,减少社会日益增长的复杂性,提高工作效率和降低生产成本。后来认识到品种简化只是标准的一种类型,还有兼容性与接口标准、最低限度质量与安全标准以及测量检验方法标准。这几类标准的结合和实施,保障了市场的开放性、公平性,减少了消费者的信息不对称性,显著降低了交易成本。标准化通过将技术知识规范化,激励技术创新并促进创新成果的扩散,显示出对经济增长的正相关性。它与资本、劳动、专利等一道成为经济增长的要素。德国较早的研究报告认为,在20世纪60到80年代,标准化对德国经济增长的作用仅次于资本积累的贡献;英国研究人员对20世纪后50年英国经济增长的研究表明,13%的劳动生产率增长源于标准化;我国的专家研究了改革开放30年来我国的经济数据,得出标准化对中国经济的贡献率为7.9%。

随着信息化和全球化的深入,标准作为市场通行证和维护市场技术秩序重要手段的作用日益明显,高标准成为高质量的代名词,标准化越来越受到重视。国际和国内的标准化机构不断增多,从事标准化工作的人员数量也增长很快。但很多人是从某一单项技术切入开始参加标准制定工作,对标准化

Basis of Standardization
标准化基础

全局缺乏深刻和全面的了解，甚至制定标准的流程也不够标准，标准文件编写欠规范，表述未达到一致性、协调性和易用性。在参加国际标准化工作的人员中，熟悉并善于利用国际标准化机构程序的专家还不多，虽然中国在各类国际标准化机构中的话语权也日益提升，但与我国的经济大国地位还不相称。如果说参与标准制定工作的人和负责管理标准化工作的人是少数，那么运用和实施标准可以说与人人有关，我们的日常工作和生活与标准化息息相关。但更多的人对标准化的内涵知之甚少，在标准的实施中对标准的功能类别和标准的层次把握不准、应用不当的情况时有发生，甚至还出现违反标准化法的行为。

本书的作者从事标准化技术与管理专业工作数十年，他们根据对国内外标准化工作发展情况的了解，以标准化基础概念为纲，串联标准化活动的各个环节，将理论与实践相结合，全方位探讨标准化内涵。本书首先从标准化概念与原理入手，明确提出标准化活动的五项原则：开放、公平、透明、协商一致和可追溯性。本书简要点明标准化的作用，严格定义和清晰分类了标准化成果的主要表现形式，用特定制定程序、共同重复使用、科技经验总结、规则指南特性、规范表述形式等五个特征来区别标准与其他技术文件，细致论述了标准化文件及标准在起草中需要注意的要素和表述的把握。本书详细讲解了标准制定的程序，特别是近年普遍受到关注的标准中必要专利的处置程序。制定标准仅仅是标准化工作的开端，而标准化的作用在标准的实施中才能体现。本书介绍了各功能类型标准的应用对象和关注的效果，阐释了标准的间接应用与直接应用方法，还说明了标准化机构的组成和管理运行原则，从全球、国际、区域、国家和专业五个层面介绍国内外主要标准化活动。

本书填补了标准化基础研究著作的空白，适合于标准化工作者、科技人员、高校师生、管理部门干部等阅读，从中了解标准化工作的必备信息，为参与标准的制定、标准的实施、标准化管理、标准化教育与研发工作提供有价值的参考。

标准化的工作随着时代的发展而发展，对走向高质量发展道路的中国来说标准化的工作从来没有像现在这样重要，争夺标准化工作的制高点也成为新一轮国际竞争的目标之一，标准化水平将是强国的重要标志。在以标准化支撑我国经济社会发展的征途中,期待有更多有志之士参与到标准化工作之中,为丰富和提升我国标准化基础研究与实践做出自己的贡献。

中国工程院院士

中国标准化专家委员会主任

2019 年 6 月

前　　言

标准化是人类所从事的一项通过制定标准确立技术规则，应用标准建立最佳秩序的活动，其最终目的是促进人类的共同效益。在设立开放的、各方能够参与的标准化机构，严格履行能够充分协商一致、反映各方意见的标准制定程序的基础上，才能制定出既适用又能被利益相关方普遍认同、自愿应用的标准。众多被公认的标准经各方自愿地应用，技术秩序才能得以建立，共同效益方可获得。

随着我国经济社会的不断发展和国际交往的日益频繁，标准化持续受到各方面的高度关注与重视。关于标准化的热词、流行句子不断出现，标准的数量不断攀升。然而标准化最核心、最基础的概念体系的确立与使用却很少有人问津与坚持；组建开放的标准化机构，履行充分反映各方意见的标准制定程序的重要性往往被人们忽视；起草什么样的标准文本更适合标准的应用以及如何应用标准，也未引起人们足够的重视。

本书中的七章内容，以标准化活动为主线，通过对标准化基本概念的界定，标准化原理的诠释，标准化涉及的各方面基础知识的全方位阐述，力求为广大的标准化工作者、科研人员、高校学生以及其他读者提供准确翔实的标准化必备知识，从而为标准化管理、标准化研究、标准化教育和参与标准化活动提供指导和帮助。

第一章在对"标准化"这一核心概念进行充分分析和讨论的基础上，对标准化活动的主要成果之一——标准化文件和标准进行了严格的界定和清晰的分类；进而讨论了标准与法律法规、内部规章制度等规范性文件的关系；明确了标准及其体系在人类制度体系中的定位；推演出标准化原理；描述了标准化概念体系和标准学知识体系，从而勾画出标准化的概念图谱。

第二章到第五章分别就标准化活动涉及的四个方面，即标准化机构、标准制定程序、标准的起草以及标准的应用等进行了全面的阐述。提供了组建开放的标准化机构、确立充分反映各方意见的标准制定程序需遵循的基本原则；给出了标准化机构典型的内部组织架构，描述了标准制定程序必备的阶段，阐明了专利处置的特殊程序；提供了起草适用的标准需遵守的基本规则及表述要求；阐释了各功能类型标准的应用，以及应用标准的两种形式——直接应用和间接应用。

第六章和第七章分别对中国标准化和国际国外标准化进行了全方位的描述。详细阐释了我国标准化管理运行机制、标准制定程序、标准化文件体系和参与国际标准化活动等内容；深入阐述了从国际、区域、国家、专业等层面选取的典型标准化机构的标准化活动，从而诠释了全球标准化生态系统的形成、运行与发展状况。

本书提出了以下主要观点：

——标准化的原理是有序化，通过确立技术规则、应用技术规则这一建立最佳秩序的过程，达到获得共同效益的目的；

——标准的本质特征是"公认的技术规则"；

——标准是构成人类技术制度的基本单元，众多标准形成的标准体系构成了人类技术活动所需要遵循的技术制度，技术制度是人类制度体系的重要组成部分；

——标准化活动需要遵守"开放、公平、透明、协商一致和可追溯"五项原则；

——标准化机构的典型内部组织架构为"决策层、管理协调层和标准编制层"，标准制定程序的典型阶段为"预备、立项、起草、审查、

批准和发布";

——起草标准过程中,规范性要素选择需要遵守"确认标准化对象、明确标准的使用者、目的导向"三原则,标准内容表述需要遵守"一致性、协调性和易用性"三原则;

——标准的广泛直接应用,建立了概念秩序、行为秩序和结果秩序;

——全球标准化生态系统经历了由简单到复杂的演进过程,系统内标准化机构间、标准化文件间的相互作用和影响推动了整个系统的运行和发展。

各章的作者如下:

第一章,白殿一;

第二章,杜晓燕;

第三章,王益谊;

第四章,白殿一;

第五章,白殿一、逄征虎;

第六章,杜晓燕、逄征虎;

第七章,王益谊。

全书由白殿一、王益谊修改并统稿。

在本书写作过程中,全体作者根据十余年的研究积累,努力系统地阐明标准化的基础知识、论述相关观点,并竭尽所能查找最新的一手资料,给读者提供真实的数据和背景信息。然而,由于相关的研究工作还有待继续深入,一些观点尚属于首次提出,加之受研究领域和写作时间所限,瑕疵和纰漏在所难免,在此恳请读者予以批评指正并提出宝贵的意见,以激励和帮助我们在探索标准化理论与方法研究之路上继续前进。

作　者
2019 年 6 月

目 录

第一章　标准化基本概念及原理 …………………………………………… 1

　　第一节　标准化与标准化文件 ……………………………………… 1

　　　　一、标准化 …………………………………………………………… 2

　　　　二、标准化文件和标准 ……………………………………………… 5

　　　　三、标准的分类 ……………………………………………………… 8

　　　　四、标准化文件的分类 ……………………………………………… 21

　　　　五、标准在人类制度体系中的定位 ………………………………… 24

　　第二节　标准化原理 ………………………………………………… 31

　　　　一、有序化原理 ……………………………………………………… 31

　　　　二、确立公认的技术规则 …………………………………………… 33

　　　　三、建立秩序、获得效益 …………………………………………… 36

　　第三节　标准化概念体系和标准学知识体系 ……………………… 41

　　　　一、标准化概念体系 ………………………………………………… 41

　　　　二、标准学知识体系 ………………………………………………… 47

第二章　标准化机构 …………………………………………………………… 53

　　第一节　标准化机构的概念和类型 ………………………………… 53

一、标准化机构的界定…………………………………………………… 54
　　二、标准化机构的类型…………………………………………………… 56
　第二节　标准化机构的管理运行………………………………………………… 59
　　一、管理运行原则………………………………………………………… 59
　　二、典型内部组织架构…………………………………………………… 61
　第三节　标准化机构内的技术组织……………………………………………… 64
　　一、技术委员会…………………………………………………………… 64
　　二、起草工作组…………………………………………………………… 70

第三章　标准制定程序…………………………………………………………… 72
　第一节　确立标准制定程序的原则……………………………………………… 72
　　一、开放原则……………………………………………………………… 73
　　二、协商一致原则………………………………………………………… 73
　　三、透明原则……………………………………………………………… 73
　　四、可追溯原则…………………………………………………………… 74
　第二节　标准制定程序的阶段…………………………………………………… 74
　　一、程序阶段划分………………………………………………………… 75
　　二、标准的维护…………………………………………………………… 82
　　三、程序阶段中通常使用的方法………………………………………… 83
　　四、程序阶段与标准化文件……………………………………………… 86
　第三节　处置专利的特殊程序…………………………………………………… 87
　　一、专利的处置…………………………………………………………… 87
　　二、标准制定过程中的专利处置………………………………………… 91

第四章　标准的起草……………………………………………………………… 95
　第一节　标准的结构……………………………………………………………… 96
　　一、层次…………………………………………………………………… 96
　　二、要素…………………………………………………………………… 100
　第二节　标准主题及技术内容的确立…………………………………………… 103
　　一、规范性要素选择的三原则…………………………………………… 103
　　二、标准技术内容及标准功能类型的确立……………………………… 105

三、标准名称的编写 ·· 107
第三节　要素的编写 ··· 109
　　　一、不同功能类型标准的核心技术要素 ······················· 110
　　　二、其他规范性要素 ·· 115
　　　三、资料性要素 ·· 119
第四节　标准内容的表述 ··· 126
　　　一、表述三原则 ·· 126
　　　二、条款和附加信息 ·· 130
　　　三、要素内容的表述形式 ·· 134

第五章　标准的应用 ··· 138
第一节　各功能类型标准的应用 ·· 138
　　　一、规范、规程标准 ·· 139
　　　二、指南标准 ··· 139
　　　三、试验标准 ··· 140
　　　四、分类标准 ··· 140
　　　五、术语、符号标准 ·· 141
第二节　标准的间接应用 ··· 141
　　　一、裁剪法 ·· 142
　　　二、采用 ··· 143
　　　三、引用 ··· 145
　　　四、编制文件使用 ·· 149
第三节　标准的直接应用 ··· 151
　　　一、产品生产或服务提供中应用标准 ·························· 151
　　　二、供需双方的贸易中应用标准 ······························· 153
　　　三、第三方合格评定活动中应用标准 ·························· 156
　　　四、管理活动中应用标准 ·· 160
　　　五、交流与合作中应用标准 ····································· 160

第六章　中国标准化 ··· 163
第一节　我国的标准化管理运行机制 ·································· 163

　　　　　一、标准化法律法规体系……………………………………… 164
　　　　　二、标准化机构的运行机制……………………………………… 166
　　　　　三、标准化机构内的技术组织……………………………………… 169
　　第二节　我国的标准制定程序与标准化文件体系……………………… 174
　　　　　一、标准制定程序……………………………………………… 174
　　　　　二、标准化文件体系……………………………………………… 179
　　　　　三、支撑标准化工作的基础性系列国家标准…………………… 183
　　第三节　参与国际标准化………………………………………………… 187
　　　　　一、参与 ISO、IEC 和 ITU 标准化活动……………………… 187
　　　　　二、参与国外专业性组织标准化活动…………………………… 195

第七章　国际国外标准化……………………………………………… 198
　　第一节　全球标准化生态系统…………………………………………… 198
　　　　　一、全球标准化生态系统的形成过程…………………………… 199
　　　　　二、全球标准化生态系统的运行机制…………………………… 205
　　第二节　国际标准化……………………………………………………… 210
　　　　　一、国际标准化组织……………………………………………… 211
　　　　　二、国际电工委员会……………………………………………… 213
　　　　　三、国际电信联盟………………………………………………… 215
　　　　　四、小结…………………………………………………………… 218
　　第三节　区域标准化……………………………………………………… 219
　　　　　一、欧洲标准化…………………………………………………… 219
　　　　　二、其他区域标准化……………………………………………… 228
　　　　　三、小结…………………………………………………………… 231
　　第四节　国家标准化……………………………………………………… 232
　　　　　一、美洲…………………………………………………………… 232
　　　　　二、欧洲…………………………………………………………… 239
　　　　　三、亚洲…………………………………………………………… 249
　　　　　四、小结…………………………………………………………… 253
　　第五节　专业标准化组织………………………………………………… 254

一、电气和电子工程师学会 ………………………………………… 254
二、美国测试与材料协会 …………………………………………… 257
三、万维网联盟 ……………………………………………………… 259
四、小结 ……………………………………………………………… 261

附录A　我国行业代号、行业标准领域和行业标准化主管部门 ………… 263

参考文献 ……………………………………………………………… 266

第一章

标准化基本概念及原理

标准化的基本概念以及标准化原理是开展标准化活动涉及的基础知识。本章将首先阐述标准化以及由标准化活动产生的标准化文件的相关概念,然后在此基础上论述标准化原理,最后描述标准化概念体系并讨论标准学的知识体系,从而勾画出标准化的概念图谱,给出标准化学科的知识体系框架。

GB/T 20000.1—2014《标准化工作指南 第 1 部分:标准化和相关活动的通用术语》中界定了标准化活动概念体系中的相关术语及其定义,对该标准的了解与掌握将有助于弄清标准化概念体系。

第一节 标准化与标准化文件

标准化这一概念是标准化领域众多概念中的根本概念,标准化领域中的其他概念都是在标准化概念的基础上衍生出来的或者是与标准化概念相关的概念,这些概念共同构成了标准化概念体系。与标准化概念关系最密切的概念是由标准化活动产生的成果之一——标准化文件(绝大部分为标准)。本节首先详细分析什么是标准化;其次深入讨论标准化文件以及其中的标准的内涵;然后阐述它们的分类,给出其外延;最后从人类的制度体系的角度讨论各类规范性文件,进一步廓清标准的内涵,勾勒其外延,阐述标准和标准体系在制度体系中的定位。

一、标准化

在论述标准化和标准的概念之前,首先要对一些基本概念进行界定,以便更好地阐释标准化、标准等相关概念。

(一)标准化基本概念

下面将对五个概念进行界定,其中"标准化对象""标准化领域""标准化目的"三个概念在阐释标准化概念时将会涉及;"最新技术水平""公认的技术规则"在阐释标准概念时将会涉及。

1. 标准化对象

标准化对象是指"需要标准化的主题"[①]。对标准化对象的理解可以从宏观、中观和微观三个层面来考察。将标准化活动作为一个宏观整体来观察,其对象是"现实问题或潜在问题"[见下页中的(二)];涉及制定标准的中观层面可以将标准化对象聚焦到"产品、过程或服务",更进一步可以细化到"原材料、零部件或元器件、制成品、系统、过程或服务";针对每一个具体标准的微观层面,其标准化对象就是具体的产品、过程或服务,如洗衣机、安全操作规程、翻译服务等。

2. 标准化领域

标准化领域是指"一组相关的标准化对象"[②]。例如农业、冶金、工程建设、运输都可视为标准化领域。

3. 标准化目的

标准化活动的总体目的是"获得最佳秩序,促进共同效益"。具体到每一个标准化项目都有其特定的目的。标准化的目的通常涉及以下方面:可用

---

① GB/T 20000.1—2014《标准化工作指南 第1部分:标准化和相关活动的通用术语》,定义3.2。

② GB/T 20000.1—2014《标准化工作指南 第1部分:标准化和相关活动的通用术语》,定义3.3。

性、互换性、兼容性、相互配合、品种控制,安全、健康、环境保护,相互理解,等等。

4. 最新技术水平

最新技术水平是指"在一定时期内,基于相关科学、技术和经验的综合成果的产品、过程或服务相应技术能力所达到的高度"[①]。这里的技术水平指产品、过程或服务的技术能力所达到的高度,而这些能力源自于科学、技术和经验的综合成果;而最新强调的是一定时期内,也就是说随着时间的变化,最新技术水平也会发生改变。因此已经发布的标准需要通过定期复审、修订,以便持续反映最新技术水平。

5. 公认的技术规则

公认的技术规则是指"大多数有代表性的专家承认的能反映最新技术水平的技术条款"[②]。可见这里将公认的技术规则界定为"技术条款"。这些技术条款能否成为公认的技术规则要由专家来认可,并且需要符合三个条件:专家要有代表性,要达到大多数,并且技术条款要能够反映最新技术水平。这里强调的是反映最新技术水平,而不是一定要达到最新技术水平。

由于诸如国际、区域或国家标准的制定程序大多遵循协商一致原则,保证了标准中的技术条款能够得到大多数有代表性的专家的公认,并且由这些技术条款构成的标准可以公开获得,加之在必要时还会通过修正或修订保持与最新技术水平同步,因此国际上通常将这些标准中确立的技术条款视为构成了公认的技术规则。

(二)标准化概念的界定

标准化是指"为了在既定范围内获得最佳秩序,促进共同效益,对现实问题或潜在问题确立共同使用和重复使用的条款以及编制、发布和应用文件的活动""标准化活动确立的条款,可形成标准化文件,包括标准和其他标

---

① GB/T 20000.1—2014《标准化工作指南 第1部分:标准化和相关活动的通用术语》,定义3.4。

② GB/T 20000.1—2014《标准化工作指南 第1部分:标准化和相关活动的通用术语》,定义3.5。

准化文件""标准化的主要效益在于为了产品、过程或服务的预期目的改进它们的适用性，促进贸易、交流以及技术合作"[①]。

该定义将标准化界定为一项活动，确切地说是一项人类的活动。人类从事着众多的活动，标准化是人类诸多活动中的一种，它有着区别于其他活动的独自的特点。上述定义包含了以下六个方面的特点。

第一，活动的目的。人类的任何活动都不是盲目的，而是有意识、有目标的。为了达到活动的目的，人类在从事各种活动的过程中会形成各自的路径或结果。在进入社会化大协作的时代，从交流与合作的角度，不同的行为或行为结果会造成不一致、导致混乱，包括人类活动本身秩序的混乱和活动结果（产品、服务）秩序的混乱。这些无序的状态不利于人们实现交流与合作所要达到的目的。为此我们需要从事一项新的活动——标准化，标准化活动的总体目的就是消除混乱、建立最佳秩序，并通过秩序的获得促进人类的共同效益。

第二，活动的范围。任何一项标准化活动都有其预先确定的范围。制定标准的目的是在"既定范围"内获得最佳秩序，也就是说最佳秩序的获得不是无限范围的，在已经确定的范围内获得最佳秩序即达到了目的。这里的范围包括两层意思：其一，是指标准化活动所涉及的地域范围，如国际、区域、国家等；其二，是指标准化活动所涉及的标准化领域[见前文（一）中的"2"]的范围，如机械、信息技术等。标准化活动范围还表示了参与标准制定或标准应用涉及人员所代表的地域及专业的范围。

第三，活动的对象。标准化活动针对的是"现实问题或潜在问题"。如果已经发现在某个范围内现实的无序状况日趋明显，或者意识到将来可能会出现无序的状况，为了便于交流与合作，利益相关方需要考虑将出现无序状况的现实问题或潜在问题的主体确定为标准化对象，通过标准化活动，达到从无序到有序，进而促进人们的共同效益。这里将"现实问题或潜在问题"作为标准化对象是将标准化活动作为一个总体，从宏观层面作出的总概括，

[①] GB/T 20000.1—2014《标准化工作指南 第1部分：标准化和相关活动的通用术语》，定义3.1及其注1、注2。

具体的标准化活动都有其特定的具体对象[见前文（一）中的"1"]。

第四，活动的内容。标准化活动的内容包括四个方面：确立条款、编制文件、发布文件和应用文件。确立条款的主要活动是在众多的技术解决方案中选择一种或重组一种技术解决方案并形成条款；编制文件的主要活动是起草标准草案，同时履行相应的程序；发布文件的主要活动是审核批准已经编制完成的标准草案；应用文件是标准化活动的重要环节，只有标准化文件得到应用，才能建立起最佳秩序并取得效益。在标准化活动中经常会涉及"制定"这一概念，它包含了确立条款、编制文件和发布文件这三项内容，是这三项内容的总称。制定标准的核心工作是确立条款，条款的表述和应用都需要有相应的载体，因此编制文件、发布文件成为标准化活动的内容之一。实际上发布的文件的核心技术内容是条款，应用文件也是要应用文件中的条款。

第五，活动的结果。从上述分析可以看出，标准化活动确立的是"条款"；编制和发布的是"标准化文件"，其中大部分为"标准"（见本节中的"二"），它是标准化活动中制定标准产生的成果。而应用文件产生的结果为建立包括"概念秩序""行为秩序"或"结果秩序"的技术秩序[见本章第二节"三"中的（一）]。

第六，活动的效益。标准化活动产生的文件的广泛应用，建立了技术秩序，产生巨大的效益，即改进产品、过程或服务预期目的的适用性，促进贸易、交流以及技术合作。[参见本章第二节"三"中的（二）]

二、标准化文件和标准

标准化活动的主要成果之一是形成标准化文件，其中绝大部分为标准[①]。这里在讨论标准化文件和标准的概念（即其内涵）的基础上凝练标准的本质。之后进一步阐述它们的分类，给出其外延。

（一）标准化文件的界定

标准化文件是"通过标准化活动制定的文件"[②]。从该定义可知，凡是标

---

① 如无特指，本书将标准和标准化文件统称为"标准"。
② GB/T 20000.1—2014《标准化工作指南 第1部分：标准化和相关活动的通用术语》，定义5.2。

准化活动形成的文件都称为标准化文件。根据前文对标准化的定义可知，标准化文件是标准化活动的主要成果之一。换一个角度来说，标准化活动确立的条款的集合，再加上其他文件要素（如封面、前言、范围等）所形成的文件即是标准化文件。标准化文件属于规范性文件的一种，与其他规范性文件在形成过程上的主要区别在于它产生于标准化活动。

（二）标准的界定及本质特征

标准是指"通过标准化活动，按照规定的程序经协商一致制定，为各种活动或其结果提供规则、指南或特性，供共同使用和重复使用的文件""标准宜以科学、技术和经验的综合成果为基础"[①]。

该定义将标准界定为一种文件，并指出了这种文件与其他文件相区别的五个特征：特定的形成程序、共同并重复使用的特点、特殊的功能、产生的基础以及独特的表现形式。

第一，标准的形成需要"通过标准化活动，按照规定的程序经协商一致制定"。上述定义首先强调了标准与标准化的联系，指出标准产生于标准化活动，也就是说只有通过标准化活动才有可能形成标准，没有标准化活动就没有标准。然而标准化活动形成的不仅仅是标准，还会有其他标准化文件，只有"按照规定的程序"并且达到了形成标准所要求的协商一致（见第三章第一节"二"中的相关阐述）程度的文件才能称为标准。这里"规定的程序"指各标准化机构[②]为了制定标准而明确规定并颁布的标准制定程序（见第三章第二节）。所以说，履行了标准制定程序的全过程，并且达到了普遍同意的协商一致后形成的文件才称其为标准。

第二，标准具备的特点是"共同使用和重复使用"。共同使用是从空间上界定的，指标准要具有一定的使用范围，如国际、国家、协会等范围。重复使用是从时间上界定的，即标准不应仅供一两次使用，它不但现在要用，

---

① GB/T 20000.1—2014《标准化工作指南 第1部分：标准化和相关活动的通用术语》，定义5.3及其注1。

② 全书在泛指时使用"标准化机构"，具体到国际、区域、国家等，根据情况分别使用"国际标准组织/国际标准化组织""区域标准组织/区域标准化组织""国家标准机构"等。

将来还要经常使用。"共同使用"与"重复使用"两个特点之间是"和"的关系，也就是说，只有某文件在一定范围内被大家共同使用并且多次重复使用，才可能考虑将其制定成标准。

第三，标准的功能是"为各种活动或其结果提供规则、指南或特性"。最佳秩序的建立首先要对人类所从事的"活动"以及"活动的结果"确立规矩。标准的功能就是提供这些规矩，包括对人类的活动提供规则或指南，对活动的结果给出规则或特性。不同功能类型标准［见本节中"三"中的（五）］的主要功能会不同，通常标准中具有五种典型功能：界定、规定、确立、描述、提供或给出［参见本章第二节"二"中的（二）］，例如界定术语、规定要求、确立总体原则、描述方法、提供指导或建议、给出信息等。

第四，标准产生的基础是"科学、技术和经验的综合成果"。标准是对人类实践经验的归纳、整理，是充分考虑最新技术水平并规范化的结果。因此，标准是具有技术属性的文件，标准中的条款是技术条款，这一点是它区别于其他文件（如法律法规）的特征之一。

第五，标准的表现形式是一种"文件"。文件可理解为记录有信息的各种媒介[①]。标准的形成过程及其具有的技术规则的属性决定了它是一类规范性的技术文件。标准的形式有别于其他的规范性文件。通常每个标准化机构都要对各自发布的标准的起草原则、要素的选择、结构及表述作出规定。按照这些规定起草的标准，其内容协调、形式一致、文本易于使用。

通过前文对标准界定的分析，可以看出标准是"按照规定的程序经协商一致制定"的，这就确保了：一方面在标准形成过程中具有代表性的技术专家会参与其中，最新技术水平会被充分考虑，相对成熟的技术中可量化或可描述的成果会被筛选出来并确定为标准的技术条款；另一方面，经过利益相关方协商一致通过的标准会被各方高度认可，发布的标准可以公开获得，并且在必要的时候，还会通过修正或修订保持与最新技术水平同步。因此结合本节"一"中对相关概念的界定，可以得出标准的本质特征是"公认的技术

---

① GB/T 20000.1—2014《标准化工作指南　第1部分：标准化和相关活动的通用术语》，定义5.1，注2。

规则"(见本章第二节中的"二")。

三、标准的分类

标准的定义界定了其内涵，对众多标准清晰地分类并对各类标准进行界定，可以从外延上明确各类标准之间的界限，从而进一步厘清整个标准的边界。标准的数量众多，范围广泛，依据不同的维度可以将其划分成多个不同的类别。

对标准的分类应该依据一定的原则：首先，分出的各类之间不应该存在交叉或适用界限不明等问题；其次，分类的结果应该有利于标准的管理与起草；再次，要便于区分出标准的功能；最后，还要考虑分类的结果能够在标准文本上呈现，以便通过文本能够辨识出标准的类别。根据上述原则，通过深入研究与分析，从标准化以及标准本身确定分类依据，按照五个维度进行分类，图 1-1 展示了对标准分类得出的结果。下面将分别按照不同的维度进一步详细讨论标准的分类及其结果。

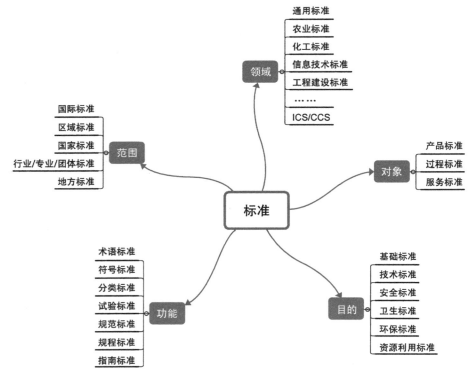

图 1-1　标准的分类

（一）按照标准化活动的范围划分成标准的层次类别

标准化活动的范围通常取决于标准化机构的影响范围。标准化机构不同，所涉及的领域可能会不同，参加标准化活动的人员来自的范围就会不同，发布的标准影响的范围也会不同。标准化活动的范围可以是全球的，也可以是某个区域或某个国家层次的，还可以是某个国家中的地区、行业学协会层次的。因此按照标准化活动的范围可以将标准分为国际标准、区域标准、国家标准、行业/协会/团体标准、地方标准等。其中国际标准、区域标准、国家标准、一些国际性的学协会标准可被视为构成了公认的技术规则。其他层次的标准，如学协会标准、团体标准，虽然不一定被认为构成公认的技术规则，但在一定范围内可能有较大的影响。

从标准化活动的范围这一维度对标准进行分类，可以将标准划分成不同的层次类别。这种分类的意义在于，可以从标准的层次方便地辨识标准化机构的影响范围，从而了解标准适用的领域或地域范围。

1. 国际标准

国际标准是指"由国际标准化组织或国际标准组织通过并公开发布的标准"[1]。

国际标准都是由国际标准化组织或国际标准组织制定的。目前，国际标准主要由世界上的三大标准组织发布：国际标准化组织（ISO）发布 ISO 标准，国际电工委员会（IEC）发布 IEC 标准，国际电信联盟（ITU）发布 ITU-T 建议书[2]（Rec. ITU-T）和 ITU-R 建议书（Rec. ITU-R）。ISO、IEC、ITU 这三个国际标准组织发布的标准几乎覆盖了所有与标准化活动有关的技术领域。

除 ISO、IEC、ITU 之外，在某个专业范围内发布国际标准的还有几十个机构或组织，诸如国际计量局（BIPM）、国际原子能机构（IAEA）、国际海事组织（IMO）、世界卫生组织（WHO）等。这里界定的"国际标准"包

---

[1] GB/T 20000.1—2014《标准化工作指南 第1部分：标准化和相关活动的通用术语》，定义 5.3.1。定义中的"组织""标准化组织""标准组织"等概念也见 GB/T 20000.1—2014。

[2] ITU-T 和 ITU-R 将发布的标准称作"建议书"（Recommendation）。

括了这些国际标准化组织发布的标准。

国际标准发布后在世界范围内适用，作为世界各国贸易、交流和技术合作的基本准则。

2. 区域标准

区域标准是指"由区域标准化组织或区域标准组织通过并公开发布的标准"[①]。区域标准均为具备地域型特点的区域标准化组织或区域标准组织制定的。目前有影响的区域标准包括以下几种。

欧洲地区：欧洲标准化委员会（CEN）和欧洲电工标准化委员会（CENELEC）发布的欧洲标准（EN）；欧洲电信标准学会（ETSI）发布的电信领域的欧洲标准（ETSI EN）和欧洲电信标准学会标准（ETSI ES）。欧亚标准化、计量和认证委员会（EASC）发布的独立国家联合体标准。

美洲地区：泛美标准委员会（COPANT）发布的泛美地区标准（COPANT）。

亚洲、非洲及阿拉伯地区：南亚标准化组织（SARSO）发布的SAARC标准（SARS）；非洲地区标准化组织（ARSO）发布的非洲地区标准（ARS）；阿拉伯标准化与计量组织（ASMO）发布的阿拉伯地区标准（ASMO）。

区域标准发布后在区域范围内适用，作为区域内贸易、交流和技术合作的基本准则。

3. 国家标准

国家标准是指"由国家标准机构通过并公开发布的标准"[②]。

在我国，国家标准是指由国家标准化管理委员会（SAC）发布的中国国家标准（GB/T）。国际上具有影响力的国家标准大多由公认的国家标准机构（非权力机关）发布，主要有：英国标准学会（BSI）发布的英国标准（BS），德国标准化学会（DIN）发布的德国标准（DIN），法国标准化协会（AFNOR）发布的法国标准（NF），美国国家标准学会（ANSI）发布的美国国家标准（ANSI），加拿大标准理事会（SCC）发布的加拿大标准（CAN），日本工业

---

① GB/T 20000.1—2014《标准化工作指南 第1部分：标准化和相关活动的通用术语》，定义5.3.2。

② GB/T 20000.1—2014《标准化工作指南 第1部分：标准化和相关活动的通用术语》，定义5.3.3。

标准调查会（JISC）发布的日本工业标准（JIS），俄罗斯联邦技术法规和计量局（GOST R）发布的俄罗斯国家标准（ГОСТР），印度标准局（BIS）发布的印度标准（IS），巴西技术标准协会（ABNT）发布的巴西标准（ABNT NBR）等。

国家标准发布后在某个国家的范围内适用。

4. 行业/专业/团体标准

行业/专业/团体标准是指由某个国家的行业标准化机构或学协会/团体标准化组织通过并公开发布的标准。

在我国依法成立的社会团体制定的标准称为团体标准。团体标准的统一代号为"T"，每个团体标准的代号为在"T"后加上"/团体代号"。另外，我国政府有关部门可以制定发布标准，这类标准称为行业标准。我国的行业标准需经国务院标准化行政主管部门审查确定并统一给予行业标准代号，如农业（NY）、机械（JB）、化工（HG）、船舶（CB）、旅游（LB）等。

在国外，一些学协会发布的标准[①]往往在某些专业领域中具有广泛的影响，如电气和电子工程师学会（IEEE）发布的标准（IEEE Std），美国测试与材料协会（ASTM）发布的标准（ASTM），美国机械工程师协会（ASME）发布的标准（ASME），万维网联盟（W3C）发布的建议（W3C Recommendation）。

5. 地方标准

地方标准是指"在国家的某个地区通过并公开发布的标准"。

在我国，地方标准是由省、自治区、直辖市标准化行政主管部门统一组织编制、审批、编号和发布的标准。我国地方标准的统一代号为"DB"，每个地方标准的代号为在"DB"后加上各地方行政区划代码的前两位数。

（二）按照标准化领域划分成标准的专业类别

从标准化领域这一维度对标准进行划分，可以将标准分为不同的专业类别。在国际上被广泛使用、我国已经采用的"国际标准分类法"（International

---

① 在一些国家，如德国，由行业协会发布的文件称作技术规范。

Classification for Standards，ICS），以及我国同时使用的"中国标准文献分类法"（China Classification for Standards，CCS）中划分出的标准类别即属于按照标准化领域分类的结果。

这种分类的意义在于能够快速识别某标准所针对的标准化对象所属的专业领域，方便标准化机构按照标准涉及的领域对标准进行管理。由于标准涉及的标准化领域一般都非常广泛，各标准化机构为了辨识和管理，通常都采用这种分类方法。

1. 国际标准分类法

ICS 是国际标准化组织（ISO）1992年发布的标准文献专用分类法。ICS 根据标准化对象所属的标准化领域对标准进行分类，采用层累制分类法，由三级类目构成。第一级设 40 个大类，例如：机械制造，电气工程，电信、信息技术，铁路工程，纺织和皮革技术，农业，化工技术，冶金等。第一级大类共被分为 407 个二级类，其中 134 个又被细分为 896 个三级类。ICS 采用阿拉伯数字编码，第一级到第三级分别用两位、三位、两位数字表示，各级之间使用下脚点相隔。例如：

一级：35　信息技术、办公机械设备

二级：35.100　开放系统互连（OSI）

三级：35.100.10　物理层

2. 中国标准文献分类

CCS 是原国家技术监督局于 1989 年发布的适用于我国标准文献的专用分类法。该分类以专业领域为划分依据，采用字母与数字的混合标识制度，由两级类目构成。一级类目共设 24 类，用字母标识，如 B 表示农业、E 表示石油、G 表示化工、L 表示电子元器件与信息技术、P 表示工程建设、W 表示纺织、X 表示食品等；二级类目用双位数字标识。如 G 25 表示"化工农药"。

从上述"1"和"2"中可看出，我们经常所称的农业标准、化工标准、信息技术标准、工程建设标准、纺织标准、食品标准等，即是从标准化领域这一维度进行分类后所得到的标准类别。

3. 通用标准

通用标准是指包含某个或多个特定领域普遍适用的条款的标准。仅包含某个特定领域内普遍适用的条款的标准属于领域内的通用标准。通用标准在其名称中常包含词语"通用",例如通用规范、通用技术要求等。

（三）按照标准化对象划分成标准的对象类别

标准化对象是某标准化领域内"需要标准化的主题"。从标准化对象这一维度对标准进行分类,可以将某标准化领域内的标准划分成不同的对象类别。经常所称的产品、过程或服务就是对标准制定活动中的标准化对象的概括,以这种概括的标准化对象为依据对标准进行分类,可以得出产品标准、过程标准或服务标准的对象类别。

按照标准化对象将标准划分成对象类别的意义在于,一方面可以清楚地区分出标准的主题,便于标准的应用;另一方面可以根据标准化对象的具体情况,确定是针对其整体编制形成单独的标准,还是针对其不同的方面将标准分成系列部分。

1. 产品标准

产品标准是指"规定产品需要满足的要求以保证其适用性的标准"[①]。

产品标准是相对于过程标准和服务标准而言的一大类标准。根据上述定义可以归纳出产品标准的特点:标准化对象为具体的产品,制定标准的目的是保证产品的适用性,标准中规定的内容为"产品应满足的要求"。只有符合上述特点的标准才可划入产品标准这一类别。产品标准的标准化对象可进一步细分,根据细分的结果还可将产品标准分为原材料标准、零部件或元器件标准、制成品标准或系统标准等。

需要注意的是,不是标准化对象为产品,所制定的标准就是产品标准。按照产品标准的定义,标准化对象为产品,并且规定其应满足的要求的标准才是产品标准。如果标准化对象为产品,但标准仅包含术语、试验方法等内

---

① GB/T 20000.1—2014《标准化工作指南 第1部分:标准化和相关活动的通用术语》,定义7.9。

容中的一种，那么该标准不是产品标准，而是术语标准、试验标准［见下文中的（五）］等。

2. 过程标准

过程标准是指"规定过程应满足的要求以保证其适用性的标准"[①]。

过程标准是相对于产品标准和服务标准而言的一大类标准。根据上述定义可以归纳出过程标准的特点：标准化对象为过程，制定标准的目的是保证过程的适用性，标准中规定的内容为"过程应满足的要求"。只有符合上述特点的标准才可划入过程标准这一类别。

3. 服务标准

服务标准是指"规定服务应满足的要求以保证其适用性的标准"[②]。

服务标准是相对于产品标准和过程标准而言的一大类标准。根据上述定义可以归纳出服务标准的特点：标准化对象为服务，制定标准的目的是保证服务的适用性，标准中规定的内容为"服务应满足的要求"。只有符合上述特点的标准才可划入服务标准这一类别。

（四）按照编制标准的目的划分成标准的目的类别

编制任何一项标准都有其特定目的［见本节"一"（一）中的"3"］，编制标准的目的不同，标准的技术内容就会不同。从编制标准的目的这一维度对标准进行分类，可以将标准划分成不同的目的类别。

以目的为依据对标准进行分类，可以快速确认制定标准的目的，从而为更好地应用标准提供便利。

1. 基础标准

基础标准是指以相互理解为编制目的形成的具有广泛适用范围的标准。基础标准是制定其他标准的基础，适用范围广泛。以实现相互理解为目的制定的标准，如术语标准、符号标准、分类标准、试验标准［见下文中的（五）］等，其中的内容在制定其他标准（如技术标准、安全标志、环保标准等）时

[①] GB/T 20000.1—2014《标准化工作指南 第1部分：标准化和相关活动的通用术语》，定义7.10。
[②] GB/T 20000.1—2014《标准化工作指南 第1部分：标准化和相关活动的通用术语》，定义7.11。

常常会用到，相关内容常常会被其他标准所引用。换句话说，基础标准是制定其他标准的基础。

2. 技术标准

技术标准[①]是指以保证可用性、互换性、兼容性、相互配合或品种控制为目的制定，规定标准化对象需要满足的技术要求的标准。为了上述目的制定的"产品标准、过程标准和服务标准"以及"规范标准、规程标准"［见下文中的（五）］属于技术标准。可见这里所指的技术标准其制定目的是针对技术问题，不涉及政府部门出于公共利益关注的目的（如安全、健康等）。技术标准的应用需要发挥市场机制的作用，不会制定成强制性标准被强制实施。

3. 安全标准

安全标准是指以"免除了不可接受的风险的状态"[②]为目的制定的标准。安全是一个相对的概念，没有绝对的安全。因此，针对产品、过程或服务制定安全标准时，通常考虑的是获得包括诸如人类行为等非技术因素在内的若干因素的最佳平衡，将伤害到人员和物品的风险降低到可接受的程度。

安全标准中可以规定产品、过程或服务需要满足的安全要求，也可以规定为了安全的目的必须涉及的结构，执行的程序、工艺，等等。

只有安全成为制定标准的惟一目的，即标准是专门为了安全目的而制定的，这类标准才称为安全标准，也才有可能制定成强制性标准，如消费品安全标准、电气安全标准等。以适用性为目的制定的标准，也可能涉及安全内容，例如产品标准中规定了一些安全要求，但这类标准不属于安全标准，只是标准中涉及了安全内容。

4. 卫生标准

卫生标准是指以保障健康为目的制定的标准。卫生标准通常根据健康要

---

① 这里所称的技术标准与经常提到的技术标准在概念上有差别。后者是相对于管理标准而言的一大类标准，它的概念过于宽泛，包括基础标准、产品标准（设计、工艺、设备、设施、服务）、试验标准、安全标准、卫生标准、环境标准等，它涵盖了本书对标准分类依据的"对象维度、目的维度和功能维度"。

② GB/T 20002.4—2015《标准中特定内容的起草 第4部分：标准中涉及安全的内容》，定义3.14。

求规定产品、过程、服务以及环境中化学的、物理的及生物有害因素的卫生学容许限量值，即最高容许浓度。该浓度是根据环境中有害物质和机体间的剂量-反应关系，考虑到敏感人群和接触时间而确定的一个对人体健康不会产生直接或间接有害影响的"相对安全浓度"。

只有卫生成为制定标准的惟一目的，即所制定的标准是专门为了卫生的目的，这类标准才称为卫生标准，也才有可能制定成强制性标准，如生活饮用水卫生标准、空气消毒剂卫生要求、酱油厂卫生规范等。以适用性为目的制定的标准，也可能涉及卫生内容，例如产品标准中列出了一些卫生指标，但这类标准不属于卫生标准，只是标准中涉及了卫生的内容。

5. 环保标准

环保标准是指以保护环境为目的，使得环境免受产品的使用、过程的操作或服务的提供造成的不可接受的损害的标准。环保标准通常规定如下内容。

污染物排放限制：为了实现保护环境的目的，对污染源排入环境的污染物质或各种有害因素所作的限制性规定。污染物排放标准可分为大气污染物排放标准、水污染物排放标准、固体废弃物等污染控制标准等。

环境质量：为了保护生存环境、维护生态平衡，对环境中污染物和有害因素的允许含量所作的限制性规定。

只有环境保护成为制定标准的惟一目的，即所制定的标准是专门为了环保的目的，这类标准才称为环保标准，也才有可能制定成强制性标准，如工业污染物排放标准、锅炉大气污染物排放标准等。

6. 资源利用标准

资源利用标准是指以资源节约（如节能、节水、节材、节地、新能源与可再生能源）与综合利用（如矿产资源综合利用、废旧产品及废弃物回收与再利用）为目的制定的标准。

资源节约标准通常规定能效限定值、节能评价值或能效分等分级等。能效限定值是指在规定测试条件下所允许的用能产品的最大耗电量或最低能效值；节能评价值是用能产品是否达到节能产品认证要求的评价指标；能效分等分级是根据耗电量和能效水平的高低将产品分为1、2、3、4、5级，1级表示能效水平最高，最节能，5级表示仅达到了能效限定值指标。

（五）按照标准内容的功能划分成标准的功能类型

每个标准都有其要发挥的功能，功能不同其内容也会不同，而其中的主要功能取决于标准的核心技术要素。对于同一个标准化领域，相同的标准化对象而言，如果标准所提供的功能不同，其核心技术要素的内容就会不同，随之标准的结构、表述形式也会不同。从标准核心技术要素的内容这一维度对标准进行分类，可以将标准划分成不同的功能类型。

以内容的功能为依据对标准进行分类，其意义在于通过对功能类型的辨识，可以明确具有不同功能的标准中的技术内容，从而可以对相关标准的编写方法进行规定。

1. 术语标准

术语标准是指"界定特定领域或学科中使用的概念的指称及其定义的标准"[1]。这个定义中的"概念的指称"即指"术语"。术语标准的功能是"界定"术语及其定义。这类标准的核心技术要素为"术语条目"，通常含有术语和定义，有时还附有示意图、注、示例等。术语标准通常包含了某个领域、学科或某个标准化对象的全部或大部分术语及其定义。这些术语及其定义可以构成某领域、学科或某标准化对象的概念体系。术语标准的典型内容及表现形式为："按照概念体系编排的术语条目"加上"术语及其外文对应词的索引"。

术语标准中界定的术语是人类相互交流，尤其是技术交流的基础，有了被严格定义的术语，人类的科技、生产和贸易活动才能成为可能。

2. 符号标准

符号标准是指"界定特定领域或学科中使用的符号的表现形式及其含义或名称的标准"[2]。符号标准的功能通常为"界定"涉及某个领域的符号。这类标准的核心技术要素为"符号或标志及其含义"。符号标准的典型内

---

[1] GB/T 20000.1—2014《标准化工作指南 第1部分：标准化和相关活动的通用术语》，定义7.2。

[2] GB/T 20000.1—2014《标准化工作指南 第1部分：标准化和相关活动的通用术语》，定义7.3。

容及表现形式为："符号表"加上"符号含义（或名称）及其外文对应词的索引"。

符号标准界定的符号将便于各种语言、文化、知识背景的人们相互交流，这些符号在人们日常生活和科学技术活动中发挥着不可替代的作用。

3. 分类标准

分类标准是指"基于诸如来源、构成、性能或用途等相似特性对产品、过程或服务进行有规律的排列或者确立分类体系的标准"。分类标准的功能为"确立"分类体系，其核心技术要素是"分类和/或编码"。分类的结果可以是具有层级关系的类目，这些类目一般可用名称（通常由文字组成）、代码（一般由数字、字母或它们的组合构成）或标记（可由符号、字母、数字构成）进行识别。

4. 试验标准

试验标准又称试验方法标准，是指"在适合指定目的的精确度范围内和给定环境下，全面描述试验活动以及得出结论的方式的标准"[①]。

试验标准的功能为"描述"试验方法，其核心技术要素通常包括详细的"试验步骤""试验数据处理"（结果的计算方法）。试验标准有时附有与试验相关的其他内容，例如原理、试剂或材料、仪器设备、样品、试验报告等。

试验标准需要符合下述条件。首先，它应该规定试验所依据的试验步骤；其次，试验是有具体目标的，即要测定出产品或服务的具体特性值，也就是要得出试验数据并给出结果的计算方法；再次，它要根据确定的目标指明该试验所得出的结果的精确度。也就是说，试验标准要通过一个标准化的过程，得出在一定精确度范围内的结果或结论。

5. 规范标准

规范标准是指"为产品、过程或服务规定需要满足的要求并且描述用于判定其要求是否得到满足的证实方法的标准"[②]。大多数标准化对象——无论

---

① GB/T 20000.1—2014《标准化工作指南 第1部分：标准化和相关活动的通用术语》，定义7.5。

② GB/T 20000.1—2014《标准化工作指南 第1部分：标准化和相关活动的通用术语》，定义7.6。

是产品、过程还是服务，都可以成为规范标准的对象。

规范标准的功能为"规定"要求，其核心技术要素是规定标准化对象（或其某个特定方面）需要满足的"要求"，同时描述判定是否符合要求所使用的"证实方法"。也就是说规范标准中应该有由要求型条款组成的要求一章。在声明符合标准时，要求一章中所规定的要求需要严格遵守并且能够证实，因此规范中需要同时指出判定符合要求的证实方法。

6. 规程标准

规程标准是指"为活动的过程规定明确的程序并且描述用于判定该程序是否得到履行的追溯/证实方法的标准"，其中的过程包括但不限于设计、制造、安装、维护或使用，申请、评定或检验，接待、商洽、签约或交付等。

规程标准的功能为"确立"程序，"规定"程序指示，其核心技术要素是为活动的过程"确立程序"，规定履行程序的一系列"程序指示"并描述"追溯/证实方法"。

规程标准主要规定的是履行过程的行为指示，而规范标准规定的是对标准化对象的技术要求，这是规程标准与规范标准的主要区别。履行规程标准规定的程序指示不产生任何试验结果，而履行试验标准中描述的试验步骤必定产生试验结果，这是规程标准与试验标准的主要区别。

7. 指南标准

指南标准是指"以适当的背景知识提供某主题的普遍性、原则性、方向性的指导，或者同时给出相关建议或信息的标准"[①]。

指南标准的功能为"提供"指导，其核心技术要素为"需考虑的因素"。在"需考虑的因素"中提供某主题的一般性、原则性或方向性的指导。在提供指导的同时，通常会以适当的背景知识给出相关信息，必要时还会提供相关建议。

指南提供的是指导、建议或给出信息，但不规定要求、不推荐具体的惯例或程序。这是"指南标准"与"规范标准"或"规程标准"的本质区别。

---

① GB/T 20001.7—2017《标准编写规则　第 7 部分：指南标准》，定义 3.1。

（六）标准分出的类别在标准文本上的呈现

对标准的分类不是盲目的，分出的类别在标准文本上都是有所体现的。

标准的层次类别：在标准的封面上，通过发布标准的组织的徽标和/或组织的名称得以体现，如中华人民共和国国家标准、INTERNATIONAL STANDARD（国际标准）等。另外，标准的编号也能体现出标准的层次。

标准的专业类别：通常在标准的封面上可看到 ICS 号；在我国标准的封面上不但能看到 ICS 号，还能看到 CCS 号。另外。在标准名称的引导元素（如有的话）中也会写明标准所属的专业领域。

标准的对象类别：会呈现在标准名称的主体元素中。标准名称的主体元素就是表示标准化对象的元素。

标准的目的类别：通常会体现在标准名称的补充元素或主体元素中。在标准的引言中，如必要也可以阐述编制标准的目的。对于强制性标准，在标准名称中需要含有表述编制目的的词语，诸如"安全""卫生""健康"或"环境保护""排放""资源利用"等。

标准的功能类型，会呈现在标准名称的补充元素或主体元素中。诸如术语标准的"术语"等；符号标准的"符号""图形符号"或"标志"等；分类标准的"分类""编码"等；试验标准的"试验方法""测量方法""测试方法""测定方法"或"化学分析方法"等；规范标准的"规范""技术规范"等；规程标准的"规程"等；指南标准的"指南"等。

针对一个标准可以根据需要，从不同的维度称呼该标准的类别，如过程标准、服务规程标准、产品安全规范标准等。以 GB/T 14784—1993 封面为例，从该标准的封面可了解到以下信息：标准编号，GB/T 14784—1993；标准名称，带式输送机安全规范；ICS 号，53.040.10；CCS 号，J81。这些信息对应标准分类的 5 个维度，从而可以确定该标准所属的类别/类型：从标准编号中可得出标准的层次类别为国家标准；从标准的 ICS 号和 CCS 号可得出标准的领域类别为"输送机械/材料储运设备"类标准；从标准的名称可得出标准的对象类别为"带式输送机"，属于产品标准，标准的目的类别为"安全标准",标准的功能类型为"规范标准"。因此,可以将该标准称为"机械产品安全规范国家标准"。

四、标准化文件的分类

标准化活动的主要成果之一是形成标准化文件。针对众多标准化文件进行清晰的分类并对各类文件进行界定,可以从外延上明确各类文件的范围,从而进一步划清整个标准化文件的边界,同时也厘清了标准和其他标准化文件的边界。

标准化文件中的大部分为标准,标准之外的文件为其他标准化文件。标准与其他标准化文件之间的主要区别就在于是否履行了协商一致程序并且达到了形成标准所要求的协商一致程度。如回答是肯定的,则为标准,反之则是其他标准化文件。根据文件的内容以及文件形成过程履行程序的情况,可以将其他标准化文件划分为规范或规程、技术报告、指南、协议等。图1-2给出了标准化文件的分类结果。

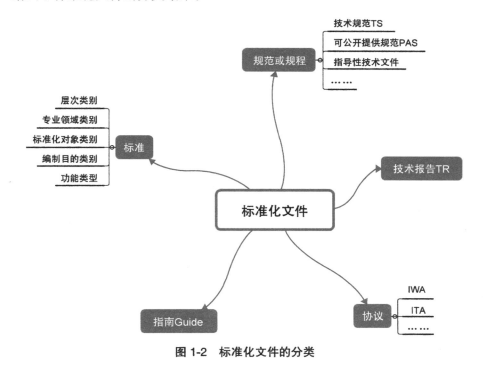

图1-2 标准化文件的分类

Basis of Standardization
标准化基础

各标准化机构在开展标准化活动的过程中，除了制定标准以外，出于种种原因（如公认的标准化机构为了更好、更快地适应市场需求）会通过降低协商一致程度（如不完全履行标准制定程序或按照其他特定程序）形成标准之外的其他标准化文件。

其他标准化文件与标准在文件代号上有明显的区别。通常情况下，在文件代号中除了有文件发布组织的代号外，还有文件类型的特定代号，如技术规范为 TS、可公开提供规范为 PAS、技术报告为 TR、指南为 Guide 等。

（一）标准

任何标准化机构都会规定并发布明确的标准制定程序。按照这一程序形成的文件，我们称其为标准，见本节"二"中对标准的界定以及相关阐述，还可参考前文"三"对标准的分类。

（二）规范或规程

这里提及的规范或规程是指标准化文件的一种类型。凡是为产品、过程或服务规定了需要满足的要求并且描述了用于判定该要求是否得到满足的证实方法的标准化文件都可称为规范；凡是为活动的过程规定明确的程序并且描述了判定该程序是否得到履行的追溯/证实方法的标准都可称为规程。这些规范或规程如果严格执行了标准化机构规定的标准制定程序，形成的文件就是规范标准或规程标准；如果未完全履行标准制定程序，则形成的文件就是其他标准化文件中的规范或规程。这类文件通常在国际、区域、国家、企业等层次上都存在。

国际上普遍存在的技术规范（Technical Specification，TS）、可公开提供规范（Publicly Available Specification，PAS）即属于这类文件。与 TS 相比，PAS 的协商一致程度要更低一些。与标准不同，对 TS、PAS 的复审次数、存活期都有具体的限制，到了一定的期限，如果不能转化为标准，就必须撤销。TS、PAS 存在于多个层次的标准化文件中，如 ISO/TS、ISO/PAS、CEN/TS、DIN PAS 等。在国际上，不管是国际标准化组织，还是国家标准机构发布的 TS 或 PAS 都以最终形成标准为目标，如果最终没能形成标准就要被撤销。

我国的指导性技术文件是我国标准化机构发布的标准之外的规范或规程类标准化文件。在我国国家层次上发布的这类文件称为国家标准化指导性技术文件（GB/Z）。"指导性技术文件发布后三年内必须复审，以决定是否继续有效、转化为国家标准或撤销"①。

企业的规范或规程是企业发布的一类标准化文件。为了尽快满足企业内部生产、管理的需要，企业规范（如产品技术规范）或规程（如工艺规程）的形成通常履行其特定的制定程序，文件也会有其适合的形式。企业规范或规程的技术内容可能会含有企业的专利技术、技术秘密，是企业内部的不对外公开的标准化文件。对于企业内部颁布的规章制度、技术规范、工艺流程、操作手册等，利用其组织的约束力要求执行即可，无须编制或转化成企业标准。

（三）技术报告

技术报告（Technical Report，TR）是标准化机构发布的包含不同于标准或技术规范的数据的文件②。例如标准化活动中获得的数据、工作数据，或相关标准的特定标准化对象最新技术水平的数据。这些文件的内容完全是资料性的，因此不适合作为规范、规程或标准发布。技术报告也属于未完全履行标准制定程序形成的文件，由于其自身内容的资料性特点，决定了它不需要较高的协商一致程度，经过相关技术委员会 P 成员简单多数赞成即可发布。技术报告的复审没有严格的期限，只建议由承担工作的技术委员会定期复审。

技术报告存在于多个层次的标准化文件中，如 ISO/TR、IEC/TR，欧洲标准化委员会（CEN）发布的技术报告（CEN/TR），欧洲电信标准协会（ETSI）发布的技术报告（ETSI TR），JISC 发布的技术报告（TR），等等。

（四）协议

协议是标准化机构针对某个快速发展的技术领域与另一机构、组织、论坛等通过签署协议合作发布的文件。为了尽快反映市场的需求，这类文件的

---

① 国家质量技术监督局.国家标准化指导性技术文件管理规定.1998年12月24日.
② GB/T 20000.9—2014《标准化工作指南　第9部分：采用其他国际标准化文件》，定义3.3（略作修改）。

制定过程并没有遵守标准化机构的标准制定程序，而是按照通过协议议定的特定程序形成并发布。

研讨会协议是这类文件中的典型文件。该协议的制定不是由标准化机构的技术委员会负责，而是通过开放的专题研讨会来完成。虽然研讨会协议的制定程序不同于标准制定程序，但需要符合标准化机构制定的发布这类文件的相应要求。发布这类文件的最大好处是能够在现有标准化技术组织和专家未涉及到的领域，以及由于快速发展而已有标准制定程序不能满足市场需求的领域更快速地反映标准化的需求。

研讨会协议存在于多个层次的标准化文件中，如 ISO 发布的国际研讨会协议（International Workshop Agreement，IWA），CEN 和 CENELEC 发布的欧洲标准组织研讨会协议 CWA，另外 IEC 发布的工业技术协议（Industry Technical Agreement，ITA）也属于这类文件。

（五）指南

指南（Guide）是指由标准化机构发布的为该机构标准化活动提供规则、指导或建议的文件。指南是供标准化机构内部从事标准化活动使用的文件，通常不再转化为标准。

指南的制定遵循专为它制定的特定程序。它通常不由标准化机构的技术委员会制定，而由机构中政策制定委员会等设立的"项目负责委员会或工作组"制定。指南通过的条件是，所有标准化机构成员投票后，反对票少于总投票数的四分之一。

指南存在于多个层次的标准化文件中，如 ISO Guide、IEC Guide、CEN 发布的 CEN/Guide、CENELEC 发布的 CENELEC/Guide、ETSI 发布的 ETSI EG 等。

五、标准在人类制度体系中的定位

在人类所从事的某些活动过程中会产生许多文件，其中一些文件，诸如法律法规以及标准化活动产生的标准，由于其内容具有约束和规范人类行为的性质，因而被称为规范性文件。众多规范性文件构成了规范人类社会的制度体系。标准和其他规范性文件之间存在着什么样的关系,在人类的制度体系中处于一个什么样的位置?厘清这些问题,有助于从更广阔的视野审视标准和标准化文件,进一步揭示标准的本质以及标准和标准体系在制度体系中的定位。

(一)构成制度体系的主要文件的界定

与标准相关的规范性文件有法律法规、技术法规、强制性标准,另外道德规范或公序良俗与制度体系也有着密切的关系。

1. 法律法规

法律是由享有立法权的立法机关行使国家立法权,依照法定程序制定、修改并颁布,并由国家强制力保证实施的基本法律和普通法律的总称。法规是指"由权力机关通过的有约束力的法律性文件"①,其中权力机关指"具有法律上的权力和权利的机构"②。可见,法律法规具有在"强制"管辖范围内所有人必须执行的普遍约束力,是一种强制性文件。它是标准化文件之外的一类规范性文件。

法律法规的制定目的是维护社会关系和社会秩序,实现社会的公平正义;其功能是确定权利和义务,核心内容为规定行为模式和法律后果,行为模式包括可以的行为(授权性规范)、必须的行为(命令性规范)和不准的行为(禁止性规范)。

2. 技术法规

技术法规是指"规定技术要求的法规,它或者直接规定技术要求,或者通过引用标准、规范或规程来规定技术要求,或者将标准、规范或规程的内容纳入法规中"③。

---

① GB/T 20000.1—2014《标准化工作指南 第1部分:标准化和相关活动的通用术语》,定义5.7。

② GB/T 20000.1—2014《标准化工作指南 第1部分:标准化和相关活动的通用术语》,定义6.6。

③ GB/T 20000.1—2014《标准化工作指南 第1部分:标准化和相关活动的通用术语》,定义5.7.1。

从该定义可看出，技术法规首先是法规的一种，它具有法规所具有的特征：由权力或行政机关制定且具有约束力。其次，技术法规是规定技术要求的法规，也就是说凡是法规涉及了技术要求，就称其为技术法规。上述定义指出了技术法规中规定技术要求的三种形式：直接规定，通过引用或抄录其他标准化文件中的规定。可见，技术法规与标准化文件有着密切的关系。

技术法规规定的技术内容，不管是法规中直接规定，还是通过引用标准间接规定，其制定目的基本上限定在WTO/TBT规定的正当目标内，即维护国家安全，保护人身安全或健康，保护动植物的生命和健康，保护环境，防止欺诈行为等。

目前，欧盟委员会发布的"新方法指令"属于典型的技术法规，另外，还有由俄罗斯联邦技术法规和计量局颁布的技术法规等。

3. 强制性标准

在我国有一类介于标准与法规之间的类似技术法规的文件——强制性标准。强制性标准是"旨在实现正当目标，为相关活动的结果规定可证实的要求或为活动的过程规定可追溯的程序，由行政机关制定的强制实施的标准"。标准化法规定"不符合强制性标准的产品、服务，不得生产、销售、进口或者提供"[1]。国际上也有强制标准的说法，其定义为"根据普遍性法律规定或法规中的惟一性引用使标准应用成为强迫性的标准"[2]。

可见，我国的强制性标准与国际上的强制标准在概念上不完全相同。我国的强制性标准是在标准化法中规定的一种类型的强制执行的文件，本身就具有约束力，它在某种程度上属于技术法规的范畴。国际上所指的强制标准仍属于标准的范畴，是指由于普遍性法律或法规中惟一性引用使得"标准的应用成为强迫"，也就是说这些标准的应用被强迫是源自法律或法规，即来源于法律或法规的约束力。

我国的强制性标准或国外的技术法规均由行政机关制定，具有行政约束力，也是一种强制性文件（在发布部门的权限范围内强制实施）。它的制定

---

[1] 《中华人民共和国标准化法》第二十五条。

[2] GB/T 20000.1—2014《标准化工作指南　第1部分：标准化和相关活动的通用术语》，表A.1。

目的是保障健康和安全、保护环境；其功能是为相关活动的结果规定可证实的要求或为活动的过程规定可追溯的程序，核心内容为规定怎么做、做的结果等。

4. 标准

标准是通过标准化活动，按照规定的程序经协商一致（与其他标准化文件相比，标准达到了形成标准所要求的协商一致程度）制定，由公认的标准化机构发布，属于自愿参与，供社会自愿使用的自愿性文件［详见本节"二"中的（二）］。它的制定目的是可用性、互换性、兼容性等；其功能是为各种活动或其结果提供规则、指南或特性，核心内容为规定怎么做、做的结果。

5. 道德规范或公序良俗

道德规范或公序良俗是由大家公认的、群体成员共同遵守的一般原则、规矩、规则或行为准则，可以是约定俗成、流传下来的不成文的规矩，也可以是书面形式的成文规矩，具有道德约束力。这类文件或不成文的规矩可以成为制定法律法规、标准化文件的基础。

（二）文件的约束力

从事标准化活动，尤其是涉及标准化文件与法规之间的关系时，经常会遇到文件约束力的问题。厘清这个问题有助于进一步说明什么是标准。从约束力这个维度我们可以将文件分为强制性文件、自愿性文件和内部执行文件。

1. 强制性文件

由权力机关制定的文件属于强制性文件，法律、法规、技术法规或强制性标准等都属于强制性文件。这里所谈到的强制性文件通常指以国家的强制力作为其实施保证，因此文件本身具有法律约束力或行政约束力，如果不执行或违反相应文件中的规定，会受到相应的惩罚。

不能以某文件是否必须被执行作为判定强制性文件的依据。强制性文件是由权力机关制定的文件，它对制定该文件的机构之外的不特定的人员或机构具有约束力。如果某文件只对组织内部具有约束力，在组织内必须执行，那么它不属于强制性文件，而属于下文"3"阐述的"内部执行文件"。如果某文件是通过其他文件的引用而必须被实施，那么它也不属于强制性文件。例如下文所谈到的"自愿性文件"，一旦被法律法规所引用，在相应法律法规调整范围内也是要执行的，然而这种情况下，文件被执行不是因为文件本身所具有的约束力，而是来自于法律法规的要求。

2. 自愿性文件

由公认的机构（非权力机构）制定的供使用者自愿使用的文件属于自愿性文件。由于标准化文件涉及的是技术内容，属于技术规则，所以无需权力机关制定并强制实施。本节所讨论的标准和标准化文件应该由公认的机构制定，不具有法律约束力，属于自愿性文件。从这一维度来看，判断某个文件是否属于标准的条件还应包括：文件是否是自愿性文件，其发布机构是否为非权力机构。

自愿性文件与强制性文件的明显区别就是它没有法律约束力。自愿性文件无法要求与之有关的组织或人员必须执行其要求；有关组织或人员也没有义务一定要执行文件的要求。作为自愿性文件的标准是以科学、技术和经验的综合成果为基础，是在各方充分协商一致的基础上形成的，符合大多数利益相关方的利益。自愿性文件主要依靠文件本身包含的技术规则的公认度和各利益相关方的认同度，以及发布文件的机构的权威度被使用者自愿应用。可见，虽然自愿性文件不具有法律或行政约束力，但来自技术和市场的约束会导致相关方的应用。文件的使用者通常采取自我声明的方式，声明其产品或服务符合某个文件。

3. 内部执行文件

由机构（包括组织、企事业单位等实体）制定的只在内部执行的文件，属于内部执行的指令性文件，它不具有法律约束力，但是在机构内部具有约束力，必须执行。

一些权力或非权力的机构，为了规范其内部的事物，按照各自颁布的制定程序，发布一些文件。这些文件有些属于管理类，有些属于技术类。对于内部的管理事项，通常以规章制度、管理办法等管理类文件的形式颁布；对于内部从事的技术事项，通常以技术规范、规程，工艺流程、手册等技术规定或称为标准化文件的形式颁布。机构利用其自身的约束力要求在其内部执行上述所颁布的文件，因此这些文件在机构内部具有约束力，是必须执行的文件。然而这类文件的约束力仅限于机构内部，它们不具备法律约束力，不属于强制性文件。

我国的企业通过颁布内部的标准制定程序将一些技术类的文件颁布为"企业标准"。实际上这些企业标准属于内部执行的文件，它们不是公共产品，并不与利益相关方协商一致，因此不属于公认的技术规则。在世界范围内，并不是所有企业都制定企业标准，但往往会有企业自己的技术规范、操作、工艺、服务或管理规程、流程或手册。这类文件是企业标准化活动的结果，可以将它们理解为企业的标准化文件。

在国际上，一些标准化机构为了规范组织内部的标准化活动，发布一些针对组织内从事相关活动需要遵守的文件。例如，凡是从事 ISO 或 IEC 的标准化活动，其标准制定程序必须遵守 ISO/IEC 导则的第 1 部分。ISO/IEC 导则在 ISO、IEC 这两大国际标准组织内具有约束力，是必须遵守的文件，然而它们不具备法律约束力，不是强制性文件。

（三）标准和标准体系在制度体系中的定位

前文阐述了在人类的各种活动中经常会接触到众多的规范性文件，包括法律法规、技术法规、强制性标准、自愿性标准、规章制度、技术规定等。人类为了各项活动能够顺利开展需要建立起各种秩序。规范性文件是人们为了建立秩序而从事的活动产生的结果。众多规范性文件形成的文件体系，构成了人类社会的制度体系。表 1-1 给出了构成制度体系的有关文件的特点及相互关系。

通过本节从多个角度对各类文件进行的讨论，以及表 1-1 中的归纳可以得出，法律法规体系形成的是由社会规则构成的社会制度，技术法规或强制性标准形成的体系是由强制性技术规则构成的技术制度的一部分，众多标准形成的标准体系是由公认的技术规则构成的技术制度的另一部分。

表 1-1 构成制度体系的有关文件及相互关系

制度类型	法律法规	技术法规/强制性标准	自愿性标准	内部规章制度/技术规定	道德规范/公序良俗
	社会规则/制度	技术规则/制度	技术规则/制度	内部规则/制度	一般规则
约束力	普遍约束力	行政约束力	市场/技术约束力	内部约束力	道德约束力
目的	维护社会关系和社会秩序，实现社会的公平正义	保障健康和安全、保护环境	可用性、互换性、兼容性等	保证机构的运行，技术活动的开展	维护社会公德、公共秩序
功能	确定权利和义务	为相关活动的结果规定可证实的要求或为活动的过程规定可追溯的程序	为各种活动或其结果提供规则、指南或特性	确定权利、职责和义务；为机构内部的技术活动规定技术规范、操作、工艺流程等	由大家公认的、群体成员共同遵守的一般原则、规矩、规则或行为准则，可以是约定俗成、流传下来的不成文的规矩，也可以是书面形式的成文规矩
核心内容	规定行为模式（可以、必须、不准）和法律后果	规定怎么做、做的结果	规定怎么做、做的结果	规定行为模式和违规后果，规定怎么做、做的结果	
相互关系	引用标准	引用自愿性标准，被法律法规引用	被法律法规、强制性标准引用	遵守法律法规和标准；编制各层次标准的基础	制定法律法规、标准、内部文件的基础

自愿性标准中的技术规则可成为制定法律法规、技术法规和强制性标准的重要的技术支撑。一方面，法律法规可能以各种方式涉及技术内容，尤其是技术法规常常引用甚至抄录标准中的技术规则；强制性标准涉及术语、符号、分类或试验方法时，如有现行适用的自愿性标准，通常采取引用自愿性标准的做法。另一方面，标准的制定也经常注重满足法律法规、技术法规、强制性标准等文件的需求，从而被这些强制性文件所引用。自愿性标准通常无须引用强制性文件。

机构内部的规章制度形成的内部规则属于社会制度的组成部分,而技术规定形成的内部规则属于技术制度的组成部分。内部执行的文件需要遵守法律、法规的规定,还要根据技术和市场的需求遵守相应的标准。内部执行的标准化文件还可以成为编制各层次标准的基础,在技术制度的建立中发挥作用。道德规范和公序良俗是制度体系尤其是社会制度体系形成的基础。可以说人类的制度体系是由法(法律法规、技术法规等)、标(强制性标准、自愿性标准)、规(内部执行的规章制度、技术规定等)、准则(道德规范、公序良俗等)构成的。

从上面的阐述可以看出标准和标准体系在制度体系中的定位。由于标准具有提供反映最新技术水平的公认的技术规则的本质特征,众多标准形成的标准体系构成了人类技术活动所需要遵循的技术制度,标准是构成技术制度的基本单元。各类规范性文件构成的规则体系,形成了人类社会的制度体系,技术制度是人类制度体系的重要组成部分。

第二节　标准化原理

第一节详细分析了标准化与标准等概念,并且得出标准化活动能够产生的巨大效益:改进产品、过程或服务预期目的的适用性,促进贸易、交流以及技术合作。标准化是如何发挥作用、产生效益的,其原理是什么?对这些问题进行探讨与研究将具有重要的理论及现实意义。本节首先提出了标准化的有序化原理,然后从确立公认的技术规则、自愿应用这些规则、建立最佳技术秩序、达到有序化以及取得的具体效益等方面,对标准化的有序化原理进行了分析与论证。

一、有序化原理

在阐述标准化原理之前,先界定一下原理这一概念。原理是指"带有普遍性的、最基本的、可以作为其他规律的基础的规律"[①]。可见原理是揭示基本规律的,它的本质规律性决定了在某一学科或领域中不存在众多的原理。在原理基础上,可以推演、总结出具体的原则、规则和方法等。

---

① 现代汉语词典. 2002年增补本. 商务印书馆,2002.

Basis of Standardization
标准化基础

人类从事标准化活动是为了"促进共同效益"这一根本目的。标准化原理[①]就是要揭示人类发挥标准化作用，获得共同效益的普遍的基本规律。有序化是标准化活动巨大效益产生的根本原理。标准化的"有序化原理"可以表述为：标准化活动确立并应用了公认的技术规则，建立了人类活动的最佳技术秩序，包括"概念秩序、行为秩序、结果秩序"，达到了人类行为及行为结果的有序化，从而促进了人类的共同效益。

（一）人类活动及其结果的自由发展

人类从事着各种活动，也产生了大量的结果。不同的人群在不同的时空里可能从事着相同或相似的活动，但由于他们没有交流，这些活动的过程就有可能不同，活动的结果一定存在着差异。即使相同的人在不同的时间里，从事相同或相似的活动，其过程和结果也有可能存在着差异。

如果任由人类活动的过程及其结果自由发展，那么不同的人、不同的人群，甚至相同的人、相同的人群在不同的时空里所从事的活动的过程以及活动的结果都会越来越多样。这种多样性的积累，必将产生无序，最终导致混乱，并产生两种结果：第一，降低个体效率，即使相同的人，如果每次活动的过程都不同，活动的结果也不一致，那么前面的经验就无法利用，无法直接嫁接到后面的活动中，这将导致活动效率的低下；第二，影响交流与合作，如果人类的活动是相互隔离的，相互之间没有重叠、没有交流，也不进行合作，那么无序的结果仅仅会影响个体或非常小的团队的效率。然而交流与合作是快速达到人类活动目的的方法之一，是人类得以发展的必然选择，所以人类的活动不可能隔离，交流与合作也不可能停止。

因此，人类活动及其结果的自由任意发展，必然造成概念、过程、产品或服务多样性的暴增，导致无序和混乱局面的出现，最终的结果是交流与合作无法进行，活动效益受到影响，活动目的无法达到。

---

① 在标准化界就标准化原理已有众多探讨，诸如，英国桑德斯的7原理，日本松浦四郎的19原理、中国标准化工作者提出的4原理等。按照对原理的界定进行考察，这些原理还没有考虑到基本规律，绝大多数属于方法层面的原则或规则，涉及了标准化概念、标准制定程序、标准起草、效果评价等多方面的问题。

（二）标准化促进活动及其结果的有序发展

人类活动是有其具体特定目的的，为了达到活动的目的，就要引导活动的路径简捷地指向我们要达到的目标，并产生我们希望的结果。因此，不能让活动及其结果自由任意发展，必须让其有序发展，要有意识地减少多样性，或者达到可控制的多样性。

标准化活动就是要通过最佳秩序的获得而促进人类的共同效益。为此人们运用一系列的方法确立技术规则（也就是制定标准或标准化文件），进行技术选择。在众多的技术解决方案中，通过规则的确立，选出或组合重构适合的技术解决方案。这期间会舍弃许多技术路径、技术解决方案或技术特性，从而减少多样性，或形成有序的多样性。确立规则只是标准化活动的内容之一，应用规则是标准化活动的另一项内容。只有通过应用确立的技术规则，才能从无序到有序，建立起秩序，从而最终实现人类活动的目的，达到我们的目标。

二、确立公认的技术规则

标准化活动的内容之一——制定标准就是要通过标准这种文件形式将技术规则固定下来。规则的确立仅是制定标准的结果，而不是标准化的最终目的。标准化的目的是通过最佳秩序的获得，促进共同效益。应用已经制定的标准，遵守其中确立的规则，才能保证获得最佳秩序。然而，标准是一种自愿性文件，不具备法律或行政约束力，如何才能让有关方面自愿应用标准呢？这就需要通过好的制度设计使得标准成为公认的技术规则，成为技术制度的重要组成，各有关方面才会自愿应用标准。

（一）保证标准被自愿应用的制度设计

标准得以自愿应用需要符合两个条件：首先，标准中的技术规则的适用性要好；其次，形成的标准要被各利益相关方认同。也就是说标准本身是好标准，而且各个方面承认它是个好标准。要想达到上述条件，就要组建良好的组织机构并形成规范的标准制定程序，这是保证标准被自愿应用的良好制度设计。

Basis of Standardization
标准化基础

1. 建立良好的标准化机构及其标准化技术组织

建立良好的标准化机构及其标准化技术组织是保证标准能够被自愿实施的制度设计之一，也是标准能够被自愿应用的必要条件之一。标准化机构及其组建的各类标准化技术组织的建立需要遵守开放、公平、透明的原则，以便凡是与标准制定活动有关的专家、利益相关方都能够参与到相应的标准化机构及其各类标准化技术组织的活动中。相关人员能够参与相关标准化机构的活动是建立良好标准化机构的首要条件。只有参与才有可能将意见及建议反映到标准化机构制定的管理运行机制、标准制定程序等政策中；相关领域的技术专家参与标准的起草，标准的技术内容才能充分吸收专家的意见，反映最新技术水平；有了与标准有关的利益相关方的参与，才有可能使标准被利益相关方认同，提高标准的适用性。（第二章将详细阐述与建立标准化机构及其标准化技术组织有关的知识。）

2. 确立并颁布标准制定程序

各个层面的意见能够被充分考虑的标准制定程序的确立和颁布，是标准能够被自愿应用的另一个制度设计。良好的标准制定程序需要遵守开放、协商一致、透明和可追溯的编制原则。在各个层面的人员能够参与标准编制活动的基础上，标准制定程序的设计要能够确保被各个层面的人员明确认同的标准得以最终发布，这样才能达到发布的标准，不但技术规则适用性好，而且各利益相关方认同标准的技术内容，从而标准的自愿应用成为可能。

因此，标准制定程序的阶段设计要贯彻上述原则，确保技术专家、利益相关方和标准化机构的意愿在各阶段能够充分反映和采纳。通常标准制定程序分为预备、立项、起草、审查、批准和发布等六个能够反映各方意见的阶段。（第三章将详细阐述与标准制定程序有关的知识。）

（二）技术规则的确立

良好的标准化机构和标准制定程序是确立能被自愿采用的技术规则的组织和制度保障。在此基础上，通过标准草案的起草（第四章详细阐述了与标准的起草有关的知识），并履行标准制定程序，标准化机构才能发布相应的标准。标准制定的过程就是确立规则的过程。

标准是规则的载体，标准中的条款提供的是"公认的技术规则"。标准的典型功能包含五个方面：第一"界定"，如界定术语、符号、界限等；第二"规定"，如规定要求、特性、尺寸、指示等；第三"确立"，如确立程序、体系、系统、总体原则等；第四"描述"，如描述方法、路径等；第五"提供"或"给出"，如提供指导、指南、建议等，给出信息、说明等。与这些功能相对应，各种功能类型标准［见本章第一节"三"中的（五）］能够确立的典型技术规则包括以下五个方面。

1. 为人类的交流提供概念体系

不管是对人类活动本身还是活动的结果进行标准化，首先需要考虑在相应的专业领域中人们能够交流。为此，需要界定相关领域的概念，形成相应的体系。

术语标准、符号标准、分类标准是这类规则的载体，其功能是"界定"术语、符号，"确立"分类体系。术语标准界定概念的指称及其定义；符号标准界定符号及其含义；分类标准"确立"分类体系，给出分类的结果。

2. 为人类活动的结果提供特性

标准中可以针对人类活动的结果提供特性[①]。人类涉及技术的活动结果无外乎产品或服务。针对产品，标准可以对它的性能（如使用性能、理化性能等）规定要求；针对服务，标准中可以对其效能（如服务效果、宜人性等）规定要求。

规范标准是这类规则的载体，它的功能是"规定"可证实的要求。规范标准中的产品规范和服务规范在表述要求时需要遵守"性能[②]/效能[③]原则"，即标准中的要求由反映产品性能或服务效能的具体特性来表述。这类标准中通常规定标准化对象的特性及其特性值。

3. 为人类活动的过程提供规则

标准中可以针对人类活动的过程提供规则，包括规定人类活动过程中需要遵守的行为规则，以及规定由一系列操作或行为指示构成的程序。

---

① 特性是"标准化对象所具有的可被辨识的特定属性"，引自 GB/T 20001.5—2017《标准编写规则　第 5 部分：规范标准》，定义 3.5。

② 性能是"反映产品功能的某种能力"，引自 GB/T 20001.5—2017《标准编写规则　第 5 部分：规范标准》，定义 3.3。

③ 效能是"反映过程或服务功能的某种能力"，引自 GB/T 20001.5—2017《标准编写规则　第 5 部分：规范标准》，定义 3.4。

规程标准和"过程规范标准"是这类规则的载体,其功能是"确立"程序,"规定"行为指示,或"规定"可证实的要求。规程标准在遵循"可操作性原则"和"可追溯/可证实性原则"的基础上,"规定"人类活动过程需履行程序的行为指示,过程规范标准对过程效能规定要求。

4. 为人类的试验活动提供方法

标准中可以全面描述人类的试验活动并给出得出试验结论的方法。人类的试验活动是"为了查看某事的结果或某物的性能而从事的某种活动"[①]。可见试验针对的不是直接导致具体结果的过程,它所针对的是人类活动过程已经产生的结果或结果的性能。试验过程本身导致的是"试验结果",根据这些结果可以对产品的性能或服务的效能进行验证。

试验标准是这类规则的载体,它的功能是"描述"试验活动以及得出结论的方式。试验标准在遵循"确保试验结果的准确度在规定要求的范围内"的原则基础上,描述试验过程,同时还要描述试验结果的处理等。试验标准为证实产品性能或服务效能是否达到要求提供相应的方法。

5. 为人类活动及其结果提供方向性指导

当针对人类活动中某些宏观、复杂、新兴的主题进行标准化的时候,提供方向性的指导、有针对性的建议,往往比规定相关主题的具体特性、规定活动开展的行为规则更能满足实际需求。在这种情况下,为了加强对主题的认识、揭示其发展规律,标准中可提供针对人类活动本身及其结果的指南。

指南标准是这类规则的主要载体,它的功能是"提供"普遍性、原则性、方向性的指导,或者同时"给出"相关建议或信息。指南标准在遵守"指导方向明确原则"的基础上,能够帮助标准使用者起草相关的标准(通常为方法标准、规范标准和规程标准等)或技术文件,或者形成与该主题有关的技术解决方案。

三、建立秩序、获得效益

人类通过标准化活动,确立了以标准为载体的适于自愿应用的技术规则。众多标准中的技术规则形成了规范人类活动的技术规则体系。标准化活动的另一项重要内容就是应用文件(第五章详细阐述了与标准的应用有关的知识),

---

① 现代汉语词典. 2002年增补本. 商务印书馆, 2002.

也就是应用标准中的技术规则。众多标准被应用,也就是技术规则体系被遵守、被应用以后,技术秩序就得以建立,人类的共同效益也将由此产生。

(一)应用规则、建立秩序

不同功能类型标准中的技术规则以致技术规则体系的自愿广泛应用,从宏观的角度来观察,建立了三大技术秩序。

1. 概念秩序

术语标准、符号标准中"界定"了各领域中的术语、符号或图形符号、代号或代码;分类标准中"确立"了各领域的分类体系。标准中的这些内容可以统称为概念的标准表述,简称"标准表述"。这些标准被自愿应用后,人们在交流过程中都使用标准的术语、符号、代码等"标准表述",大家的概念体系是一致的,有了共同的认知基础。随着按照标准中的内容进行交流逐渐广泛与频繁,"标准表述"在人们头脑中的印象也会逐步加深直至固化,概念层面的秩序(或称为"概念秩序")则被逐步建立。

2. 行为秩序

规程标准中"规定"了人类行为的可操作、可追溯的程序,过程规范标准中对人类行为"规定"了要求。标准中的这些规定可以统称为"标准程序"或"标准行为规范"。这些标准被自愿应用后,人们在从事与技术有关的活动中,其行为均遵守"标准程序"中的指示以及"标准行为规范"中的要求。这些标准的广泛应用,将直接导致人类"行为秩序"的建立。

如果在某些领域无法或无须制定规程标准或过程规范标准,并且根据需要制定了相关指南标准,尤其是程序类指南标准,那么这些标准中"提供"了人类活动程序有关的方向性的指导。遵循这些指南标准可以使行为秩序的形成具有明确的方向,从而能够导致最终良好行为秩序的建立。

3. 结果秩序

在规范标准中"规定"了人类行为的结果——产品或服务的特性要求,并"描述"了相应的试验方法,以便能够通过该方法验证是否达到所规定的要求。标准中的这些规定可以统称为"标准产品或标准服务"。这些标准被自愿应用后,将直接建立起人类行为的"结果秩序"。

如果在某些领域无法或无须制定规范标准，并且根据需要制定了相关指南标准，尤其是特性类指南标准，那么这些标准中"提供"了针对人类活动结果的特性选择、特性值选取的方向性指导。遵循这些指南标准可以使结果秩序的建立具有明确的方向，从而能够引导结果秩序的建立。

（二）取得效益

应用标准中确立的技术规则，建立了技术秩序，将产生巨大的效益。"标准化的主要效益在于为了产品、过程或服务的预期目的改进它们的适用性，促进贸易、交流以及技术合作"[①]。具体体现在以下五个方面。

1. 便利交流

秩序的建立，大大方便了人类的交流。这首先体现在概念秩序的建立。人们在进行各种交流时，有了一个概念的标准表述体系，即使用标准技术语言——术语、符号、代码以及分类体系。人们不用再为概念的内涵反复争论，也不会因为使用了不一致的术语、符号，导致交流上的障碍。其次体现在行为秩序的建立，不同的人按照标准程序、执行标准指示，可以在程序的某个阶段执行相同的操作，在程序的不同阶段又可以执行特定的操作，这使得人类大规模的协作得以发生。标准化在各个领域方便了人类的交流，增进了相互理解，这是标准化产生的"最普遍的效益"。

2. 改进标准化对象的适用性

标准中的规则是根据标准化对象的功能，按照制定标准的目的［见本章第一节"三"中的（四）］确立的。由于标准中规定的产品、过程或服务的特性及特性值反映了最新技术水平，因此按照标准中确立的规则建立的结果秩序（也可能包含达到结果的行为秩序）将产生标准产品或标准服务，由此会获得如下效果：减少了多样性，保证了可用性，增强了兼容性、互操作性以及相互配合，使得互换性得以完成；保障了人类的健康和安全，保护了环境，促进了资源的合理利用。总之，改进了产品、过程和服务的适用性，这是针对标准化对象，标准化取得的"最直接的效益"。

---

① GB/T 20000.1—2014《标准化工作指南 第1部分：标准化和相关活动的通用术语》，定义3.1的注2。

3. 促进贸易，消除壁垒

行为秩序、结果秩序的建立，在贸易中的表现就是人们都依据规范标准中针对标准化对象规定的特性及特性值签订合同，按照标准中提供的方法检验特性的符合性，验收达到标准要求的产品或服务。人们在贸易中都遵守或利用标准中的规定（关于产品或服务）签订合同并验收相应的产品或服务，这样便利了贸易的开展。由于标准的公开性，使得隐蔽的贸易技术壁垒无法实施。

应用适用地域越广的标准（如国际、区域、国家标准），在贸易中就能在更大范围内建立结果秩序。就贸易而言，符合哪一层次的标准，就等于拿到哪个地域范围的贸易通行证。一项标准、一次检验、全球适用，这是人们追求的建立全球贸易秩序的目标。因此，结果秩序的建立促进了贸易，消除了标准不统一造成的贸易壁垒，促进了各领域、地域乃至全球的贸易和经济的发展，这是通过促进贸易活动，标准化取得的"最广泛的效益"。

4. 便利技术合作，提供创新平台

标准中确立的是被大多数有代表性的技术专家公认的能反映最新技术水平的规则。这些规则的应用搭建了反映最新技术水平的技术平台。大家在这个较高的平台上，在相同的规则下进行合作与交流，并在这个平台的基础上进行新一轮的创新。随着创新技术的日趋成熟，原来的标准也会随之修订、更新与应用，新的秩序、平台随之建立。人们将在新的、更高的平台上进行交流与创新。因此可以说，依据标准（或一系列标准）建立的技术平台，便利了人们在反映最新技术水平的平台上进行合作与交流。随着创新平台的持续更新，人们的交流与创新也将持续提高，从而促进技术创新的持续发展，这是标准化产生的"最持续的效益"。

5. 提高效率

上述四个方面的效益，无论是便于交流与技术合作，利于创新、促进贸易、消除壁垒，还是改进标准化对象的适用性，都会产生一个良好的效果——提高人类活动本身以及活动结果的效率。效率的提高，无疑将产生巨大的经济效益和社会效益。可以说技术秩序的建立提高了效率，这是标准化活动之所以产生各类效益的"最根本的效益"。

图 1-3 展示了标准化的作用原理。

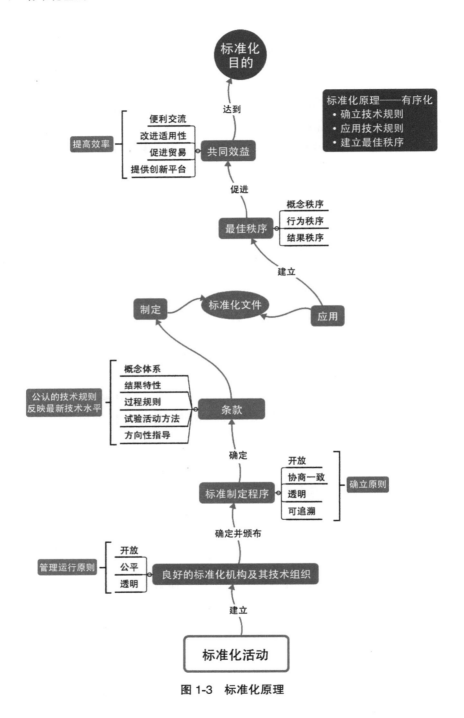

图 1-3 标准化原理

第一章　标准化基本概念及原理

第三节　标准化概念体系和标准学知识体系

在对标准化及其成果之一的标准的概念有了一个清晰的了解，对标准化原理有所认识之后，需要将标准化作为一个领域来掌握其概念体系，进而将标准化作为一个学科，知道标准化学科应该具备什么样的知识体系。

一、标准化概念体系

标准化概念体系是标准化知识中的最基础的知识，它是围绕标准化，由"标准化概念"（见本章第一节的"一"）衍生出来的概念的集合。标准化概念体系由"标准化活动基本概念""标准制定活动"和"标准应用活动"三个主概念及其分概念构成。其中的标准化活动基本概念涉及"标准化层次""标准化目的""标准化领域及对象"分概念及其他相关概念，标准制定活动涉及"标准化机构""标准制定程序""标准化文件起草"以及制定活动的成果"标准化文件"四个分概念；标准的应用涉及"间接应用""直接应用"和"应用成果"三个分概念。每个分概念又由多个概念群以及具体的概念构成。

标准化概念体系可以形象化表示为"标准化概念树"。标准化是树的主干，标准化活动基本概念、标准制定活动和标准应用活动等主概念成为树的主枝，其下的分概念则成为主枝上的分枝，分枝由具体概念形成概念群，每个概念则为树叶。因此，标准化概念体系由"标准化概念"衍生出来的"主概念""分概念""概念群"和"具体概念"构成；标准化概念树由树的主干、主枝、分枝和树叶构成。

本章的第一节论述了标准化概念以及标准化活动的成果——标准化文件、标准等相关概念。本书的第二章到第七章对标准化所涉及的基础知识进行全面的分析、整理和阐述，形成了相关的知识点，涉及了概念体系中的众多概念。对这些概念进一步梳理，形成了分概念体系中的概念群和具体概念。图1-4用标准化概念树呈现了由"主概念""分概念""概念群"和"具体概念"构成的标准化概念体系。下面将对构成标准化概念体系的三个主概念中的分

41

概念体系进行逐层介绍。

（一）标准化活动基本概念体系

标准化活动基本概念体系由"标准化层次""标准化目的""标准化领域"和"标准化对象"四个分概念体系以及"最新技术水平、公认的技术规则"等概念［见本章第一节"一"中的（一）］构成。

1. 标准化层次分概念体系

由于标准化活动的范围不同，形成了不同的标准化层次。通过各个层次的标准化活动，形成了全球标准化生态系统。标准化层次分概念体系由"国际标准化、区域标准化、国家标准化、行业/专业/团体标准化、地方标准化、企业标准化"等概念构成。

本书第六章阐述了位于国家标准化层面的中国标准化，第七章阐述了国际国外标准化，这两章全面涉及了各个层次的标准化活动的知识点以及相关概念。对国际国外以及我国标准化的全面了解，有助于对全球标准化活动的态势及发展有一个宏观的认识。

2. 标准化目的分概念体系

标准化目的分概念体系由"多个产品或服务配合的目的""公共利益的目的"和"基础适用的目的"等三个概念群和"可用性"概念构成。

（1）可用性

该概念通常是编制产品或服务标准的首要目的。

（2）多个产品或服务配合

该概念群包括"互换性、兼容性、相互配合"等概念。

（3）公共利益

该概念群包括"安全、健康、环境保护"等概念。

（4）基础适用

该概念群包括"相互理解、品种控制"等概念。

3. 标准化领域分概念体系

标准化领域分概念体系由 ICS 分类、CCS 分类中的众多标准化领域的概念构成。

4. 标准化对象分概念体系

标准化对象分概念体系由"产品/系统、过程、服务"等概念构成。

（二）标准制定活动概念体系

标准的制定活动涉及制定标准的标准化机构，形成标准所履行的程序，起草标准需遵守的规则，以及标准制定产生的成果即标准化文件等四个分概念体系。

1. 标准化机构分概念体系

标准化活动能否达到秩序的建立并最终获得效益，首先取决于制定的标准化文件能否被广泛应用，而应用的前提是这些文件规定的内容能被利益相关方认同，而认同的条件是各利益相关方的广泛参与。建立各个层面广泛参与、良好的标准化机构及其组织架构成为关键环节。

标准化机构分概念体系由三个概念群构成，包括"概念及分类""标准化机构管理运行原则"和"标准化机构内部组织架构"。其中，标准化机构管理运行原则概念群中的概念是建立并运行标准化机构需要遵守的原则，遵守这些原则能够保证各个层面广泛参与相关标准化机构的标准化活动。

（1）概念及分类

该概念群由三方面的概念组成：

——机构分类，包括"标准化机构、标准机构，组织、标准化组织、标准组织"等概念；

——活动范围分类，包括"国际标准组织、区域标准组织、国家标准机构、专业标准化组织"等概念；

——标准编制的运行模式分类，包括"编制模式、认可模式"等概念。

（2）标准化机构管理运行原则

该概念群包括"开放、公平、透明"等概念。

（3）标准化机构内部组织架构

该概念群由两方面的概念组成：

——标准化管理层级，包括"决策层、管理协调层、标准编制层"等概念；

——标准化技术组织，包括"技术委员会、分委员会、项目委员会、起草工作组、项目组、特别小组"等概念。

第二章在阐述标准化机构管理运行及其内部组织的主要功能等知识点时，对上述概念都进行了明确的界定或解释。

2. 标准制定程序分概念体系

在建立良好的标准化机构的基础上，通过制定完善的标准制定程序，才能在标准制定过程中达到技术专家、利益相关方、标准化机构等各个层面的广泛认同，从而保证标准能被自愿应用。

标准制定程序分概念体系由三个概念群构成。"标准制定程序确立原则"是确立标准制定程序需要遵守的原则，在其指导下形成的"标准制定程序阶段"能够保证各利益相关方在参与标准化机构活动的基础上有效行使权利；标准制定程序中"涉及的文件"，一类是程序运行不可或缺的文件——标准草案，另一类是保证程序可检验性的必备文件——工作文件。

（1）标准制定程序的确立原则

该概念群包括"开放、协商一致、透明、可追溯"等概念。

（2）标准制定程序阶段

该概念群由两方面的概念组成：

——阶段划分，包括"预备阶段、立项阶段、起草阶段、审查阶段、批准阶段、发布阶段"等概念；

——文件制定活动，包括"起草、编制、制定、复审、修正、修订"等概念。

（3）标准制定程序中涉及的文件

该概念群由两方面的概念组成：

——标准草案，包括"工作组草案、委员会草案、报批草案、待发布标准、标准"等概念；

——工作文件，包括"项目建议、项目提案、新工作项目、标准工作计划、标准项目、编制说明、意见汇总处理表"等概念。

第三章在阐述标准制定程序的知识点时，对上述概念都进行了明确的界定或解释。

3. 标准化文件起草分概念体系

在标准制定程序的多个阶段内都涉及到文件起草，它是标准化活动中标准编制工作的内容之一。文件起草会形成各类标准草案直至最终的标准。标准草案是最终标准得以发布的基础。

文件起草分概念体系由四个概念群构成。"标准的结构"是起草标准化文件首先需要掌握的基础概念,"规范性要素及标准主题的确立""要素及其编写"以及"标准内容的表述"等概念群中的概念是最终起草并完成标准草案需要依次掌握并运用的。

（1）标准的结构

该概念群由三方面的概念组成：

——要素的类别,包括"规范性要素、资料性要素,必备要素、可选要素"等概念；

——要素的构成,包括"条款、附加信息"两组概念,其中条款又分为"要求型条款、指示型条款、推荐型条款、允许型条款和陈述型条款"等概念,附加信息又分为"示例、注、脚注、清单和列表"等概念；

——层次,包括"部分、章、条、段、列项"等概念。

（2）规范性要素及标准主题的确立

该概念群由三方面的概念组成：

——确立原则,包括"确认标准化对象、明确标准使用者、目的导向"等概念；

——确立标准的技术内容及其功能,包括"界定、确立、描述、规定、提供"等概念；

——确立文件的主题,即标准名称,其组成元素包括"引导元素、主体元素和补充元素"等概念。

（3）要素及其编写

该概念群涉及如下具体要素及相关概念,即"封面、目次、前言、引言、范围、规范性引用文件、术语和定义、符号和缩略语、分类和编码、核心技术要素、其他技术要素、参考文献、索引"等。

不同功能类型标准会含有独特的核心技术要素。起草各种功能类型标准会涉及与核心技术要素有关的概念,包括"术语条目,符号或含有符号的标志,分类、编码,试验步骤、试验数据处理,要求、证实方法,程序确立、程序指示、追溯/证实方法，需考虑的因素"等。

（4）标准内容的表述

该概念群由四方面的概念组成：

——标准内容的表述原则，包括"一致性、协调性、易用性"等概念；

——文件内容的表述形式，包括"条文、提示、引用、附录、图、表、数学公式"等概念；

——条款的表述，包括能愿动词"应、宜、可、能、可能"，汉语句式"祈使句、陈述句"等概念；

——附加信息的表述，涉及概念"事实的陈述"。

第四章在阐述标准的起草的知识点中，对上述概念都进行了明确的界定或解释。

4. 标准化文件分概念体系

标准化文件是标准制定活动得到的成果，该分概念体系由"标准"和"其他标准化文件"两个概念群组成。

在本章第一节中对"标准"和"标准化文件"概念进行了界定，并给出了它们的分类体系。

（三）标准应用活动概念体系

标准的应用是标准化活动中的两项主要内容之一，也是标准制定活动完成后理应进行的实施活动。

标准的应用活动涉及三个分概念体系。"直接应用"是标准应用中最实际的应用，也是标准的最终应用方式。然而并不是所有标准都能够直接应用，往往在这之前需要经过"间接应用"，即先转化成其他文件再应用的过程。产生"应用成果"是标准化活动的最终目的，也就是要建立技术秩序，取得共同效益。

1. 间接应用分概念体系

间接应用分概念体系由"采用""引用""编制文件使用"三个概念群和"裁剪法"概念构成。

（1）裁剪法

该概念是间接应用中普遍使用的基本概念。

（2）采用

该概念群包括"一致性程度、等同、修改、非等效"等概念。

（3）引用

该概念群包括"注日期引用、不注日期引用，惟一性引用、指示性引用"等概念。

（4）编制文件使用

该概念群包括"详细规范、规程、操作手册"等概念。

2. 直接应用分概念体系

直接应用分概念体系由与应用领域有关的概念构成，包括"生产服务、组织管理、贸易交流、检验检测、合格评定、技术交流"等概念。

3. 标准应用成果分概念体系

标准应用成果分概念体系由两方面的概念群构成。

（1）建立秩序

该概念群包括"概念秩序、行为秩序、结果秩序"等概念。

（2）取得效益

该概念群包括"便利交流、改进适用性、促进贸易、提供创新平台、提高效率"等概念。

第五章在阐述标准应用的知识点时，对上述概念都进行了明确的界定或解释。

二、标准学知识体系

从前文标准化的有序化原理的论述可知，通过标准化活动确立技术规则，建立技术秩序，能够在贸易、交流和技术合作等方面取得显著的效益。为了让标准化的效益能够充分有效地发挥，有必要对标准化本身的原理、作用、方法、规则、路径等理论问题进行深入的研究。然而目前围绕标准化的理论研究还没有广泛开展，标准化还没有成为一门学科，标准化教育的开展还显得十分匮乏。虽然人类的标准化活动是一种偏重经验与实践的活动，但是理论研究的欠缺，必然导致无法有效地指导标准化实践，从而影响标准化的发展，最终影响标准化活动产生的效益。因此，建立标准化学科，开展标准化教育以及标准化理论与实践的研究显得十分迫切。

（一）标准学及其知识体系构建

要使标准化成为一门学科，需要满足以下条件：独立的研究对象，完备的知识体系，区别于其他学科的方法体系。因此，研究标准学知识体系是促使标准化成为独立学科的必备工作。先期构建形成标准学知识体系框架可以为众多的有识之士研究充实标准学知识体系打下基础。

1. 标准学

标准学是系统研究标准化活动的基本规律和一般方法的学科。标准学和管理学、经济学、法学、工业工程等学科有着密切的关系。由于标准化活动是一种偏重实践的活动，因此标准学应是一门应用学科，它除了要研究标准化理论、方法外，更要注重研究与应用相关的知识。它以标准化活动和标准为研究对象，研究内容涉及标准化活动、标准、标准化对技术、经济和社会的影响，以及标准学与其他学科的关系等。

2. 标准学知识体系

学科是由概念、定律、理论等构成的一个知识体，该知识体系中存在着不同层次的知识单元，将这些知识单元整合起来形成具有一定关系的知识结构，则构成了学科的知识体系。

标准学知识体系在人类知识体系中属于现代科学技术体系。现代科学技术体系包括探索和揭示自然界物质的类型、状态、属性及运动形式的基本规律的"基础科学"，直接应用于物质生产中的技术、工艺性质的"应用技术"，以及为应用技术直接提供理论基础和方法的"技术科学"。标准学是一门应用学科，其知识体系属于现代科学技术体系中的"应用技术"和"技术科学"的范畴。

标准学知识体系要回答"是什么""为什么""如何做"三个方面的问题。根据前文对标准化基本概念、概念体系及原理等方面的阐释，以及对作为应用学科的标准学学科的分析，标准学学科知识体系中的"应用技术"由回答如何做的"应用技术知识""专业领域知识"和"特定标准知识"构成；"技术科学"由回答是什么的"基本概念和通用知识"以及回答为什么的"基本理论"和"方法论"构成。（见图1-5）。

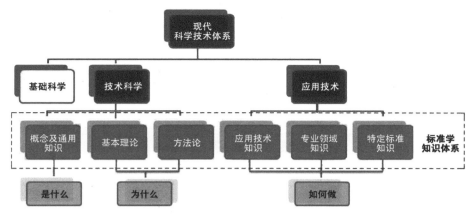

图 1-5 标准学知识体系与现代科学技术体系的关系

（二）标准学知识体系框架

从前文（一）中的论述可见标准学知识体系由六大知识板块构成：概念及通用知识、基本理论、方法论、应用技术知识、专业领域知识、特定标准知识等。下面将重点阐述每个板块中的知识单元，从而构成标准学知识体系的框架结构。

1. 概念及通用知识

标准学概念及通用知识板块由标准学学科界定、标准化概念体系和通用知识等三个知识单元构成。其中，标准学学科界定包括标准学研究对象、标准学研究内容、标准学与其他学科的关系等知识；标准化概念体系包括标准化活动基本概念、标准的制定活动概念和标准的应用活动概念等知识；通用知识包括中国标准化、国际国外标准化、标准化发展史等知识。图 1-6 展示了构成概念及通用知识体系的相应知识结构以及进一步的细节。

2. 基本理论

标准化基本理论板块由标准化原理、标准化原则、标准的功能和标准化效益等四个知识单元构成。其中，标准化原则包括标准要素的选择原则和文件的表述原则等；标准的功能包括界定、规定等五项功能；标准化效益包括便利交流等五个方面。图 1-7 展示了标准化基本理论知识体系的相应知识结构以及进一步的细节。

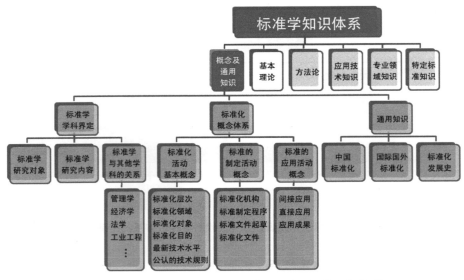

图 1-6 标准学知识体系——概念及通用知识体系的构成

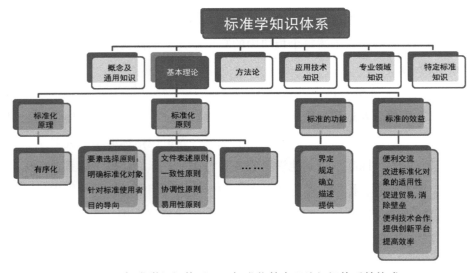

图 1-7 标准学知识体系——标准化基本理论知识体系的构成

3. 方法论

标准化方法论板块由程序控制方法、技术确定方法、文本编写方法、推广应用方法和评价方法等五个知识单元构成。图 1-8 展示了标准化方法论知识体系的相应知识结构。

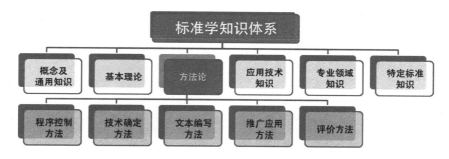

图1-8 标准学知识体系——标准化方法论知识体系的构成

4. 应用技术知识

标准应用技术知识板块由标准化管理、标准化机构管理运行、标准制定程序、标准起草规则等四个知识单元构成。图1-9展示了标准化应用技术知识的相应知识结构以及进一步的细节。

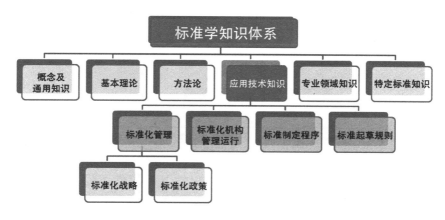

图1-9 标准学知识体系——标准应用技术知识体系的构成

5. 专业领域知识

标准化专业领域知识板块由工程,电子、信息和通信,货物运输和分配,农业和食品,材料,建筑等领域中的标准化知识单元构成。每个领域包括了若干具体专业的标准化知识。图1-10展示了标准化专业领域知识的相应知识结构以及进一步的细节。

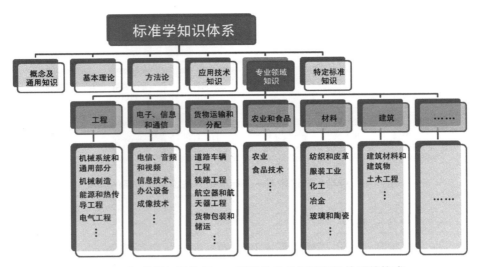

图 1-10 标准学知识体系——标准化专业领域知识体系的构成

6. 特定标准知识

特定标准知识板块由基础标准知识、领域通用标准知识、其他具体标准知识等知识单元构成。图 1-11 展示了特定标准知识的相应知识结构以及进一步的细节。

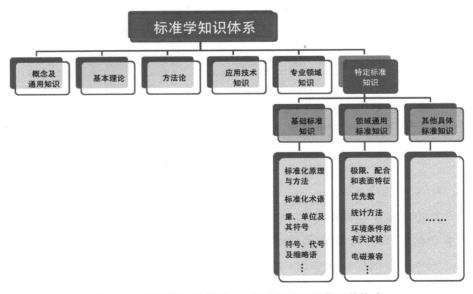

图 1-11 标准学知识体系——特定标准知识体系的构成

标准化机构

标准化机构是所有从事标准化活动的机构的总称。它的管理运行决定了利益相关方能否有机会参与标准制定活动，进而影响标准的自愿应用。那么，标准化机构有什么特点？它们是如何组成的，又是如何运行的？什么样的标准化机构才是"良好"标准化机构？围绕着这些问题，本章将首先阐述标准化机构的概念、类型，其次从管理运行原则、典型内部组织架构等方面论述标准化机构管理运行的良好惯例，最后阐释标准化机构内负责标准编制工作的标准化技术组织的主要职责、构成、设立与撤销。

第一节 标准化机构的概念和类型

标准化是在既定范围内开展的活动。因而，基于所涉及的地理范围、专业领域范围、政治或经济区域范围等，全球存在着各种类型的标准化机构。尽管这些标准化机构各具特点，但同时它们又具有共同之处。本节首先详细阐述标准化机构的概念，进而介绍和分析标准化机构的主要类型。

Basis of Standardization
标准化基础

一、标准化机构的界定

标准化机构是一类机构。因而,认识和理解机构的概念是分析和认识标准化机构的基础。不仅如此,在与标准化相关的实践活动中,还会接触到组织以及其他相关概念,它们既彼此关联又各具特点。为此,在阐述标准化机构的概念时,首先需要讨论机构等基础概念,同时还需要与相关概念予以区分。

(一) 机构和组织

在标准化领域,机构是标准化机构分概念体系中的基础概念,它是各类机构或组织的上位概念。组织是与机构具有密切关联的一个概念,同时也是标准化组织等相关概念的基础。

1. 机构

在标准化领域,机构是指"有特定任务和组成的法定实体或行政实体"[①]。通常,可以从以下两个方面来理解。

第一,机构是法定实体或行政实体。法定实体是指依法成立的,法律上的、合法的或法律承认的实际存在的集合体,包括社会团体、公司等。行政实体是指依法成立或依法经有关机关批准成立的,承担行政职能的各种国家机关,包括国家各级权力机关、行政机关、司法机关、军事机关等。

第二,机构具有特定的任务和组成。法定实体的任务和组成通常由法律法规、法定实体的章程予以规定。行政实体的任务和组成通常在法律法规或有关机关批复成立的文件(例如决议、命令、决定等)中予以规定。

2. 组织

组织是指"以其他机构或个人作为成员组成的,具有既定章程和自身管理部门的机构"[②]。通过该定义可以看出,组织是一类机构。但与机构相比,

---

① GB/T 20000.1—2014《标准化工作指南 第1部分:标准化和相关活动的通用术语》,定义6.1。

② GB/T 20000.1—2014《标准化工作指南 第1部分:标准化和相关活动的通用术语》,定义6.2。

组织具有以下两方面的特点。

第一，从组成上，组织是成员制的，其成员可以是其他机构，也可以是个人。

第二，从管理运行模式上，组织通过章程予以治理，并设有内部管理部门来负责组织的管理运作活动。

（二）标准化机构及相关概念

标准化机构是与标准化活动有关的机构或组织等相关概念的上位概念，它是所有从事标准化活动的机构的统称。

1. 标准化机构

标准化机构是指"公认的从事发布标准化文件的标准化活动的机构"。标准化机构具有以下三方面的特点。

第一，标准化机构是机构的一种，可以是法定实体或行政实体。

第二，标准化机构的特定任务是发布标准化文件，且该特定任务在标准化机构依据法律法规规定或批准成立时便已在相关文件中予以明确。这是判定一个机构是否为标准化机构的首要准则。此外，除了发布标准化文件之外，标准化机构还可以有其他的主要任务，例如，推动标准的应用、开展技术和信息交流、教育培训等。

第三，标准化机构发布标准化文件是被绝大多数利益相关方所接受和公认的。这种公认来源于利益相关方对标准化机构章程、议事规则、标准制定程序等的承认和接受，来源于利益相关方对标准化机构所发布标准化文件的承认和接受。根据标准化活动所涉及的范围，这种承认和接受可能来自国际范围、区域范围、国家内或专业领域内。

2. 标准机构

标准机构是指"以编制、发布或采用① 可公开提供的标准为主要职能，在国家、区域或国际层次上公认的标准化机构"。标准机构具有以下四方面

---

① 采用是指某一标准机构以另一标准化机构的标准为基础编制并说明和标示了两个文件之间差异的标准的发布，或者某一标准机构将另一标准化机构的标准作为与本机构标准具有同等地位的签署认可行为。

的特点。

第一，标准机构的上位概念是标准化机构，它具有标准化机构的所有特点。

第二，标准机构的特定任务是编制、发布或采用标准，且该特定任务在标准机构依据法律法规规定或批准成立时便已在相关文件（例如，章程）中予以明确。标准机构与标准化机构相比，最主要的区别是标准机构同时以编制标准和发布标准为主要职能。

第三，标准机构发布的标准是可公开提供的。这意味着，标准机构发布的标准能够以某种方式被相关方看到，并在某些地点/地址向相关方提供。

第四，标准机构是在国家、区域或国际层次上公认的。通常，在国家层次上公认的标准机构称为国家标准机构。

3. 标准化组织和标准组织

如果标准化机构具有组织的特点，那么，这样的标准化机构就可以被称作标准化组织，例如美国试验与材料协会（ASTM）、电气和电子工程师学会（IEEE）、国际照明委员会（CIE）等。

如果标准机构具有组织的特点，那么，这样的标准机构就可以被称作标准组织，例如国际电工委员会（IEC）、欧洲标准化委员会（CEN）等。

二、标准化机构的类型

依据标准化活动的范围、标准编制的运行模式可以将标准化机构划分为不同的类型。

（一）按标准化活动的范围划分

标准化活动的范围涉及地理、政治或经济区域的范围，还涉及专业的范围。按照标准化活动的范围，可以将标准化机构划分为国际标准组织、区域标准组织、国家标准机构和专业标准化组织等。

1. 国际标准组织

国际标准组织是指"成员资格向世界各个国家的有关国家机构开放的标

准组织"①，它具有以下两方面的特点。

第一，从标准化所涉及的地理、政治或经济区域的范围上看，国际标准组织是全球性的组织。

第二，从构成上看，国际标准组织由来自世界各地的国家成员构成，且这些成员主要为世界各个国家在本国公认的国家标准机构或有关国家机构。

2. 区域标准组织

区域标准组织是指"成员资格仅向某个地理、政治或经济区域内的各国有关国家机构开放的标准组织"②，它具有以下两方面的特点。

第一，从标准化所涉及的地理、政治或经济区域的范围上看，区域标准组织是区域性的组织。

第二，从构成上看，区域标准组织由来自某个地理、政治或经济区域内的各国的国家成员构成，且这些成员为这些国家的国家标准机构或有关国家机构。

3. 国家标准机构

国家标准机构是指"有资格作为相应国际标准组织和区域标准组织的国家成员，在国家层次上公认的标准机构"③，它具有以下两方面的特点。

第一，国家标准机构是在某个国家范围内获得公认的标准机构。获得公认的方式通常包括行政授权、法律授权等。

第二，国家标准机构对外代表国家参加国际标准组织或区域标准组织。通常，一个国家的国家标准机构只有一个。

例如，ANSI经美国法律授权代表美国组织协调参与国际标准组织的工作；BSI经英国皇家宪章认可和授权对外代表英国参与ISO、IEC、CEN等标准组织的工作；德国联邦政府与DIN签署的《标准协议》确立DIN是德

---

① GB/T 20000.1—2014《标准化工作指南 第1部分：标准化和相关活动的通用术语》，定义6.4.3。

② GB/T 20000.1—2014《标准化工作指南 第1部分：标准化和相关活动的通用术语》，定义6.4.2。

③ GB/T 20000.1—2014《标准化工作指南 第1部分：标准化和相关活动的通用术语》，定义6.4.1。

国惟一的国家标准机构；SAC 经国务院授权履行行政管理职能，统一管理全国标准化工作，代表中国参加 ISO 和 IEC。

4. 专业标准化组织

专业标准化组织是指"在特定的专业领域内从事标准化活动，成员资格面向全世界或某个地理或政治、经济区域范围内的机构和个人开放的标准化组织"，它具有以下两方面的特点。

第一，从任务或活动内容上看，专业标准化组织仅在特定的专业领域内开展标准化活动。

第二，从构成上看，专业标准化组织的成员资格可面向全世界或仅面向某个地理或政治、经济区域范围内的各类型机构（包括企业、权力机关、社会团体等）和个人开放。

需特别注意的是，根据其成员的来源来讲，专业标准化组织开展的标准化活动及其在专业上的影响力可能覆盖国际、区域或国家的范围，但并不是国际标准组织、区域标准组织或国家标准机构。

（二）按标准编制的运行模式划分

按照标准化机构标准编制的运行模式，可以将其划分为两种类型：编制模式和认可模式。

1. 编制模式

编制模式是指通过标准化机构内设的标准化技术组织开展标准编制的工作模式，其活动内容覆盖了确立条款、编制和发布文件。采用编制模式运行的标准化机构在现有标准化机构中占据了绝大多数。例如，ISO、CEN、BSI、SAC、ASTM 等。

2. 认可模式

认可模式是指通过标准化机构之外的其他机构开展标准编制的工作模式。采用认可模式运行的标准化机构，本身没有内设的标准化技术组织，不直接从事确立条款、编制文件的活动。然而，这类标准化机构对标准制定程序有明确的要求。采用认可模式的标准化机构绝大多数为国家标准机构（见第七章第四节的"一"），它们通过将其他专业标准化组织［见前文（一）中的"4"]认可为标准制定组织,进而将其他专业标准化组织编制的文件发布为本国国家标准。例如,美国国家标准学会(ANSI)、加拿大标准理事会(SCC)。

第二节 标准化机构的管理运行

标准化机构的类型不同,所采用的管理运行方式也会不同。然而,无论何种标准化机构,在机构自身的管理运行、内部组织架构的设置等方面都遵循着相同或相似的原则。本节首先论述标准化机构的管理运行原则,其次探讨标准化机构的典型内部组织架构。

一、管理运行原则

标准化机构的管理运行基于标准化活动的特点,服务于标准化活动目标的实现。为此,标准化机构在管理运行方面与其他机构相比,遵循着三大原则。

(一)开放原则

"开放"是建立和运行一个良好的标准化机构首先需遵守的基本原则。它包含成员资格开放、加入标准化技术组织(见本章第三节)的资格开放和标准制定活动参与资格开放三个层面的含义。

1. 成员资格开放

成员资格开放是指标准化机构的成员资格面向既定范围内的利益相关方开放,也就是所涉及范围内的利益相关方,在自愿加入并愿意履行成员义务的基础上,都应允许其成为标准化机构的成员。从开放的范围上,标准化机构的成员资格可能面向全球、某个区域、某个国家、某个专业领域的利益相关方开放。这取决于标准化机构从事的标准化活动的范围[见本章第一节"二"中的"(一)"]。例如,国际标准组织,其成员资格要面向全世界所有国家的国家标准机构或有关国家机构开放;区域标准组织,其成员资格要面向该区域经济体内的所有国家标准机构或有关国家机构开放。标准化机构的标准化活动除了涉及区域范围，还涉及专业范围时，例如专业标准化组织，其成员资格要面向相应区域的相关专业的机构或个人开放。

2. 加入标准化技术组织的资格开放

加入标准化技术组织的资格开放是指标准化机构所确立的标准化技术组织组成规则能够保证所有正式成员/利益相关方或成员/利益相关方的代表能够有资格加入标准化技术组织。对于以法定实体形式运行的标准化机构，通常，标准化技术组织的成员资格面向成员开放。对于行政实体的标准化机构，标准化技术组织的成员资格面向感兴趣的利益相关方开放。

3. 标准制定活动参与资格开放

标准制定活动参与资格开放是指标准化机构所确立的标准制定程序能够保证正式成员/利益相关方或成员/利益相关方的代表有资格参与每一项标准的编制活动。（详见第三章第一节）

（二）公平原则

"公平"是指成员的权利和义务对等。成员所享有的权利通常包括参与标准化机构决策、参与标准制定、获得标准文本、参加会议等，与这些权利所对应的义务包括人员投入、经费投入、技术投入等。

通常，标准化机构根据成员参与标准化机构工作的意愿、积极性，能够提供的资源类型、投入数量，以及标准化领域和对象的特点等，确定其成员结构模式[①]，并根据权利和义务对等原则设置不同类型成员的权利和义务。例如，ISO成员分为成员机构、通信成员和订阅成员，其中，成员机构享有投票权，通信成员和订阅成员无投票权。

此外，在标准化技术组织层面，标准化机构也会设置不同类型的标准化

---

① 目前，全球范围内标准化机构的成员结构模式主要有扁平化、基于收入和规模、分层、个人成员模式、发起成员模式等五类。在扁平化的模式下，所有成员享有同样的权利、义务。在基于收入和规模的模式下，成员具有相同的权利、义务，但是会费的计算与成员的收入或者雇员的数量有关。在分层的模式下，存在多个成员身份层次，由成员在加入之前自行决定其身份层次。在个人成员模式下，不允许组织或公司成员加入，仅允许个人加入。在发起成员模式下，正式成员留给原始发起成员；而其他成员允许看见或使用标准化机构制定的标准，但对标准的制定几乎没有贡献或支持。

技术组织成员身份以及对应的权利和义务。例如，ISO技术委员会的成员分为积极成员和观察成员，其中，积极成员在技术委员会内享有投票权，观察成员无投票权，但能够获得技术委员会文件、提交评论意见和参加会议。

（三）透明原则

"透明"指通过适当的渠道向社会公布有关的必要信息。透明原则贯穿标准化机构建立和运作的全过程，是开放原则得以实现的支撑。依据向社会公布的必要信息类型，透明主要细分为规则和决策透明、标准制定过程透明。

1. 规则和决策透明

规则透明是指标准化机构的管理运行规则以及决策的过程和结果通过适当的渠道公开提供或者告知如何取得。与标准化机构的管理运行相关的规则包括目标、宗旨、组织架构、章程、议事规则、标准制定程序、知识产权政策等。标准化机构的决策活动涉及对管理运行规则调整、标准化战略规划制定发布、重要职位候选人的产生、标准批准发布等方面。

2. 标准制定过程透明

标准制定过程透明是指在标准制定过程中，有关的信息能够被标准化机构的成员或成员的代表，甚至组织外感兴趣的有关方获得。（详见第三章第一节）

二、典型内部组织架构

标准化涉及确立条款、编制文件和发布文件等不同层面的活动。每个层面的活动具有自身的功能和实施主体，同时又彼此相关联。为了确保标准化活动目标的实现，充分组织和利用各方面的资源，管理、控制和协调标准化活动，标准化机构通常设置由决策层、管理协调层和标准编制层构成的内部组织架构（如图2-1所示）。

（一）决策层

决策层是对标准化机构进行治理，指挥和控制标准化机构发展方向的一个或多个内设机构的统称。决策层位于标准化机构内部组织架构的顶层。

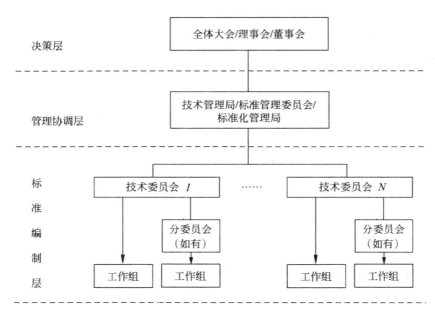

图 2-1 标准化机构典型内部组织架构示意图

1. 功能

决策层的主要功能是针对标准化机构的发展方向和愿景、标准化战略、重要的管理运行规则等进行决策。

2. 典型形式

决策层的具体表现形式可以是全体大会、理事会、董事会、管理委员会等中的一种或者多种。每个标准化机构根据自身规模等实际情况进行选择。

在这些典型形式中，全体大会是最高权力机构，由标准化机构的全体成员组成。它是非常设机构，以会议形式举行，通常每年召开一次或两次会议。会议期间，全体大会掌握标准化机构的多种权力，对标准化机构的战略、当前工作和未来工作计划、重要领导职务的人员任命、标准化机构当年财务报表和下一年度财务预算、新成员的加入、重要内设机构的运行规则以及由这些重要内设机构提交全体大会进行表决的事项等作出决策。

理事会/董事会/管理委员会等形式是常设决策机构，通常由全体成员选举产生的成员组成。在某些情况下，理事会/董事会/管理委员会可包括来自政府、学术界、用户或者其他利益相关方的代表。理事会/董事会/管理委员会负责审议并向全体大会提出标准化战略建议、评估标准化战略实施情况、评估工作计划实施情况、制定标准化机构的各项政策和规则,并对标准化机构管理运行事务进行表决,例如,标准化机构秘书处运行经费概算,标准化机构秘书处负责人的工作范围、绩效考核指标等。

(二)管理协调层

管理协调层是落实决策层的各项决策,协调处理标准化机构内外部关系的一个或多个内设机构的统称。管理协调层位于标准化机构内部组织架构的中心,起着上传下达、联系内外的作用。

1. 功能

管理协调层的主要功能是负责全面管理和协调标准化机构的技术工作,涉及标准制定程序和规则的制定、标准化技术组织的管理、标准项目的管理和协调、与其他标准化机构及有关方面的联络等。

2. 典型形式

管理协调层可以是技术管理局、标准管理委员会、标准化管理局、标准政策和战略委员会等,每个标准化机构可根据自身情况进行选择。管理协调层通常由成员选举产生的成员或成员指派的代表组成。

管理协调层的工作通常由标准化机构秘书处提供支撑。秘书处通常由标准化机构决策层任命的秘书长管理,负责会议的组织、年度工作报告的编撰、标准制修订系统的管理运营、培训和标准销售等日常工作。

(三)标准编制层

标准编制层是标准化机构设立的,负责标准化文件起草,履行征求意见、审查等程序的技术组织的统称。标准编制层位于标准化机构内部组织架构的底层。

1. 功能

标准编制层的主要功能是制定具体领域的标准编制计划和编制标准。

2. 典型形式

标准编制层可以是技术委员会(TC)、分委员会(SC)、项目委员会(PC)、工作组(WG)、联合工作组、特别小组(见本章第三节)等标准化技术组织

（见本章第三节）。标准化机构可根据所负责的标准化领域数量、不同领域标准需求和发展趋势等因素，选择适用的标准编制层结构。关于标准编制层的组成、设立与管理等详见本章第三节。

第三节　标准化机构内的技术组织

"由标准机构或标准化机构设立的负责标准的起草或编制的组织[①]"称为标准化技术组织。它们构成了标准化机构的标准编制层（见本章第二节中的"二"）。从功能上划分，标准化技术组织通常分为技术委员会和起草工作组两类。本节将从主要职责、构成、设立与撤销等方面分别阐述这两类标准化技术组织。

一、技术委员会

技术委员会是标准化机构内部设立的"在特定专业领域内，从事标准的编制等工作的标准化技术组织"。它通常是非法人组织。在某些标准化机构，针对现有技术委员会没有覆盖到且成立新技术委员会的条件还不成熟的领域，还可能设立项目委员会[②]，负责相关标准的编制工作。在不同的标准化机构中，技术委员会也被称为"标准委员会"（在DIN）、"标准化委员会"（在AFNOR）等。尽管这些标准化技术组织的具体名称不同，但它们在职责、构成和管理方面大致相同。

（一）主要职责

技术委员会的主要职责是在某个既定的专业领域内从事标准的编制工作，以及开展与标准编制有关的活动，如制定技术委员会工作规划、管理下设的分委员会或起草工作组等。

---

① GB/T 20000.1—2014《标准化工作指南　第1部分：标准化和相关活动的通用术语》，定义6.5。
② 项目委员会通常在所负责的标准发布后解散，也可能成立为技术委员会。

1. 确立工作范围和工作规划

确立工作范围和工作规划是技术委员会开展标准编制工作的基础。因而，每个技术委员会都会在设立之后的初期阶段尽快研究确定，并予以实时维护。在确定工作规划时，技术委员会通常会结合本领域的技术发展、市场需求等因素，给出未来一段时间（3年或5年）本技术委员会拟制定的标准的细分领域或方面、拟制定的标准的名称和范围、初步的时间计划安排等内容。

2. 设立和管理分委员会、起草工作组

在技术委员会所负责的特定专业领域标准需求较多的情况下，技术委员会可视情况下设分委员会。在这种情况下，技术委员会对下设的分委员会承担管理职责，包括确立分委员会的名称和工作范围、管理分委员会的标准编制工作等。

技术委员会/分委员会通常设立起草工作组（见本节中的"二"）来负责标准文本的具体起草工作。为了确保所设立的起草工作组彼此之间不交叉重复、标准起草工作按既定的时间进度安排进行，技术委员会/分委员会对下设的起草工作组承担管理职责，包括确立起草工作组的名称和工作范围、任命起草工作组组长/召集人、确定起草工作组人员、监督标准的起草进度等。

3. 组织标准编制工作

在组织标准编制方面，技术委员会负责根据确立的工作计划，组织标准起草工作组细化形成具体标准编制的进度安排，并按照标准化机构的标准编写规则起草标准文本；对标准起草工作组提交的标准文本进行编写质量、履行程序等方面的规范性审核后，组织开展征求意见、审查及投票等活动。

4. 对口国际标准化工作

对于国家标准机构设立的技术委员会，其职责中还包括开展与所负责领域的国际标准组织/区域标准组织中的技术委员会的对口工作，具体包括：提出制定国际标准/区域标准的提案；提出代表本国参加国际/区域标准组织技术委员会的代表的建议；提出工作组专家的建议；组织研究国际标准/区域标准的项目提案、标准化文件草案，提出投票建议等。

5. 联络关系的建立与管理

如果某个技术委员会的标准编制工作与其他技术委员会或相关组织的工

作相关，可与其建立联络关系。为确保联络关系正常运行，技术委员会需对所建立的联络关系进行管理和实时维护，包括：适时沟通标准编制过程中的资料和文件（例如项目提案、标准化文件草案等）、邀请参加相关会议等。

6. 成员的管理和培训

技术委员会对成员实施实时管理，管理内容主要包括：成员履行投票义务情况（针对项目提案投票、对各阶段标准化文件草案的投票以及技术委员会内发起的其他投票事宜）、派代表参加会议情况、对标准化文件草案的意见反馈情况；应成员的请求，调整或终止成员身份等。根据成员履职的综合情况，技术委员会适时向标准化机构提出成员调整的建议。此外，为了确保标准编制的质量，技术委员会还承担着对成员进行培训的职责，培训内容涉及标准化机构的管理运行机制、标准化文件制定程序、标准编写规则等。

7. 组织召开会议

技术委员会的工作主要通过会议或通信的方式进行。为此，组织召开会议也是技术委员会的一项重要职责。在组织召开会议方面，技术委员会的职责是按照所在标准化机构的会议组织制度发起会议、分发文件。

（二）构成及职责

技术委员会实行成员制。这些技术委员会成员在技术委员会主席（在不同的标准化机构中，主席也被称为组长、主任委员等）的领导和秘书处的支撑下履行其技术工作职责。

1. 成员

从来源角度，技术委员会成员通常来自标准化机构的成员（大多来自法定实体的标准化机构）或对技术委员会的标准编制工作感兴趣的利益相关方（大多来自行政实体的标准化机构）。标准所影响的利益相关方众多，一般来说包括企业（大企业、中小企业）、政府机构、消费者、工会组织、学术和科研机构、检测认证机构和非政府组织等。为了确保所制定的标准为各类利益相关方所认同，技术委员会成员从来源和分布上就需要实现"平衡"，从而具有广泛的代表性。在不同标准化机构、不同技术领域中，"平衡"的准则不尽相同。例如，在 BSI，技术委员会成员需要至少来自 BSI 成员中不同的两类利益相关方。

从成员身份角度，在国际标准组织和区域标准组织中，技术委员会的成员身份是机构，而不是由机构派出的个人。例如：ISO 技术委员会的成员是 ANSI、BSI、JISC 这样的国家标准机构，ISO 称其为国家成员。在国家标准机构和专业标准化组织中，技术委员会的成员身份除了机构以外还会包括个人。

从享有的权利和履行的义务角度，技术委员会成员可以分为正式成员和观察员（在不同的标准化机构中，技术委员会成员也可能分为委员会成员和观察员、委员会成员和准成员）。正式成员享有针对技术委员会的项目提案、标准化文件草案以及其他提交技术委员会正式投票事项的投票权；观察员通常能获得技术委员会的资料和文件，参加会议、讨论和提出建议，但没有表决权。

例如，在 BSI，根据 BS 0：2016《标准的标准 标准化原则》的规定，BSI 技术委员会的成员包括委员会成员和观察员。其中，委员会成员是机构，具有投票权；观察员可以是机构或个人，没有投票权。在 ASTM，根据《ASTM 技术委员会管理规定》，ASTM 技术委员会的成员包括委员会成员和准成员。其中，委员会成员是机构，具有投票权；准成员是个人，没有投票权。

2. 主席

技术委员会主席全面负责技术委员会的管理、决策、内部协调、外部联络等方面的事务，通常由技术委员会秘书处提名，标准化机构的管理协调层批准和任命。

3. 秘书处和秘书

秘书处负责为技术委员会开展工作提供技术和管理上的服务，主要包括：

——分发标准化文件草案；

——管理技术委员会所负责的标准项目；

——组织召开技术委员会会议；

——与技术委员会下设的分委员会的秘书处、工作组召集人等保持沟通与联络；

——向技术委员会主席、工作组召集人提供关于标准项目进展等方面的情况。

秘书处通常由提出技术委员会设立申请的机构承担,并由该机构提名的秘书(秘书长)承担上述具体工作。

(三)设立和撤销

作为标准化机构内设的非法人的标准化技术组织,技术委员会的设立需要满足一定的条件,当已经存在的技术委员会满足不了相应的条件时,则可以按规定撤销。

1.设立

技术委员会的设立遵循着特定的原则,且需履行相应标准化机构规定的程序。

(1)原则

在设立新的技术委员会时,标准化机构通常考虑以下因素。

一是市场需求。即根据经济、技术、社会、环境等的发展,有一定数量的受影响的相关方在特定专业领域产生了制定标准的需求,且已有的技术积累和实践足以支撑制定一系列相关标准(而不是少数几项标准)。

二是领域清晰。即拟设立的技术委员会具有明确的名称,技术领域的边界清晰,与现有技术委员会活动不存在明显类似、交叉或重复的问题。

三是国际对应。即对于在区域或国家层次上的标准化机构,在设立新的技术委员会时需首先考虑与国际标准组织中同一专业领域内技术委员会的对应。

(2)流程

技术委员会的设立流程通常包括提出申请、征集成员与投票、批准设立。

在提出申请阶段,一般由标准化机构的成员、管理协调层等提出设立新技术委员会的申请。

在征集成员与投票阶段,标准化机构管理协调层向其所有成员分发设立新技术委员会的申请材料,征求成员意见并由成员作出投票,同时征集技术委员会成员。

在批准设立阶段,由标准化机构的管理协调层统计分析投票结果以及征集委员会成员的情况,对于符合批准条件①的,予以批准设立。

(3)分委员会的设立

在考虑设立分委员会时,首先需确保其工作范围在技术委员会的工作范围内;其次,与设立技术委员会基本一样,还需考虑市场需求、领域清晰、国际对应等原则。从设立流程上,通常,设立分委员会也需经过提出申请、征集成员与投票、批准设立三个阶段。但与技术委员会设立不同的是,设立分委员会需经过技术委员会表决通过。

2. 调整、撤销与暂停

因标准制定需求发生调整或消失、秘书处履职表现及继续履职的意愿等原因,技术委员会将被标准化管理协调层采取调整、暂停或撤销等管理措施。

(1)调整

调整包括对技术委员会的名称和工作范围的调整,以及对秘书处承担单位的调整。

——在技术委员会的工作范围随着技术发展需要修改的情况下,经技术委员会提议,标准化管理协调层对技术委员会的名称、工作范围进行调整。

——在秘书处不能按规定履行其职责或提出放弃承担秘书处工作的情况下,标准化管理协调层对技术委员会秘书处承担单位作出调整。

(2)暂停

在技术委员会的工作计划中已经没有拟制定的标准任务的情况下,标准化管理协调层将对技术委员会采取暂停措施,使其处于"休眠"状态,但名称、工作范围和秘书处继续保留。

---

① 不同的标准化机构针对技术委员会的批准条件也不同。在 ISO 和 IEC,要求获得国家成员体投票的 2/3 多数票赞成,且至少 5 个投赞成票的国家成员体表达了积极参加的意愿。在 CEN,要求 55% 以上投票赞成,且投赞成票的成员所在国家的人口达到所有投票的成员所在国家的人口总数的 65% 以上。在 CENELEC,要求简单多数票赞成,且按照国家成员所分配的权重进行加权投票的票数的 71% 以上赞成。在 BSI,技术委员会由标准政策与战略委员会(SPSC)批准,SPSC 由至少 10 个成员(其中,4 名成员为 BSI 的管理人员)组成,其会议的法定人数为 3 人(不含 BSI 的管理人员)。SPSC 每年定期召开会议,讨论、批准包括设立技术委员会等事宜。

（3）撤销

在技术委员会的标准制定或维护需求消失的情况下，标准化管理协调层将撤销该技术委员会，相应地，秘书处也随之撤销。

对于分委员会，如果标准制定需求发生调整或者消失，或者秘书处不能按规定履行其职责或提出放弃承担秘书处工作，经技术委员会表决通过后，报标准化管理协调层核准，即可调整分委员会工作范围或秘书处承担单位，暂停分委员会和秘书处的工作，或撤销分委员会及其秘书处。

二、起草工作组

起草工作组是在技术委员会或分委员会内设立的、实际起草标准文本的非常设的标准化技术组织。它的职责、构成、设立与撤销由成立它的技术委员会/分委员会确定。

（一）主要职责

起草工作组的主要职责是在目标日期内按照标准化机构的标准编写规则起草标准文本内容，确保标准规定的内容能够反映最新技术水平，并在技术层面获得公认。必要时，起草工作组应技术委员会/分委员会的要求，对征求意见阶段收到的反馈意见进行处理，对标准草案文本进行修改。在起草工作组所负责的标准数量较多时，工作组经常下设项目组，负责单个标准的起草。

（二）构成

起草工作组由一定数量的相关技术领域的技术专家组成。这些技术专家通常由技术委员会或分委员会成员提名，且仅以个人身份和凭借个人掌握的资源和具有的能力起草标准草案文本，并不直接代表提名/任命他的组织或机构。

起草工作组一经成立，便会由技术委员会同时任命召集人或组长，负责带领技术专家共同开展标准起草工作，包括主持起草工作组会议、确定标准编制工作的进度安排、分发文件等。

（三）设立和撤销

从设立流程上，起草工作组经技术委员会或分委员会投票通过即批准成立，随即开始征集成员。

当一个标准化机构的多个技术委员会/分委员会，或者两个标准化机构的多个技术委员会/分委员会对某个标准制定项目都感兴趣时，可以成立联合工作组。在某些标准化机构，在成立起草工作组之前，技术委员会或分委员会还可视情况成立特别小组，负责在提出项目提案之前开展预研究等工作。

起草工作组或联合工作组仅负责具体标准的起草任务，为此，标准起草任务完成后（通常在发布阶段），经技术委员会或分委员会决议通过即可撤销。在某些标准化机构，如果起草工作组超过一年没有标准制修订项目，也没有成员提出新的标准项目建议，则该起草工作组自动进入休眠期；如果起草工作组超过三年没有标准制修订项目，则撤销该起草工作组。特别小组在既定任务完成后，由技术委员会或分委员会解散。

第三章
标准制定程序

标准的定义指出,只有"按照规定的程序"并且经过了协商一致形成的文件才能称为标准(见第一章第一节)。由此可见,标准制定程序是所有参与方在制定、修订标准的活动中,所必须遵守的步骤和顺序。规定标准制定程序的是标准化机构(见第二章),一些基本的原则会在确立标准制定程序中被考虑,如开放、协商一致、透明、可验证等。为了遵循标准形成的规律和获得不同层面认同的需要,标准制定程序通常会被划分为不同的阶段。而随着20世纪末期标准开始涉及专利后,在标准制定程序中还要考虑合理地处置专利问题。本章将对以上内容进行介绍。

第一节 确立标准制定程序的原则

标准化机构在确立自身的标准制定程序时,通常会考虑要尽可能地吸引标准的利益相关方广泛参与,要基于协商一致制定标准,要使标准制定过程中的信息透明,同时要保证程序可控,要考虑不同标准化文件与程序之间的关系。因此,在确立标准制定程序的时候通常会考虑以下四方面原则。

一、开放原则

开放原则不仅是适用于标准化机构的原则，而且是适用于标准制定程序的原则。与标准化机构要开放成员资格不同，标准化程序的开放是指所确立的程序能够保证成员和成员的代表能够有效地参与机构内每一项标准的制定活动。一般而言，这些成员和成员的代表来自企业、政府、学协会、消费者、检验检测、认证机构等各方面的利益相关方，每个利益相关方都希望标准化机构在制定标准时充分考虑他们的利益，从而实现他们的目标。但这些目标往往存在很大的差别，甚至互有矛盾。因此，对于标准化机构而言，最有效的办法就是在标准制定过程中，通过设立相应的规则，让这些利益相关方都参与进来。既合作完成标准的编写，又有充分的就不同观点进行讨论的机会，从而尽可能在早期解决对标准中技术内容的各种分歧，避免标准制定后期或发布后的争议和不适宜。

二、协商一致原则

协商一致[①]是指普遍同意，即有关重要利益相关方对于实质性问题没有坚持反对意见，同时按照程序考虑了有关各方的观点并且协调了所有争议。需要注意的是，协商一致并不意味着全体一致同意。标准形成的过程是科学、技术和经验进行综合集成的过程，需要将技术发展、人类实践经验等进行科学归纳、整理和规范，在此基础上形成标准的文本，并且要获得技术专家、利益相关方和标准化机构成员的认同。从广义上来说，协商一致原则包含了这三个层次的认同。因此，在确立标准制定程序时，在开放原则的基础上，需要遵循标准形成的这一原则，将获得不同层面认同的工作划分成独立的阶段，使每一阶段的目标明确和易于操作。

三、透明原则

透明主要是指在标准制定过程中，有关的信息能够被标准化机构的成员

---

① 引自 GB/T 20000.1—2014《标准化工作指南　第 1 部分：标准化和相关活动的通用术语》，第 3.7 条。

和成员的代表，甚至组织外感兴趣的有关方获得。信息的公开是实现透明原则的核心。包括草案、工作文件等的文件信息，包括立项、征求意见、发布等的决议信息，包括工作组会、技术委员会全体会、技术研讨会等的会议信息，包括专利处置、版权销售等的政策信息，都需要在恰当的时机，以最为便捷的形式，向特定的范围公布或发送。只有这样，各有关方才能及时准确地获取有关信息，掌握标准制定的进度安排，确定参与标准制定的计划，从而充分参与到标准制定活动的全过程。同时，那些面向标准化机构外部的公开信息，能够帮助标准在尽可能大的范围内得到公众的支持和参与。

四、可追溯原则

可追溯原则是指标准制定程序是可控的，标准化机构可以确保每个程序阶段的规定被执行，并形成相关的记录。在可追溯原则的指导下，标准制定程序不仅被划分成阶段，而且设置了阶段转化的条件。达到阶段转化的条件，并且相关的记录被保存，标准制定活动才能进行阶段转化。标准化机构确立了这样的标准制定程序后，会将其作为组织内部的技术工作规则文件予以发布，确保参与标准制定的有关方甚至社会公众能够清楚地获知这些规定。同时标准化机构会借助信息化和网络化技术，建立一套适用于每个标准的控制系统，供组织内的技术管理部门进行标准制定程序的管理和控制。标准化机构本身不对标准的具体技术内容进行判断，但会确保标准制定程序被严格履行。只有履行了制定程序的标准才能被发布应用。

第二节 标准制定程序的阶段

为了遵循和体现标准制定程序确立的五项原则，标准化机构通常把标准制定程序划分成不同的阶段。这些阶段结束后，标准在被应用的过程中还需要进行维护。在标准制定程序的各阶段中又包含着诸如征求意见、投票和文件管理等关键的环节。除此之外，程序阶段还与除标准之外的其他标准化文件的产生有些密切的关系。本节将围绕标准制定程序阶段，对上述内容进行介绍。

一、程序阶段划分

不同的标准化机构在程序阶段划分上各有特点，如 ISO 标准的制定程序包括预备、提案、起草、委员会、询问、批准和发布共 7 个阶段，CEN/CENELEC 标准的制定程序包括提案、起草、公开征求意见、投票、批准和发布共 6 个阶段，而我国的标准制定程序被划分为预备、立项、起草、征求意见、审查、批准、发布、复审和废止共 9 个阶段。不管阶段划分的结果如何，一般来说，预备阶段、立项阶段、起草阶段、审查阶段、批准阶段和发布阶段是标准制定程序中的必经阶段，这 6 个基本阶段按顺序逐一推进。

（一）预备阶段

预备阶段是标准化机构开始制定一项新标准的起点，主要工作目标是提出提案，技术委员会是这一阶段的主体。在这一阶段，技术委员会研究和评估由个人、利益相关方以及标准化机构的成员等提交的项目建议，从而确定哪些项目具备制定标准的必要性，并且在现有条件下是可行的。在此基础上形成项目提案，随后向标准化机构报送。

1. 评估必要性与可行性

必要性与可行性的评估是预备阶段最主要的工作。对所有收到的项目建议，技术委员会都要通过召开会议、寄送函件等形式，围绕必要性和可行性进行评估。

必要性评估主要是考察在某一时期内制定某项标准是否有必要。首先要考虑该项标准化活动对技术、管理和公共领域能产生什么作用和影响。其次要评估该标准化活动可能带来的经济效益和社会效益，或在合理的时间内不开展该项标准化活动将造成的损失。最后要比较和分析其他标准化机构在该技术范围内的标准化活动，判定是否需要在该技术领域制定标准。

一个项目建议如果具备了制定标准的必要性，就需进一步对其技术的可行性和工作规划的可行性进行评估，即判定能否证明在现有条件下达成标准化的目的，所需的资源成本和制定的时间周期规划是否可行[①]。其中，技术的可行性

---

① 例如，BSI 会评估是否有充足的资源，提供最初草案，并保证在合理的时限内完成项目。

主要体现在所选技术是否符合主流技术发展方向，是否考虑了技术进步对所建议的项目的时效性的影响，所提供的实验验证报告是否能支撑有关的技术内容。工作规划的可行性主要包括预算和项目周期的可行性，即当前预算如何满足完成项目所需的成本①（包括人、财、物），对项目周期的预测②和规划是否可行等。

2. 评估与现有文件的关系

在预备阶段，还要考虑项目建议与四种文件的关系。第一是与现行标准的关系。例如，在我国制定国家标准时，如果对国际标准进行研究后，认为在我国具有适用性，那么就可以基于现有的国际标准制定国家标准。第二是与相关法律法规的关系。如果被提案项目拟用于支持现行法律法规，就需要给予说明。第三是与专利的关系。建议方如果知悉项目中采用的技术方案涉及某项专利，那么就需给予说明，并提供相关的专利信息及其证明材料。第四是对于其他重要参考文献的说明。建议方如果使用了对分析建议有重要价值的参考文献，则需要给予说明并提供相关信息。

3. 完成项目提案

评估完成后，技术委员会要根据评估的结果，决定是否采纳项目建议。如果建议被采纳，技术委员会完成项目提案，并连同标准草案或者大纲提交给标准化机构进行立项。项目提案是对标准是否应该立项进行说明的文件。项目提案除了包括项目名称、范围等基本信息外，还要重点阐述技术委员会对项目进行研究和评估的有关内容，如上述"2"中阐述的内容，从而使标准化机构能够基于项目提案作出能否立项的决定。

技术委员会将项目提案和标准草案或大纲报送标准化机构，标志着标准制定程序进入了下一阶段——立项阶段。

（二）立项阶段

立项阶段是标准化机构正式赋予一个新工作项目身份的阶段，主要工作

---

① 例如在 ISO 和 IEC，"总成本"包括各国家团体的直接支出、标准化机构的支出、工作组和委员会成员的工时费等。
② 例如，BSI 认为完成项目的合理时限根据项目的复杂性和建立的协商一致的广度而变化，少于一年的情况是很少的，同样，超过三年的情况也难以被接受。

目标是完成对新工作项目的审核和立项，标准化机构是这一阶段的主体。在立项阶段，标准化机构对项目提案进行分发、征求意见和投票，并由所属的相关技术委员会开始进行下一步标准起草的工作。

1. 分发和投票

标准化机构将项目提案分发给相关的技术委员会的成员进行正式审阅，征求他们对于项目能否立项和是否愿意参加该项目工作的意见。这些成员对项目提案的内容进行研究后，反馈意见，并通过投票明确表明对项目立项的态度，以及是否愿意派遣技术专家参与下一步的标准起草工作。

2. 登记和授权

对于通过投票的项目提案，标准化机构将其作为新工作项目进行登记备案，分配其一个正式编号，并通过下达标准工作计划或者通过决议等形式，授权提交项目提案的技术委员会负责标准的编制。标准工作计划是"标准化机构就其当前标准化工作项目所作出的工作日程安排"[①]。如果某个新工作项目所属的技术领域不能被已有的技术委员会工作范围所覆盖，标准化机构将成立新的标准化技术组织，来负责标准编制工作。

标准化机构向技术委员会下达标准工作计划或者通过决议，标志着标准制定程序进入下一阶段——起草阶段。

（三）起草阶段

起草阶段的主要工作是形成标准技术内容并起草工作组草案，主要工作目标是实现专家对标准技术内容的认同，从而形成最终工作组草案，工作组是这一阶段的主体。在起草阶段，技术委员会成立由技术专家组成的工作组，专家们共同起草标准的内容，并通过在技术专家之间达成协商一致完成最终工作组草案。

1. 成立工作组

在确定承担某一标准的制定工作之后，技术委员会将邀请成员代表组成

---

① GB/T 20000.1—2014《标准化工作指南　第1部分：标准化和相关活动的通用术语》，11.1。在我国的国家标准制定程序中，通过公开发布下达国家标准制修订计划的通知，正式确定国家标准的新工作项目。

工作组，具体负责标准技术内容的起草。工作组的专家需要体现权威性和代表性，同时具有较丰富的专业知识和实践经验，了解标准编写的有关规则并具有较强的语言能力。工作组成立后，首先需要制定工作计划，包括：工作组内部分工，工作安排及计划进度，试验验证初步安排等。

2. 起草工作组草案

工作组要按照立项时界定的范围进行起草工作。在工作组草案的起草过程中，工作组需要广泛收集与起草标准有关的资料并加以研究、分析，确定标准涉及的主要技术内容，明确技术指标的选择。对需要进行试验验证才能确定的技术内容或指标，要进行试验验证，并提供试验验证报告和结论。与此同时，起草标准内容时还需要充分考虑正在起草的标准与其他标准的协调性。

在起草工作组草案时，需要在工作组范围内进行充分的讨论，充分征求和考虑技术专家的意见。对于工作组外部专家提供的技术贡献也要进行综合评估和筛选。在这一阶段，技术专家主要是从技术角度对标准内容进行讨论、选择和确认，为最终确定标准内容提供基础。

3. 完成最终工作组草案

当工作组草案的内容在工作组范围内获得认同后，就形成了最终工作组草案，并需要完成与其配套的编制说明及有关附件。最终工作组草案的形成意味着工作组内部的专家已经就标准的内容达成协商一致。该草案被提交给所属的技术委员会或分委员会，审核确认后将被登记为委员会草案。

委员会草案的登记标志着标准制定程序进入了下一阶段——审查阶段。

（四）审查阶段

审查阶段的主要工作是推动将委员会草案进一步获得利益相关方的认同，主要工作目标是获得利益相关方对标准内容的认同，从而形成最终委员会草案，技术委员会是这一阶段的主体[①]。在审查阶段，技术委员会将委员会草案进行分发和投票，并通过达成利益相关方之间的协商一致完成最终委员会草案。

1. 分发和投票

起草阶段形成的标准草案只是代表了起草专家的意见，检验其是否能被

---

① 对应我国的国家标准制定程序，此阶段包括我国的征求意见阶段和审查阶段。

利益相关方所接受就需要面向利益相关方征求意见。技术委员会负责将委员会草案及相关文件分发给所有技术委员会的成员，必要时还可分发给其他有关的利益相关方，甚至通过公开的渠道公开征求意见。技术委员会成员接到文件后，要综合考虑标准的所有内容，并重点考虑标准技术内容的适用性。对委员会草案的内容进行研究后，成员会提出和反馈相关意见，并通过投票明确表明对委员会草案是否通过审查的观点。技术委员会要把收到的意见进行汇总，并返回工作组对意见进行处理，形成意见汇总处理表。

2. 审查

除了以投票的形式确认利益相关方对标准内容的认同外，还可以召开标准审查会议。审查会议需要技术委员会的所有委员参加，吸纳其他的利益相关方代表参加。审查过程中要查看意见汇总处理表中对各项意见的处理情况，继续听取各方提出的意见，对有分歧的内容要在协商一致的原则下解决。如需投票表决，则要按照标准化机构的有关规则组织投票。

3. 完成最终委员会草案

当委员会草案的内容在技术委员会范围内获得认同后，就形成了最终委员会草案，并应完成与其配套的编制说明、意见汇总处理表及有关附件。最终委员会草案的形成意味着技术委员会内部的成员已经就标准的内容达成协商一致。该草案提交给标准化机构，审核确认后将被登记为报批草案[①]。

报批草案的登记标志着标准制定程序进入下一阶段——批准阶段。

（五）批准阶段

批准阶段的主要工作是推动将已经在技术委员会成员层面实现认同的报批草案进一步获得标准化机构全体成员的认同，主要工作目标是获得全体成员对标准内容的认同，从而形成最终标准草案，标准化机构是这一阶段的主体。在批准阶段，标准化机构将报批草案进行分发和投票，对程序符合性与文本规范性进行审核，并通过获得标准化机构成员的协商一致完成最终标准草案。

1. 分发和投票

标准化机构需要将在技术委员会成员层面获得利益相关方认同的标准草

---

① 在我国的国家标准制定程序中，报批草案对应的是国家标准报批稿。

案分发给标准化机构的所有成员。有些标准化机构的成员并不是技术委员会的成员，因此为了标准的广泛应用，更是为了保障每个标准化机构成员的权利，这个环节分发报批草案是必不可少的。成员在接收到报批草案后，会对草案的内容进行研究、反馈相关意见并通过投票明确表明对所审查的报批草案是否通过的观点，从而为完成最终标准草案奠定基础。技术委员会要把收到的意见进行汇总、处理，形成意见汇总处理表。

2. 程序符合性与文本规范性审核

标准化机构在批准阶段需要审核标准是否按照规定的程序制定，标准制定过程中产生的各类标准草案和工作文件是否符合相关的规定，提交的种类和数量是否满足要求。从而确认该标准的制定经过了必要的程序，并且遵循了相关的规定。

标准化机构对于所发布的标准和其他标准化文件都有文本结构和起草规则的统一要求，在标准编制过程中，这些要求也被不同阶段的主体所遵循。在批准阶段，标准化机构要在标准正式发布前再次确认标准文本的规范性，有的还设有专门的部门对标准的文本进行编辑性修改。

3. 完成最终报批草案

当报批草案的内容在标准化机构成员中获得认同后，技术委员会需要形成最终报批草案，并完成与其配套的编制说明、意见汇总处理表及有关附件。最终报批草案提交给标准化机构，经审核通过后确认为待发布标准。

审核确认为待发布标准标志着标准制定程序进入下一阶段——发布阶段。

（六）发布阶段

发布阶段是标准化机构将待发布标准正式对外发布为"标准"的阶段。标准的发布可以通过在标准化机构的网站上对外发布公告，也可以在标准化机构的标准数据库中予以公布。除了印刷纸质版本之外，发布电子版本也是通过信息技术使标准使用者更方便地获取标准的一种重要方式。标准成为可公开可获得的文件标志着发布阶段的结束。

图3-1给出了由上述标准制定程序阶段构成的流程，并对各阶段的主体和主要工作进行了总结。

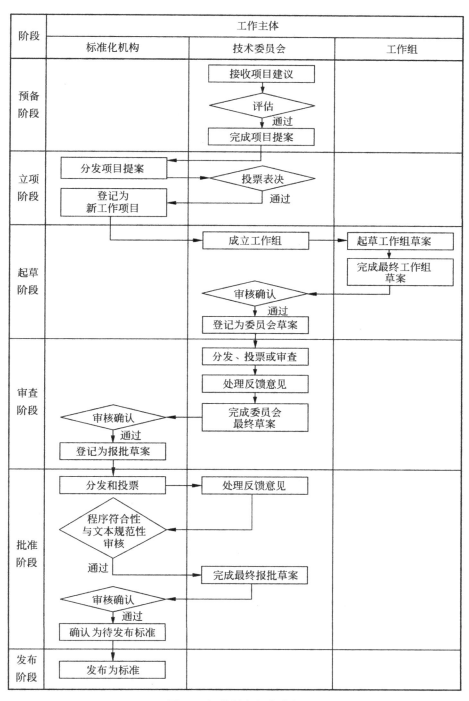

图 3-1 标准制定程序流程

（七）典型的标准制定程序

标准制定必经的 6 个阶段是完成标准制定的基础。表 3-1 比较了国际标准组织 ISO，区域标准组织 CEN/CENELEC，国家标准机构 BSI、SAC，专业标准化组织 IEEE、ASTM 的标准制定程序，以及它们与 6 个必经阶段之间的对应关系。

表 3-1　标准制定必经阶段与标准化机构的标准制定程序中各阶段的对应关系

阶段	ISO	CEN/CENELEC	BSI	SAC	IEEE	ASTM
预备阶段	预备阶段	—	—	预备阶段	—	建议阶段
立项阶段	提案阶段	提案阶段	新工作阶段	立项阶段	立项申请阶段	立项阶段
起草阶段	起草阶段	起草阶段	起草阶段	起草阶段	成立工作组阶段	起草阶段
					制定标准草案阶段	
审查阶段	委员会阶段	公开征求意见阶段	公开征求意见阶段	征求意见阶段	支持性投票阶段	分委员会投票阶段
		投票阶段		审查阶段		技术委员会投票阶段
批准阶段	询问阶段	批准阶段	最终文本阶段	批准阶段	批准发布阶段	标准委员会审核阶段
	批准阶段		批准发布阶段			批准发布阶段
发布阶段	发布阶段	发布阶段		发布阶段		

从表 3-1 可以看出，标准制定的必经阶段是不同类型的标准化机构的标准制定程序的必备阶段。国际/区域标准组织、国家标准机构所确立和使用的标准制定程序在 6 个阶段的基础上进行了扩充，其中的某个阶段可以再进行细化，划分为更加具体的标准制定阶段。协会、学会及联盟的标准制定程序更为灵活，对 6 个基础阶段进行了选择性合并或省略。

二、标准的维护

标准发布后，各利益相关方通过不同方式应用标准，对于标准化机构而言，并不意味着可以一劳永逸，还需要对标准进行后续的维护。维护工作包括对应用中发现的编辑性和技术性错误进行勘误和修正,还包括在一定时期内对标准进行系统性的复审,从而采取进一步的措施。维护工作的主体是技术委员会,主要目标是使标准在应用过程中继续保持其适用性。维护一般不被单独作为标准制定程序的具体阶段,但属于标准制定活动的一项重要内容。

1. 勘误和修正

标准发布后在不进行标准的重新修订的情况下,如果需要对一些起草或印刷中由于疏忽引起的错误或意义不明确的地方进行修改,或者需要更改和/或增加现有国际标准中原已达成一致的技术条款,那么标准化机构会通过既定的程序,在征得有关技术专家同意的情况下发布用于勘误①和修正②的文件,从而避免标准在应用过程中被不正确和不安全地使用。

2. 复审

复审是在标准正式发布之后,由技术委员会对所制定的标准的适用性进行评估的活动。对于何时进行复审,标准化机构一般有一定的周期要求③。复审时需要综合考虑标准的适用性,一般来说包括以下方面:标准应用过程中是否发现了新的需要解决的问题;技术指标是否仍适应科学技术的发展和经济发展的需要;标准中的内容是否与当前法律法规有抵触;如果是采用国际标准制定的国家标准,是否需要与国际标准的变化情况保持一致,等等。复审结果包括继续有效、修改、修订、转换为其他标准化文件或废止。复审结论要由标准化机构进行审核、确认和批复。

三、程序阶段中通常使用的方法

在标准制定程序的各个阶段中,有一些通常使用的方法需要特别引起注意。这些方法包括:在不同阶段针对不同方面征求意见,针对不同的标准草

---

① 如 ISO 的技术勘误(corrections),主要用来纠正起草或印刷中由于疏忽引起的错误或意义不明确的地方。
② 如 ISO 的修正案(Amendments),主要用来更改和/或增加现有国际标准中原已达成一致的技术条款。
③ 如 ISO 标准的复审一般以 5 年作为一个周期。欧洲标准的复审周期一般不超过 5 年,可根据负责的技术机构的要求提前启动。英国标准的复审可以在任何时候进行,或者由 BSI 或负责的技术委员会自行决定,但是至少每 5 年复审一次。

案进行投票,以及贯穿于程序每个阶段的文件管理。

(一) 征求意见

征求意见是听取不同主体对标准草案所持有的意见的活动。在标准制定程序的立项、审查、批准等阶段,要进行征求意见。在立项阶段,标准化机构要将项目提案分发给技术委员会的成员征求意见;在审查阶段,技术委员会要将委员会草案分发给技术委员会的成员征求意见;而在批准阶段,标准化机构要将报批草案分发给所有成员征求意见。征求意见的具体形式一般为正式分发文件,并规定一定的期限请征求意见的对象反馈意见。表3-2给出了与标准制定程序阶段相对应的征求意见的具体情况。

表 3-2 标准制定程序阶段中征求意见的情况

程序阶段	征求意见的主体	征求意见的对象	分发的文件	期限(以 ISO 为例[①])	期限(以 CEN 为例)
预备阶段	—	—	—	—	—
立项阶段	标准化机构或技术委员会	技术委员会成员	项目提案	8周或12周	—
起草阶段	工作组	工作组专家	工作组草案	自行确定	—
审查阶段	技术委员会	技术委员会成员	委员会草案	8、12周或16周	12周
批准阶段	标准化机构	全体成员	报批草案	8周或12周	8周
发布阶段	—	—	—	—	—

在征求意见结束后,征求意见的主体要将反馈回来的意见进行归纳、整理和处理,要随时掌握主要分歧。对于难以取得一致意见的问题,要及时进行调查、分析、研究和协商,提出解决方案,从而不断对标准的技术内容进行完善。征求意见和处理意见的过程也是实现协商一致的重要过程。

(二) 投票表决

在标准制定活动中,投票表决是在无法全面达成协商一致,或者对协商

---

① 见《ISO/IEC Directives,Part 1—Consolidated ISO Supplement—Procedures specific to ISO》

一致存在疑问的情况下,掌握参与投票人普遍意图的一种方式。制定程序中的立项、审查和批准阶段是采用投票表决较多的阶段。在这些阶段,投票表决通过才意味着可以进行新文件的登记,进而实现阶段转化。标准制定程序会规定投票的规则和步骤。

1. 投票规则

投票规则首先规定了投票表决通过的比例,一般来说包括简单多数(超过二分之一)通过、三分之二比例通过、四分之三比例通过等。比如 ISO 在提案阶段和委员会阶段投票通过的比例为"三分之二",而在询问阶段和批准阶段为"三分之二"并附带反对票不超过"四分之一"的条件。其次,投票规则中还包括对计票方式的规定。以 ISO 的询问阶段和批准阶段为例,对于"三分之二",计票范围是参加投票的所有技术委员会或分委员会 P 成员,而对于"四分之一",计票范围是参加投票的所有 ISO 成员。

2. 投票步骤

投票步骤给出了投票表决前的材料分发时间节点,投票表决开始和结束的时间跨度,以及分发和收回投票的部门。例如,在 ISO 标准制定程序中,在询问阶段,中央秘书处将询问草案分发给所有成员国,成员国需要在 12 周内返回投票结果,首席执行官需要在投票截止后的 4 周内将投票结果和收到的评议交给技术委员会/分委员会的主席和秘书;在批准阶段,中央秘书处需要在最终国际标准草案被登记后的 12 周内将其分发给成员国,成员国需要在 8 周内返回投票结果。又如,CEN 标准制定程序中,在批准阶段,TC 将最终草案提交 CEN-CENELEC 管理中心,管理中心向国家成员发起正式投票,时限不超过 8 周,且不得延期。

(三)文件管理

进行文件管理是标准制定过程中遵循可追溯原则的重要体现。标准制定过程中涉及的文件主要包括标准草案和工作文件。标准草案是标准形成过程中不同阶段标准文本的统称,在进行程序阶段转换时,新的标准草案的登记是必备事项。针对不同阶段的标准草案,一般还会给出草案的代号。例如,ISO 在起草阶段的工作组草案被称为"工作草案",代号为 WD,

在批准阶段的最终标准草案被称为"最终国际标准草案",代号为 FDIS。而工作文件则是指标准制定过程中形成的除标准草案和标准之外的其他文件,例如项目建议、项目提案、标准工作计划、编制说明、意见汇总处理表等。这些文件记载了标准制定程序的不同阶段所开展活动的情况、取得的成果,并为最终检验标准制定过程是否符合标准制定程序且遵循了相关的规定提供了依据。表 3-3 给出了与程序阶段对应的标准草案和主要工作文件。

表 3-3 程序阶段对应的标准草案和主要工作文件

程序阶段	草案/标准	主要工作文件
预备阶段	—	项目建议
立项阶段	—	项目提案、标准工作计划
起草阶段	工作组草案	编制说明
审查阶段	委员会草案	意见汇总处理表、编制说明
批准阶段	报批草案	意见汇总处理表、编制说明
发布阶段	标准	公告

四、程序阶段与标准化文件

在标准制定程序中,全部履行完所有程序阶段形成的文件是标准,而其他标准化文件则在程序某个阶段结束后,直接进入到了发布阶段。一般在三种情况下会产生这种现象:一是在立项阶段这些文件就作为其他标准化文件,而不是作为标准进行立项的;二是对于作为标准立项的工作项目,由于在某个程序阶段不能获得足够认同,因而达不到阶段转化的条件,但考虑到需要满足特定的需求,就选择发布成其他标准化文件;三是在标准制定过程中的一些资料性内容很有价值,可以作为一种标准化文件进行发布。

很多标准化机构都在标准制定程序与不同类型的标准化文件之间建立了联系。为了说明程序阶段与标准化文件的关系,表 3-4 给出了一个 ISO 标准制定程序与标准化文件关系的示例。

表 3-4　ISO 标准制定程序阶段与标准化文件的对应关系

项目阶段	国际标准（IS）	技术规范（TS）	可公开提供规范（PAS）	技术报告（TR）
提案阶段	接受提案	接受提案	接受提案	—
起草阶段	起草工作草案	起草草案	批准①草案	—
委员会阶段	起草和接受委员会草案	接受和批准草案	—	接受和批准草案
询问阶段	起草和接受询问草案	—	—	—
批准阶段	批准最终国际标准草案	—	—	—
发布阶段	发布 IS	发布 TS	发布 PAS	发布 TR

从表 3-4 可以看出，国际标准是履行完所有程序阶段而制定的文件。而 TS 和 PAS 是分别在委员会阶段和草案阶段后，直接进入发布阶段；TR 是资料性的标准化文件，在委员会阶段被通过后，直接进入发布阶段。相对于履行完全部制定程序阶段的国际标准，只履行了部分程序阶段的 TS 和 PAS 在获得的协商一致程度上较低。

第三节　处置专利的特殊程序

20 世纪末期，在以通信技术为代表的领域中出现了标准涉及专利②的现象，即被专利保护的技术进入标准，成为标准的核心技术内容。标准涉及专利的问题不仅出现在专业标准中，也出现在国际、区域和国家标准中。这一现象的产生带来了专利权人和标准实施者之间的利益冲突，对于标准化机构而言，需要在标准制定过程中合理地处置专利问题，从而既保护专利，又维护公共利益。专利问题的处置涉及专利信息的披露、许可声明的获得、专利信息的公布以及在会议和文件方面的基本要求，这些基本要求贯穿于标准制定程序的各个阶段。

一、专利的处置

标准中涉及的专利必须是标准必要专利（Standard Essential Patent，SEP），

---

① 技术委员会 P 成员进行投票，委员会决定将最终工作草案作为一项 PAS 发布。
② 如无特殊说明，本节中所提及的专利包括有效专利和专利申请。

即应用标准时不可避免、必须被使用的专利。专利的处置需要在标准制定过程中完成,在任何程序阶段处置专利问题时都需要遵循一些基本要求,主要包括以下四个方面。

(一)专利信息的披露

标准可能涉及专利这一情况,需要被标准的制定者和其他利益相关方尽早知悉,以便对专利权进行处置或者寻找替代方案。专利信息的披露是处置标准中纳入专利的第一步。尽早披露能极大提高标准的制定效率。因为一旦到了标准制定的后期,如果有专利权人披露了新的专利,而且这一专利是标准必要专利,那可能会带来更多的对标准内容的讨论,甚至会导致对标准的技术内容的重新调整。因此,鼓励所有专利知悉者尽早披露能在最大程度上发现标准必要专利,避免潜在的专利权问题。在专利信息披露中,要关注以下两方面的问题。

1. 披露主体

参与标准制定的组织和个人是专利信息披露的最重要主体,主要包括四类:①技术委员会的成员;②工作组的成员;③项目提案方;④向标准提供技术贡献的组织或个人。这四类主体直接或间接地参与了标准内容的起草,能够对标准技术内容的形成产生影响,因此需要披露自身及关联者所拥有的必要专利。同时,也鼓励参与标准制定的组织和个人披露其所知悉的其他组织和个人所拥有的标准必要专利。

没有参与标准制定的主体也是专利信息披露的主体。没有参与标准制定的组织或者个人是指除了技术委员会的成员、工作组的成员、项目提案方、向标准提供技术贡献的组织或个人以外的主体。标准化机构鼓励没有参与标准制定的组织或者个人在标准制定过程中尽早披露其拥有和知悉的标准必要专利信息。

专利信息要直接披露给标准化机构,再由标准化机构视标准制定的不同阶段,转给相关的主体进行处理。

2. 披露方式

在进行专利信息的披露时,标准化机构主要需要获知两方面的信息。一方面是专利的有关信息,包括专利号/专利申请号、专利名称、专利权人/专利申请人[①]、涉及专利的信息以及是否同意作出实施许可声明等。另一方面的信息是关于专利披露者的,包括个人姓名/单位名称、联系方式等。标准化机构往往提供相应的表格或网页,以方便披露者填写这些信息。

除此之外,披露者还需要提供相应证明材料。证明材料分以下三种情况:已授权专利的证明材料为专利证书复印件或扉页;已公开但尚未授权的专利申请的证明材料为专利公开通知书复印件或扉页;未公开的专利申请的证明材料为专利申请号和申请日期。

（二）专利的许可声明

许可声明是专利权人作出的对必要专利许可的一种承诺,而不是在标准应用过程中与专利实施者签署的许可协议。

1. 许可声明的方式

标准化机构一般提供三种未来实施许可的方式供专利权人/专利申请人进行选择。这三种许可方式为:

（1）专利权人/专利申请人同意在公平、合理无歧视基础上,免费许可任何组织或者个人在实施该标准时实施专利;

（2）专利权人/专利申请人同意在公平、合理无歧视基础上,收费许可任何组织或者个人在实施该标准时实施专利;

（3）专利权人/专利申请人不同意按照以上两种方式进行专利实施许可。

如果专利权人/专利申请人选择了（1）或者（2）,那么就意味着专利权人/专利申请人愿意在合理无歧视的基础上按照声明的内容对标准必要专利进行实施许可,标准应用者在应用标准的过程中可以依据专利实施许可声明中的内容就专利许可的具体条款与专利权人进行协商处理。

2. 许可声明的管理

标准化机构在获悉了专利披露者提供的必要专利信息后,要联系专利权

[①] 对于已经授权的专利,需要披露专利权人的有关信息;对于还未授权的专利,需要披露专利申请人的有关信息。

人，以获得其实施许可声明。只有在专利权人表示同意许可的前提下，标准中才能涉及该专利技术。标准化机构不对涉及的专利是否为标准必要专利作出最终判断。

专利实施许可声明提交后即不可撤销，只有当涉及该专利的标准条款在标准制定过程中进行了修改，从而导致该专利不再是标准必要专利时，该专利实施许可声明才不再有效。只有当专利权人后提交的专利实施许可声明的许可条件比之前的条件更宽松、更优惠时，专利权人才可用后提交的专利实施许可声明替代之前提交的专利实施许可声明。

如果专利权人在向标准化机构提交了某专利的许可声明后，专利权或者专利申请权转移给了受让人，或者是发生了专利申请被驳回、撤回、视为撤回、视为放弃或恢复，或者专利权无效、终止或恢复等情况，专利权人需要将该专利的变更信息通知标准化机构，并保证受让人同意受该专利实施许可声明的约束。

（三）专利信息的公布

将已向标准化机构进行披露的专利信息进行公布，是针对涉及专利的标准的制定过程的特殊要求，它将极大地增强涉及专利的标准制定过程的透明度，使更多的利益相关方知晓某一正在制定中的标准可能涉及专利，以便利益相关方能尽早披露其所知悉的潜在必要专利。

在公布专利信息时，标准化机构可以通过专利数据库、相关平台、期刊等渠道进行信息公布。公布的信息至少包括涉及专利的标准或标准草案全文、已披露的专利清单和专利权人/专利申请人的联系方式。

（四）会议和文件

不管是否已经识别出标准涉及专利，在标准制定过程中的每次会议期间，会议主持人都要提醒参会者慎重考虑标准草案是否涉及专利，通告已经知悉的标准草案涉及专利的情况和询问参会者是否知悉标准草案涉及的尚未披露的必要专利，并将结果记录在会议纪要中。

在工作组草案、委员会草案、报批草案的封面上需要给出征集潜在必要专利的信息。在标准制定过程的任何阶段,一旦识别出标准的技术内容涉及必要专利并进行了相应的处置,需要在相关阶段以及其后的所有阶段的标准草案直至最终发布的标准的引言中给出相应的说明。如果在标准制定过程中尚未识别出标准的技术内容涉及专利,需要在标准的前言中给出相应的说明[①]。

除此之外,在处置标准涉及专利问题时还需要一些工作表格,包括必要专利信息披露表、必要专利实施许可声明表、已披露的专利清单等[②]。必要专利信息披露表由专利披露者填写,提交给技术委员会,主要内容包括标准信息、专利披露者信息和标准中涉及的必要专利的有关信息。必要专利实施许可声明表由专利权人/专利申请人填写,提交给技术委员会,表中除了给出专利权人/专利申请人的信息外,主要勾选出许可声明的方式。已披露的专利清单由技术委员会填写,提交给标准化机构,主要列出标准中涉及的专利清单。

二、标准制定过程中的专利处置

在标准制定的不同阶段,处置专利的重点会有所侧重。

(一)预备阶段

在预备阶段,技术委员会在接收项目建议时,需要提请建议方披露基于建议内容可能涉及的专利,并将披露的专利信息汇总。在对建议进行评估时,技术委员要将汇总的专利信息连同建议内容一起进行讨论,并提请参加讨论的技术委员会成员披露其拥有和知悉的必要专利信息,将有关内容记录在会议纪要中。在形成项目提案时,如果已经识别出项目提案附带的标准草案涉及专利,那么需要在项目提案文件中作出说明,并将已披露的专利清单和证明材料等整理好,作为标准草案的附件。

---

① 在我国国家标准的制定过程中,封面、引言和前言中与专利有关内容的表述需要符合 GB/T 1.1—2009 附录 C 的规定。

② 具体表格格式可参见 GB/T 20003.1—2014《标准制定的特殊程序 第 1 部分:涉及专利的标准》的附录 A。

（二）立项阶段

在立项阶段，标准化机构在分发项目提案时，对于已经涉及专利的标准，需要同时分发有关专利的所有材料。对于未识别出涉及专利的项目提案，标准化机构需要提请所有收到项目提案的相关方注意标准有可能涉及专利，并鼓励他们进行专利披露。

技术委员会的成员在对涉及专利的项目提案和标准草案进行研究时，需要考虑专利问题对于能否立项的影响，从而决定投票的选择和是否派专家参与标准的起草。同时，技术委员会的成员需要按照标准化机构的提示，尽早披露所持有和知悉的专利信息。

标准化机构在立项阶段会收集到新的标准涉及专利的信息，因此在公布标准计划或授权技术委员开展起草工作时，需要在尽可能广泛的范围内公布标准涉及专利的信息，以引起利益相关方的关注。

（三）起草阶段

在起草阶段，标准工作组的所有成员需要披露自身拥有的必要专利，也要尽可能披露其所知悉的他人（方）拥有的必要专利。不属于工作组，但向正在制定的标准提供技术贡献的所有组织或个人，需要披露自身拥有的必要专利，同时也要尽可能披露其所知悉的他人拥有的必要专利。

在这一阶段，标准化机构要联系必要专利的专利权人/专利申请人，并获取专利权人/专利申请人的书面实施许可声明。这之后，标准化机构需要将收到的必要专利信息披露表及其证明材料和必要专利实施许可声明表及时通知工作组。

工作组在收到标准化机构转交的专利信息和书面许可声明后，要在起草标准技术内容时充分讨论和考虑具体条款涉及的专利是否必要，是否存在替代方案可以避免涉及专利。如果标准化机构在规定的期限内未收到必要专利的专利权人/专利申请人签署的必要专利实施许可声明表，或必要专利的专利权人/专利申请人选择了不同意许可的方式，那么工作组草案就不能包含基于此项专利技术的条款。工作组召开的所有会议上，也要遵守本节"一"

中对会议的要求。

标准起草工作完成后，工作组向技术委员会提交的最终工作组草案材料中需要包括经过研究，并与现阶段草案对应的必要专利信息披露表及其证明材料、必要专利实施许可声明表和已披露的专利清单。同时，要按照本节"一"中的要求对最终工作组草案进行标识和说明

（四）审查阶段

在审查阶段，技术委员会在分发委员会草案时，对于通过工作组提交的材料证明已经涉及专利的标准，需要同时分发有关专利的所有材料。对于未识别出涉及专利的委员会草案，技术委员会需要提请所有收到委员会草案的相关方注意标准有可能涉及专利，并进行专利披露。

技术委员会的成员和其他相关方在对涉及专利的委员会草案进行研究时，需要考虑专利问题对委员会草案内容的影响，从而决定投票的选择。同时，技术委员会的成员要按照标准化机构的提示，尽早披露所持有和知悉的专利信息。在这一过程中，技术委员会如果收到了新披露的专利信息，那么需要尽快联系必要专利权人，获得专利权人的许可声明，并将收到的必要专利信息披露表及其证明材料和必要专利实施许可声明表及时通知工作组。

在标准审查会上，对于涉及专利的标准，除了遵守本节"一"中提出的会议要求之外，还要重点额外审查以下内容：涉及专利的委员会草案是否满足文件要求；必要专利信息披露表及其证明材料、必要专利实施许可声明表和已披露的专利清单是否完备等。要针对专利是否按照有关规定进行了处置，给出专门的审查意见。

标准审查工作完成后，技术委员会向标准化机构提交的材料中需要包括与现阶段草案对应的必要专利信息披露表及其证明材料、必要专利实施许可声明表和已披露的专利清单。同时，要按照本节"一"（四）中的要求对最终委员会草案进行说明。

（五）批准阶段

在批准阶段，标准化机构在分发报批草案时，对于通过技术委员会提交

的材料证明已经涉及专利的标准，需要同时分发有关专利的所有材料。对于未识别出涉及专利的报批草案，标准化机构要提请所有收到报批草案的相关方注意标准有可能涉及专利，并进行专利披露。

标准化机构的成员在对涉及专利的报批草案进行研究时，需要考虑专利问题对报批草案内容的影响，从而决定是否投赞成票。同时，标准化机构的成员需要按照标准化机构的提示，尽早披露所持有和知悉的专利信息。在这一过程中，标准化机构如果收到了新披露的专利信息，那么需要尽快联系必要专利权人、获得专利权人的许可声明，并将收到的必要专利信息披露表及其证明材料和必要专利实施许可声明表及时通知技术委员会进行处置。

标准化机构在对投票通过的报批草案进行审核时，对于涉及专利的标准，需要重点关注在制定程序的各个阶段中是否按照要求对专利问题进行了处置，标准的文本中是否对专利问题进行了明确标志和说明。不符合要求的，要退回技术委员会，限时解决问题后再报批。符合要求后，才可被登记为最终标准草案。同时，要按照本节"一"中的要求对最终标准草案进行标志和说明。

（六）发布阶段

在标准发布后，专利问题的处置并没有结束。在标准制定过程中的尽早披露和获得许可声明并不能解决所有问题，因为在标准的制定过程中涉及的利益相关方及其代表所组成的群体是有限的，尽管标准会被分发征求意见，但也只能在有限的范围内获得专利权人的注意。同时，信息不对称造成的知晓程度限制等也会造成遗漏，一些没有参与标准制定的专利权人仍然可能不知道正在制定的标准涉及了其拥有的专利。因此很难确保标准中的必要专利在标准发布之前披露无遗。

在这种情况下，建立标准发布后的补救机制便不可或缺。标准化机构需要在标准发布后继续征集标准必要专利，并在收到新的专利信息披露后，联系专利权人获得许可声明。对于此种情形下专利权人拒绝许可的情况，标准化机构需要让技术委员会进行评估，必要时作出暂缓和停止实施标准的决定。

第四章
标准的起草

标准的起草是标准化活动的主要内容之一,包括确立条款和起草文件两项工作内容。起草形成的标准文本的规范化是标准化活动首先要考虑的工作任务之一。为此,ISO 和 IEC 两大国际标准组织联合发布并不断维护《ISO/IEC 导则,第 2 部分——ISO 和 IEC 文件结构和起草的原则与规则》。世界上的主要区域标准组织、国家标准机构也纷纷以 ISO/IEC 导则为依据,发布各自的指导标准起草的标准或标准化文件。我国则形成了以 GB/T 1.1 为主的支撑标准制修订工作的基础性系列国家标准(见第六章第二节的"三")。

协调、一致且适用性好的标准文本,取决于标准中规范性技术要素的正确选取与确立,取决于标准文本结构的合理搭建,更取决于标准要素、技术内容表述的清楚与准确。标准起草者对标准技术内容选择和表述原则的准确把握,将影响对编写标准具体规则的理解与运用,进而影响标准的最终质量。

本章从介绍标准的结构入手,进而阐述标准技术内容的确立原则、标准要素的编写知识,最后介绍标准内容的表述原则及具体表述。本章仅对与标准文本起草有关的基础知识进行阐释,如要具体编写一个适用性好的、符合编写规则的标准,还需要掌握相关的基础标准(见第六章第二节的"三")。

在此基础上，还需要从有关标准编写的书籍中得到具体的指导[①]。

第一节 标准的结构

一项标准文本是由内容和形式构成的。标准的不同内容发挥着各自的功能。标准中组成每一类功能的内容单元称为"要素"。在编写标准的内容时，出于表述的需要，将标准内容划分成具有从属关系的若干"层次"。标准的层次是标准内容的外在表现形式。标准中发挥各自功能的"要素"和标准内容的表现形式"层次"构成了标准的结构。

搭建标准的结构是起草标准首先要从事的必不可少的工作。在确立了标准的技术内容，开始起草标准草案时，要从标准的技术内容出发合理安排标准的要素和层次，才有可能在此基础上编写标准的具体条款，最终形成高质量的标准文本。

一、层次

从方便要素（主要是规范性要素）的表述出发，可以从形式上将标准划分成若干"层次"。标准的层次采用部分、章、条、段、列项等形式。部分、章、条的编号都采用阿拉伯数字加下脚点的形式，列项如需编号，则采取拉丁字母及阿拉伯数字的编号形式。表 4-1 给出了标准中的各个层次及其相应的编号示例。

表 4-1　层次及其编号示例

层次	编号示例
部分	×××××.1
章	5
条	5.1
条	5.1.1
段	[无编号]
列项	列项符号："——"和"·"；列项编号：a)、b)和1)、2)

[①] 参见白殿一等著，中国标准出版社出版的《标准的编写》《产品标准的编写方法》《标准编写知识问答》等。

（一）部分

部分是一项标准被分别起草、批准发布的系列文件之一。一项标准的不同部分具有同一个标准顺序号，它们共同构成了一项标准。每个部分都有各自的编号。部分的编号位于标准顺序号之后，与标准顺序号之间用下脚点相隔，见表4-1。

1. 划分原则

在起草标准时，针对一个标准化对象通常编制成一项无须细分的标准，特殊情况下可编制成分为若干部分的标准，每个部分单独出版。在综合考虑下列情况后，针对一个标准化对象可能需要编制成若干部分：

——文件篇幅过长；

——标准使用者需求不同，例如生产方、供应方、采购方、检测机构、认证机构、立法机构、管理机构等；

——标准的编制目的不同，例如保证可用性，便于接口、互换、兼容或相互配合，利于品种控制，保障健康、安全，保护环境或促进资源合理利用，以及促进相互理解和交流等。

2. 划分方法

部分的划分通常有两种方法：第一，按照通用化的方法，将各部分中的通用条款编写在第1部分中，将其他特殊方面作为标准的其他各部分。这类标准中各个部分都不能单独使用，都需要规定特殊要求的部分引用通用部分中的要求。如，第1部分：总则；第2部分：位置标志；第3部分：导向标志；第4部分：信息索引标志；……。第二，将标准化对象分为若干个特定方面，针对这些方面分别编制成一项标准的几个部分。如，第1部分：术语；第2部分：谐波；第3部分：静电放电。

（二）章

在起草一个单独的标准或部分时，需要对文件进行层次划分，以便表述其从属关系。这时第一个分出的层次就是章，并且要给这个层次赋予标题以及由阿拉伯数字构成的编号（见示例4-1）。

章是对标准正文划分的基本单元，它构成了标准主体结构的基本框架。章与标准正文的要素具有一定的联系。通常情况下，可以将正文中的每一章看作标准的一个规范性要素（规范性引用文件除外）。除非将相关章合并形成的新的"章"会包含多个要素。

（三）条

在章之下，或者标准的某个要素（如附录或引言）之下，如果需要进一步细分，可以设置有编号的层次——条。条的设置是多层次的，第一层次的条可分为第二层次的条，第二层次的条还可细分为第三层次的条，需要时，一直可分到第五层次。最好给第一层次的条赋予标题。在某一章或条中，其下一个层次上的各条有无标题应统一。

条的设置需要考虑以下原则：第一，内容明显不同。如果段与段之间所涉及的内容明显不同，为了便于区分，则需要将它们分成彼此独立的条。这是划分条的主要依据。第二，具有被引用的可能性。当章或条的几段内容中的某段有可能被引用时，尤其该标准内部就需引用时，应考虑设立条，以便通过直接引用相应的条编号就可实现准确引用的目的。第三，无标题条（如示例 4-1 中的 5.1.2.1）不应再分条，以免在引用该无标题条时，产生是否包含其下再分的条的困扰。第四，存在两个或两个以上的条才有必要分条。

（四）段

对章或条进行没有编号的细分，则会形成段。区别段与条的明显标志是段没有编号。也可以说段是章或条中不编号的层次。（见示例 4-1 中 5.1.1 里的段）

在编写段时，需要注意在章标题或条标题与下一层次条之间设置的段，这种段称为"悬置段"。为了不在引用时产生指向不明的困扰，通常情况下不宜设置悬置段。

（五）列项

在规定标准的内容时，需要突出某些并列的内容，或者需要强调某些内容的先后顺序（如在规定或描述过程中），采取列项的形式可以达到相应的效果。（见示例 4-1 中 5.1.2.2 和 5.2.1 包含的列项）

实际上，列项就是将段中的内容以一种独特、醒目的形式来表述。所以说列项是段中的子层次，它可以在章或条中的任意段里出现。列项独特的形式表现在它具备两个要素：引语和被引出的并列各项。具体形式有两种：其一，后跟句号的完整句子引出后跟句号的各项；其二，后跟冒号的文字引出后跟分号或逗号的各项。

通常情况下，在所列各项之前需要给出列项符号：破折号"——"（用于第一层次列项）或间隔号"·"（用于第二层次列项）。如果不但需要突出并列的各项，还需要强调各项的先后顺序，或者列项中的一些项需要被识别（如引用），那么在各项之前需要给出字母编号（用于第一层次列项）或数字编号（用于第二层次列项）。

示例 4-1 显示了标准中的章、条、段、列项等层次。

【示例 4-1】

```
5   章标题
5.1   条标题
5.1.1   条标题
      ××××××××××××××××××××××××××××××
×××××××××××××××××××××××××××××××××
××××××××××××××××××××××××××××××。

5.1.2   条标题
5.1.2.1   ××××××××××××××××××××××××××××
××××××。

5.1.2.2   ×××××××××××××××××××××××××××××
××××××××××××××××××××××××。
      a）×××××××××××××××××××××××××××
           ×××××××××××××××××××××××
           ×××××××。
      b）×××××××××××××××××××××××××××
           ××××××××××××××××××××××：
```

```
        1) ×××××××××××××××××××××××××××
           ××××××××××;
        2) ×××××××××××××××××××××××××××
           ×××××××××××××××××××××××××××
           ×××××××××××××××××××××。
5.2  条标题
5.2.1  条标题
    ××××××××××××××××××××××××××××××××
××××××××××××××××××××××××××××××××××××
××××××××:
    ——××××××××××××××××××××××××××××
       ×××××××××××;
    ——×××××××××××××××××××××××××××××;
    ——××××××××××××××××××××××××××××
       ×××××××××××××××××××××××。
    ⋮
```

二、要素

按照标准内容的功能，可以得到许多不同的相对独立的功能单元——要素。在标准中这些要素的有序编排形成了标准的基本框架。

（一）要素的分类

按照不同的维度，可以将标准中的要素划分成不同的类别。

1. 根据要素所起的作用

根据要素发挥的作用这一维度来划分，可以将标准中的要素分为两大类：规范性要素和资料性要素。

规范性要素是"界定文件范围或设定条款的要素"。规范性要素具有两方面的功能：其一，界定文件的范围。通过对范围的陈述，界定了文件的标准化对象、涉及的技术内容、适用的领域和文件的使用者等，明确了与文件相关的各种边界。其二，设定条款。这是规范性要素的主要功能。在应用标准时，规范性要素的内容都需要研读，以便在清晰标准的各种边界的基础上，根据标准的具体条款，严格遵守、尽可能使用，或者根据情况选用相应的技术内容。标准中的规范性要素通常有范围、术语和定义、符号和缩略语、分类和编码、总体原则/要求、核心技术要素……

资料性要素是"给出有助于文件的理解或使用的附加信息的要素"。在应用标准时，资料性要素不是一定要研读的要素，它仅给出附加信息，也就是说，不会因为没有阅读资料性要素而造成使用者遗漏那些需要遵守或符合的内容。然而资料性要素在标准中的存在发挥着其独特的功能，研读这些要素有助于标准的理解或使用。标准中的资料性要素有：位于标准正文之前的封面、目次、前言、引言；位于标准正文中的规范性引用文件；位于标准正文之后的参考文献、索引。

2. 根据要素存在的状态

根据要素在标准中是否必须存在的状态这一维度来划分，可将标准中的要素划分为两类：必备要素和可选要素。这种划分的目的就是要明确标准中哪些要素是必须存在的，哪些要素是可酌情取舍的。

必备要素是在标准中不可缺少的要素，也就是说在任何单独的标准或单独发布的标准的某个部分中都应有这类要素。标准的规范性要素中有三个必备要素：范围、术语和定义、核心技术要素；资料性要素中有三个必备要素：封面、前言、规范性引用文件。

可选要素在标准中并非必须存在，其存在与否取决于起草特定标准的具体需要。也就是说可选要素是那些在某些标准中可能存在，而在另外的标准中就可能不存在的要素。标准中除了"封面、前言、范围、规范性引用文件、术语和定义以及核心技术要素"这六个要素之外，其他要素都是可选要素。

这里需要说明的是，标准中的"规范性引用文件、术语和定义"这两个要素，其章编号和标题的设置是必备的，即是不可缺少的，然而其内容的有无需要根据标准的具体情况进行选择。

（二）要素的构成

标准是由要素构成的。要素又是怎么构成的呢？要素的内容由条款和/

或附加信息构成。条款是"在文件中表达应用该文件需要遵守、符合、理解或作出选择的表述"。附加信息是附属于标准条款的信息,它们不能独立存在。规范性要素主要由条款构成,还可包括少量附加信息;资料性要素由附加信息构成。

(三)要素的编排及允许的表述形式

前文陈述了按照不同的维度将标准的内容分成的不同类别的要素,以及要素的构成。表4-2中给出了综合上述各种划分方法后,标准中各种要素的类别和要素的构成。表中还列出了要素所允许的表述形式。

表4-2 文件中的要素及其类别和表述形式

要素	要素类别		要素的构成	要素所允许的表述形式
	必备或可选	规范性或资料性		
封面	必备	资料性	附加信息	标明文件信息
目次	可选			列表(自动生成的内容)
前言	必备			条文、注、脚注、指明附录
引言	可选			条文、图、表、数学公式、注、脚注、指明附录
范围	必备	规范性	条款、附加信息	条文、表、注、脚注
规范性引用文件[a]	必备/可选	资料性	附加信息	清单、注、脚注
术语和定义[a]	必备/可选	规范性	条款、附加信息	条文、图、数学公式、示例、注、提示、引用
符号和缩略语	可选	规范性	条款、附加信息	条文、图、表、数学公式、示例、注、脚注、提示、引用、指明附录
分类和编码/系统构成	可选			
总体原则、总体要求	可选			
核心技术要素	必备			
其他技术要素	可选			
参考文献	可选	资料性	附加信息	清单、脚注
索引	可选			列表(自动生成的内容)

[a] 章编号和标题的设置是必备的,要素内容的有无根据具体情况进行选择。

表4-2中最左边的一列给出了在标准中要素的典型编排次序，这些要素形成了标准的基本框架。表中所列的核心技术要素是一个统称。任何功能类型标准都有其特定的核心技术要素，标准的功能类型不同，其核心技术要素就会不同（见本章第三节的"一"）。规范性要素中的可选要素可根据起草文件的具体情况在表中选取（见本章第二节），或者进行合并或拆分，要素的标题也可进行调整，还可以另设表中没有列出的其他技术要素。

第二节　标准主题及技术内容的确立

起草一项标准，首先要做的工作就是确立标准的技术条款，这涉及标准的技术要素及其技术内容。本节主要阐述选择和确立标准技术要素和技术内容需要遵守的原则，进而讨论如何由标准的功能确定标准的类型，最后介绍标准主题（名称）的编写知识。

一、规范性要素选择的三原则

在考虑一项标准需要对哪些技术内容标准化时，要遵循规范性要素选择的三原则，即要考虑标准化对象或领域、标准使用者以及编制标准的目的。标准化对象、标准使用者以及编制标准的目的影响着标准的规范性要素以及要素中技术内容的选择，进而决定着标准的功能及类型。

（一）确认标准化对象原则

确认标准化对象原则是标准的技术内容及其技术要素的选取原则。在具体编写标准之前，要对标准化对象进行分析，确认拟标准化的是属于产品/系统、过程或服务，还是与某领域相关的技术内容，是属于完整的标准化对象，还是标准化对象的某个方面。标准化对象决定着起草的标准的对象类别属于产品标准、过程标准还是服务标准［见第一章第一节"三"中的（三）］。标准化对象不同，标准所属的对象类别则不同，标准中的技术内容会不同，它直接影响标准中规范性要素的构成及其具体技术内容的选取。

例如，标准化对象为产品，则可能起草产品标准，标准的内容可能会涉及技术要求、试验方法、标志、标签和包装等方面的内容；标准化对象为服务，则可能起草服务标准，标准的内容可能会涉及服务内容指标、响应性指标、宜人性指标等方面的内容。

即使标准化对象为产品，但具体对象不同，标准中的技术内容也会不同。如具体对象为"咖啡研磨机"，那么会涉及使用性能、机械性能、物理性能、电学性能、外形尺寸等要求；具体对象为"氯化钠"，可能会涉及化学组分、化学特性等方面的要求。对于单一产品，还要进一步确认，所涉及的是完整的产品性能，还是其某一个方面的特性。例如可能标准化的是电阻焊机的全部基本特性，也可能只需要标准化电焊机的机械和电气性能。

因此，在标准起草的开始阶段就需要注意确保标准中规范性要素的内容与具体的标准化对象（或领域）及其特定方面紧密相关。

（二）明确标准使用者原则

明确标准使用者原则是指起草文件时需要考虑并明确文件的使用者，以便确保文件能够针对使用者关注的结果或过程作出规定，从而保证文件的规范性要素中规定的内容是特定使用者需要的。

标准使用者通常有：设计者、生产者/提供者/操作者/执行者、安装者、供应商，通常称为第一方；使用者/消费者、订货者/采购者、维护者（有时由第一方提供维护）等，通常称为第二方；检验者、认证者、管理者等，通常称为第三方。标准使用者不同，会对将标准确定为规范标准、规程标准或试验标准等产生影响，从而文件的规范性要素的构成及其内容的选取就会不同。

例如，标准化对象为某种产品，诸如路况检测设备，如果针对的使用者是生产者，则标准中可能需要考虑包含操作程序以及相应的程序指示等核心技术要素；如果针对的使用者是生产方与购买方，则标准中可能需要考虑包含"技术要求"与"试验方法"等核心技术要素，以便利用标准进行谈判、签署合同，并用标准判定产品的符合性；如果针对的使用者为使用路况检测设备进行检测的操作者，则标准的主要技术内容可能会是"路面检测方法"。

因此，在标准起草的开始阶段就需要明确标准使用者是谁，以便针对标准使用者选取规范性要素及其技术内容,以满足标准使用者的需要。

(三)目的导向原则

编制标准的目的通常有:促进相互理解和交流,保证可用性,便于接口、互换、兼容或相互配合,利于品种控制,保障健康、安全、保护环境或促进资源合理利用等。目的导向原则是指起草文件时需要充分考虑文件的编制目的,并据此确定标准的目的类别[见第一章第一节"三"中的(四)]。

目的导向原则是拟标准化对象的特性或内容的选取原则,即标准中拟标准化的特性或内容的选取与确定取决于标准化的目的。以编制目的为导向,对标准化对象进行功能分析,从而识别文件中拟标准化的内容或特性。编制目的不同,规范性要素中需要标准化的内容或特性就不同;编制标准可以只针对一个目的,也可以针对多个目的。编制目的越多,选取的内容或特性就越多。以目的为导向,能够保证文件中的技术内容都是为了实现文件的编制目的而选取的。

二、标准技术内容及标准功能类型的确立

按照上述三原则选择并确立了标准的技术要素及其技术内容,这些技术内容决定了标准所发挥的具体功能,由此可得出标准的功能类型。按照标准发挥的功能,目的类别中的基础标准可分成术语标准、符号标准、分类标准、试验标准;目的类别中除了基础标准之外的其他标准可进一步分成规范标准、规程标准和指南标准三个功能类型。标准的功能类型不同,所针对的标准化对象或领域以及使用者也会有所侧重。下文分析了标准技术内容与标准中五个典型功能[见第一章第二节"二"中的(二)]的关系以及各功能对应的标准功能类型。

(一)界定术语或符号

根据相互理解的目的编制的标准,如果标准的核心技术要素(通常不会含有其他技术要素)给出了某领域或学科中使用的概念的指称及定义,那么标准的功能为"界定术语和定义",由此可以判定该标准的功能类型为术语

标准；如果标准的核心技术要素界定了某领域或学科中使用的符号的表现形式并给出其含义或名称，那么该标准的功能为"界定符号及其含义"，可以判定该标准的功能类型为符号标准。

从标准的编制目的这一维度分类，术语标准和符号标准都属于基础标准。它们通常针对某个领域（个别情况下才针对具体标准化对象）形成概念体系、符号体系等；其使用对象通常非常广泛，凡是标准涉及的标准化对象或领域中的所有标准制定者或使用者都有可能成为术语标准的使用对象；符号标准界定的符号将便于各种语言、文化、知识背景的人们相互交流，其使用对象也比较广泛。

（二）确立分类体系

根据相互理解的目的编制的标准，如果标准的核心技术要素中给出了分类原则或方法，或者给出分类结果，那么标准的功能为"确立分类体系"，这样形成的标准功能类型为分类标准。分类标准的标准化对象通常针对某个领域，也可能是对产品、过程或服务的分类；分类标准的使用者为标准所涉及的领域中的标准制定者或使用者。

（三）描述试验方法

按照相互理解的目的编制的标准，如果标准的核心技术要素中给出了详细的试验步骤、实验数据处理（结果的计算方法）等内容，那么标准的功能为"描述试验方法"，形成的标准功能类型为试验标准。试验标准的标准化对象通常为产品，其使用者为产品的生产方、采购方或检测机构。

（四）规定要求或程序指示

以保证标准化对象的可用性、便于接口、互换、兼容或相互配合，利于品种控制，保障健康、安全、保护环境或促进资源合理利用等为目的编制标准，如果标准的核心技术要素规定了标准化对象需要满足的要求，同时描述判定符合要求所对应的证实方法，那么标准的功能为"规定可证实的要求"，这样形成的标准功能类型为规范标准。规范标准的标准化对象是某一特定领域的产品、过程或服务,标准的使用对象通常为第一、第二和/或第三方。

当标准制定目的与上述相同,标准的核心技术要素为规定了一系列明确的履行程序的行为指示,并且描述了对应的追溯/证实方法,那么标准的功能为"规定履行程序的行为指示",这样形成的标准功能类型为规程标准。规程标准的标准化对象仅为过程,标准使用者针对的是操作者或管理者。

(五)提供指导和建议

在对某些宏观、复杂、新兴的主题标准化,且针对相互理解之外的目的编制标准时,如果由于种种因素的限制,导致不能规定关于主题的具体特性,或不能规定活动开展的具体程序,而代之以在标准的核心技术要素中提供普遍性、原则性、方向性的指导,具体的建议或给出有参考价值的信息,这类标准所具有的功能为"提供方向性的指导和/或建议",标准的功能类型为指南标准。指南标准的使用者也比较广泛,它能够帮助标准使用者起草相关标准(例如规范标准、规程标准等)或其他技术文件,或者形成与该主题有关的技术解决方案。

三、标准名称的编写

标准的技术内容和标准的功能类型确定之后,可以进一步明确标准的名称。标准名称也就是标准的标题,它是对标准主题最集中、最简明的概括。标准名称在范围之前以及在标准的封面中都有所呈现。通过标准名称的编写要明确表示出标准的主题,并且使该标准与其他标准明确区分。标准名称的确定需要按照标准的内容,并综合考虑标准化对象和/或领域、标准的编制目的以及标准的功能类型等因素。

(一)名称的构成形式

标准名称最多由不超过3个元素构成,即"引导元素+主体元素+补充元素"。其中,主体元素表明标准化对象,引导元素表明该标准化对象所在的领域,补充元素表明标准化对象的特殊方面,或给出区分某标准(或部分)与其他标准(或部分)的细节。主体元素是必备元素,任何标准或部分的名称都至少包括主体元素。引导元素和补充元素是可选元素，需要根据标准的内容确定是否在标准名称中选择该元素。标准的目的类别、功能类型通常在标准名称的补充元素中体现，在特殊情况下也可体现在主体元素中。

（二）名称中可选元素的取舍

在起草标准名称时，只有准确选择并恰当组合标准名称的三个元素，才能确切地表述标准的主题。

1. 引导元素

如果标准名称中没有引导元素会导致主体元素所表示的标准化对象不明确时，就应选择引导元素。示例4-2中，由于主体元素"散装物料机械"有可能是农业机械，也可能是建筑机械等，所以名称中如果没有引导元素"农业机械和设备"，则标准化对象就不明确。这种情况需要选择引导元素。

【示例4-2】

正　确：农业机械和设备　散装物料机械　装载尺寸

不正确：散装物料机械　装载尺寸

如果标准名称的主体元素（或主体元素和补充元素一起）能够确切地概括标准所涉及的对象时，就应省略引导元素。

【示例4-3】

正　确：散装牛奶冷藏罐　技术规范

不正确：畜牧机械与设备　散装牛奶冷藏罐　技术规范

2. 补充元素

如果标准所规定的内容仅涉及了主体元素所表示的标准化对象的一两个方面，那么标准名称中需要用补充元素指出标准所涉及的具体方面。

【示例4-4】

滚动轴承　分类

电阻焊机　机械和电气要求

如果标准所规定的内容涉及了主体元素所表示的标准化对象的两个以上，但不是全部方面，那么需要在标准名称中的补充元素中使用一般性的词语（例如技术要求、技术规范等）来概括这些方面，而无须一一列举。

第四章　标准的起草

【示例 4-5】

旅游景区　讲解服务　规范

起重机械超载保护装置　安全技术规范

如果标准所规定的内容同时具备以下两个条件，那么应省略补充元素：第一，涉及主体元素所表示的标准化对象的所有基本方面；第二，是有关该标准化对象的惟一标准。

【示例 4-6】

正　确：咖啡研磨机

不正确：咖啡研磨机　术语、符号、材料、尺寸、机械性能、额定值、试验方法、包装

3. 部分的名称

在确定分成部分的标准中各部分的名称时，需要满足：第一，名称中要有补充元素，以便通过补充元素区分和识别各个部分，也就是每个部分名称的补充元素需要保持不同；第二，部分的名称采取分段的形式，可以是"主体元素 + 补充元素"的两段式，也可以是"引导元素 + 主体元素 + 补充元素"的三段式，在补充元素之前要加上"第 × 部分:"（其中的"×"为阿拉伯数字）；第三，部分的名称的主体元素保持相同，如果名称中有引导元素，则引导元素也要相同。

【示例 4-7】

低压开关设备和控制设备　第 1 部分：总则

低压开关设备和控制设备　第 2 部分：断路器

第三节　要素的编写

明确了标准的主题及其技术内容，确立条款的工作就完成了。下面的工作是编制文件，也就是要着手起草标准的文本。起草标准文本的主要任务就是编写标准的各类要素。标准中大部分要素的内容都与核心技术要素有关，所以核心技术要素需要先于其他要素确定。其他规范性要素是根据核心技术要素的需要设置的，要在核心技术要素之后确定。而资料性要素是对规范性

要素的解释或说明，因此要在规范性要素之后编写。

一、不同功能类型标准的核心技术要素

标准的核心技术要素是必备要素，任何标准都应该具有核心技术要素。不同功能类型标准的核心技术要素是不同的。GB/T 20001《标准编写规则》规定了各功能类型标准的起草原则以及编写规则。下面分别简述各功能类型标准核心技术要素的编写。

（一）术语标准

术语标准的核心要素是"术语条目"。

术语标准的要素"术语条目"中要给出需要界定的某领域或学科中使用的概念的指称及定义，通常形成某领域的概念体系。术语标准中的术语条目最好按照概念层级进行分类编排。术语条目中至少包括四个必备内容：术语条目编号、表达概念的首选术语（即概念的指称）、英文对应词和概念的定义。在此基础上还可增加术语的缩写形式、符号、非首选术语、概念的其他表述形式（公式、图等）、参照的相关条目、注等。

术语标准中应在标准的范围所限定的领域内定义概念。也就是说术语标准中不应定义不是标准所涉及的领域中的概念。对概念的定义尽量选择内涵定义，即给出概念所反映的客体的全部本质特征。通常概念的定义采用下述优选结构：定义＝所定义概念与其他并列概念间的区别特征＋上位概念。

（二）符号标准

符号标准的核心技术要素为"符号或含有符号的标志"。

符号标准的要素"符号""图形符号"或"标志"中要给出需要界定的符号、图形符号或标志，同时还要给出符号的名称或含义，如必要还可给出相应的说明。这些内容最好以表的形式列出，以便清晰地表述它们之间的关系。表中通常包括编号栏、符号栏、名称栏、说明栏等。如果所有符号或标志的名称或含义已经十分明确，又没有其他需要说明的内容，那么可以省略说明栏。

（三）分类标准

分类标准的核心技术要素为"分类"或"编码"。也就是说根据具体情况，在特定的分类标准中至少包括"分类"和"编码"两个要素中的一个。

1. 分类

分类标准的要素"分类"中通常给出分类方法。指明针对分类对象划分出多少"层次"（线分类法）或"层面"（面分类法），指出上位类、下位类之间的层级关系，或"面"之间彼此独立的非层级关系。要说明每一次划分所依据的属性，需要给出划分出的作为每个层次或层面统称的类目名称。如果在类目之下还给出了包含的具体项目，那么通常需要对项目命名，给出项目名称。

2. 编码

在分类标准中如果需要对分类的结果进行编码，需要指明所采用的编码方法，给出编码位数或编码结构、每个码位所代表的含义以及每个码位上所使用的代码字符。适宜时，可给出编码结构图，以便充分展示所采用的编码方法。如果在给出编码方法后，需要对具体类目或项目名称进行编码，那么要给出具体的代码或代码表。

（四）试验标准

试验标准的核心技术要素包括"试验步骤"和"试验数据处理"。

1. 试验步骤

在试验标准的"试验步骤"中要使用祈使句准确地表述试验需要的每一步操作。需要进行多少个操作或系列操作，"试验步骤"就可分为多少条，或在列项中分为多少项。"试验步骤"中可包括预试验或验证试验、空白试验、比对试验、平行试验等。

如果试验步骤中可能存在危险（例如，爆炸、着火或中毒），且必须采取专门防护措施，则应在"试验步骤"的开头用黑体字标出警示的内容，并写明专门的防护措施。

2. 试验数据处理

试验标准中的要素"试验数据处理"需要列出试验所要录取的各项数据，

并给出试验结果的表示方法或结果计算方法，具体说明以下内容：

——表示结果所使用的单位；

——计算公式；

——公式中使用的物理量符号的含义；

——表示量的单位；

——计算结果表示到小数点后的位数或有效位数。

（五）规范标准

规范标准的核心技术要素包括"要求"和"证实方法"。

1. 要求

规范标准中的要素"要求"需要通过直接或引用的方式规定以下内容：①保证产品/过程/服务适用性的所有特性；②特性值；③适宜时，描述证实方法。规范标准中要求的表述需要遵守性能/效能原则：标准中的要求要由反映产品性能、过程或服务效能的具体特性来表述，以便给技术发展留有最大的自由度。

对于产品规范标准，通常规定以下类别的产品性能要求：使用性能、理化性能、生物学/病理学/毒理学性能、人类工效学性能、环境适应性等。产品规范标准通常不对产品结构规定要求，在为了便于产品的互换性、兼容性、相互配合或者为了保证安全的情况下，才可对产品结构、尺寸等提出要求。规范标准通常也不对材料规定要求。当为了保证产品性能和安全时，可对材料提出要求或指定产品所用的材料。如果需要规定材料的性能，那么可在附录中进行规定。产品规范标准通常也不对生产过程、工艺等规定要求。为了保证产品性能和安全，不得不限定生产过程、工艺时，可在附录中作出相关规定。

对于过程规范标准，通常规定反映过程效能的具体特性和特性值，而不规定履行过程的具体行为指示。当无法确定反映过程效能的特性，可对活动内容或与活动内容有关的特性进行规定，还可规定与过程运作的控制条件有关的特性，例如，温度、湿度、水分、杂质等。

对于服务规范标准，首先选择规定服务提供者与服务对象接触界面的要求。通常，针对以下类别的服务效能规定要求：服务效果、宜人性、响应性、普适性等。当无法确定反映服务效能的特性时，服务规范标准可规定与服务内容有关的特性，或规定与服务环境有关的特性。除非选择不出拟标准化的特性或内容的特殊情况，当没有适用的标准时，可在附录中作出适当的规定。通常服务规范标准不对组织机构、人员资质或提供服务所使用的物品、设备等规定要求。

2. 证实方法

在规范标准的要素"证实方法"中，需要描述用于证实产品、过程或服务是否满足要求以及保证结果再现性的所有条款。针对"要求"中的每项要求都需要描述对应的证实方法。

证实方法通常包括测量和试验方法、信息化方法、主观评价方法以及其他证实方法。产品规范标准通常考虑编写测量方法或试验方法，过程规范标准和服务规范标准通常考虑编写信息化方法、主观评价方法以及其他证实方法。

编写测量和试验方法，通常包含测量/试验步骤和试验数据处理。编写信息化方法以及主观评价方法以及其他证实方法，要描述实施该特定证实方法的主体、频率（或持续时间、起始时间、实施时间）、地点，观察、记录、标记、录制、对比、评价、确认等证明材料的内容，以及相应的计算方法等。

（六）规程标准

规程标准的核心技术要素包括"程序确立""程序指示"和"追溯/证实方法"。

1. 程序确立

规程标准中的要素"程序确立"用来清晰描述标准涉及的程序，可按照逻辑次序给出具体程序的构成。根据具体情况，程序可划分为步骤；也可先将程序细分为阶段，再进一步细分为步骤。该要素通过陈述型条款来确立程序，如需要也可辅以流程图。

2. 程序指示

在规程标准的要素"程序指示"中通过指示型条款对履行阶段/步骤的

行为给予指示。按照确立的程序次序来编排具体的行为指示。在每个阶段／步骤中，为了更好地展现先后顺序，行为指示最好编排为带有编号的列项。

当一个阶段／步骤存在多个可供选择的后续阶段／步骤时，在要素"程序指示"中还要使用要求型条款规定从这个阶段／步骤到下一个阶段／步骤的转换条件，如需要还要规定程序的结束条件。

3. 追溯／证实方法

在规程标准的要素"追溯／证实方法"中，针对"程序指示"中规定的行为指示需要描述针对关键节点的追溯方法；针对转换条件、结束条件需要描述满足这些条件对应的证实方法。

其中追溯方法可以是，诸如过程（现场）记录／标记、录音、录像等；证实方法可以是，诸如对比、证明文件、测量和试验方法等。

编写追溯方法需要描述该方法的实施主体、频率（或持续时间、起始时间、实施时间）、地点，以及观察、记录、标记、录制、对比、评价、确认等证明材料的内容等。编写测量和试验方法，应包括试验步骤，以及相应的计算方法、结果表述等。

（七）指南标准

指南标准的核心技术要素是"需考虑的因素"。根据具体情况，可灵活编写指南标准的核心技术要素的标题，如可改为"需考虑的内容""需考虑的要点"等。根据标准的技术内容，指南标准可分为试验方法类、特性类和程序类等类别。指南标准类别不同、所涉及的主题的不同，"需考虑的因素"的具体结构和内容也会不同。

试验方法类指南标准，"需考虑的因素"通常会对涉及的试验方法全过程或部分关注的过程——如实验步骤等——提供选择原则、框架和需考虑的要点等，从而提供指导或在指导的基础上提供建议；也可针对具体"需考虑的因素"推荐系列选择以及选择的原则，供标准使用者选取。

特性类指南标准，根据具体情况"需考虑的因素"可涉及"特性选择""特性值选取"两个方面。可通过给出选择特性或特性值的要素框架、确定原则和需要考虑的要点等，提供方向性的指导或在指导的基础上提供建议；

也可针对特性值推荐供选择的系列数据，或一定范围的数据，供使用者选取；还可给出大量的具有技术内容的资料、文件、发展模式案例等信息，供使用者在特性选择、特性值选取时参考。

程序类指南标准，"需考虑的因素"的具体结构和内容应能够表明该活动的规律，根据具体情况可考虑"程序确立""程序指示"两个方面。可给出程序确立或程序指示的原则、方法和需要考虑的要点等，以便提供指导或在指导的基础上提供建议；也可针对程序指示推荐供选择的系列行为指示、转换条件/结束条件，并给出选择的原则，供使用者选取。

二、其他规范性要素

完成了核心技术要素的编写后，需要编写其他规范性要素，以便规定与核心技术要素相关的条款并对标准的范围进行界定。这里涉及术语和定义、符号和缩略语、分类和编码以及范围等四个规范性要素。

（一）术语和定义

非术语标准中的要素"术语和定义"是一个可选的规范性要素，但其章编号和标题的设置是固定格式。在任何情况下都需要有"3 术语和定义"这一要素的编号和标题，即使没有需要界定的术语，这章的内容为空也要设置这一章。这一要素的表述形式是相对固定的，主要由"引导语 + 术语条目"构成。这一要素与术语标准主要有以下区别：一是构成上增加了引导语的表述形式；二是术语条目的内容通常比术语标准中的简单，必备内容与术语标准完全一致［见本节"一"中的（一）］，可选内容相对较少；三是选择需要定义的术语的考虑点有其自身的特点。

1. 待定义的术语的选择

选择在"术语和定义"一章中定义的术语需要满足以下四个条件。第一，须是在该标准中使用并且是多次使用的概念。第二，应是专业的使用者不宜理解的术语，或在不同的语境中有不同解释的术语。无须定义通用词典中的词或通用的技术术语，除非将这些术语用于特定的含义。第三，应仅定义在现行术语标准中尚无定义或需要改写已有定义的术语。如果发现在现行术语标准中已经定义了拟界定的术语,那么不应重新定义,而应考虑引用这些定义。如果现行标准中相应术语的定义不完全适用,那么才可在标准中对现有定义进行改写,同时应在改写的定义后提示该定义是改自其他定义的,具体方法为:在方括号中写明"来源:文件编号,术语条目编号,有修改"。第四,应仅定义标准的范围所能覆盖的领域中的术语。如果标准中使用的某个术语满足了其他三个条件,但该术语所涉及的领域不属于该标准所覆盖的领域,那么不应在标准中进行定义,建议只在标准的相关条文中或加脚注说明其含义。

2. 引导语

要素"术语和定义"中,在给出具体的术语条目之前应有一段引导语。根据不同的情况,可以选择下述3类引导语中的一种。

(1)只有第3章界定的术语和定义适用时,使用的引导语为:"下列术语和定义适用于本文件。"

(2)如果除其他文件界定的术语和定义适用,没有其他需要界定的术语和定义时,使用的引导语为:"……界定的术语和定义适用于本文件。"

(3)如果除了标准中界定的术语和定义外,其他文件中界定的术语和定义也适用时,使用的引导语为:"……界定的以及下列术语和定义适用于本文件。"

如果没有需要界定的术语和定义,需要在章标题下给出以下说明:

"本文件没有需要界定的术语和定义。"

(二)符号和缩略语

非符号标准中的要素"符号和缩略语"是一个可选的规范性要素。如果标准中有需要解释的符号或缩略语,则应以"符号和缩略语"或"符号""缩略语"为标题单独设章,以便进行相应的说明。为了便于标准的编写,该要素可与要素"术语和定义"合并为一个复合标题,如"术语、定义、符号和缩略语"。"符号和缩略语"这一要素的表述形式相对固定,即由"引导语+清单"构成。这一要素通常不会以表格的形式列出符号及其解释,这是其与符号标准在表现形式上的主要区别。

1. 引导语

根据列出的符号和缩略语的具体情况,该要素应分别由以下适合的引导语引出:

——如果仅该要素列出的符号适用时,使用"下列符号适用于本文件";

——如果仅该要素列出的缩略语适用时,使用"下列缩略语适用于本文件";

——如果该要素列出的符号和缩略语适用时,使用"下列符号和缩略语适用于本文件"。

2. 符号和缩略语清单

标准中的"符号和缩略语"清单不必编号,通常由"符号+解释或说明"构成。符号和缩略语的说明或定义宜使用陈述型条款,不包含要求和推荐型条款。

清单内容的前后次序通常按照字母顺序编排,并遵循以下原则:

——大写拉丁字母位于小写拉丁字母之前(A、a、B、b等);

——无角标的字母位于有角标的字母之前,有字母角标的字母位于有数字角标的字母之前(B、b、C、C_m、C_2、c、d、d_{ext}、d_{int}、d_1等);

——希腊字母位于拉丁字母之后(Z、z、Λ、α、B、β、…、Λ、λ等);

——其他特殊符号和文字。

只有在为了反映技术准则的需要时,才将符号、代号或缩略语以特定的次序列出,例如:先按照学科的概念体系,或先按照产品的结构分成总成、部件等,再按字母顺序列出。

(三)分类和编码

非分类标准中的要素"分类和编码"是一个可选的规范性要素。这一要素中的分类和编码是为了便于对产品、过程或服务进行规定而存在的。通过分类可以在文件核心技术要素中针对不同标准化对象的细分类别作出规定。"分类和编码"这一要素可以没有分类方法,但一定有分类结果,即需要分出类目和项目,并给予命名或分配代码。这一要素通常涉及"分类与命名""编码和代码"等内容。

在所涉及的领域中已经存在分类标准的情况下，如分类标准给出了分类方法，则非分类标准无须规定分类方法，直接利用分类方法进行分类即可；如分类标准还给出了分类结果，那么非分类标准直接引用该结果即可。除了上述区别，非分类标准中的"分类、编码"的内容和编写与分类标准基本是一致的。

分类和编码通常使用陈述型条款。根据编写的需要，该要素可与规范、规程或指南标准中的核心技术要素的有关内容合并，在一个复合标题下形成相关内容。

（四）范围

范围是一个必备的规范性要素。它应表述为一系列事实的陈述。这一要素的编写要简洁，以便能够作为内容提要使用。范围不应包含要求、推荐和允许。

范围的功能是陈述标准所涉及的主要技术内容，并划定标准的适用界限。范围能起到在标准名称之外提供标准的进一步信息的作用，并通过指出标准化对象、标准使用者及应用领域等，清晰地给出标准的界限。

1. 范围包含的内容

范围通常包括两方面的内容：第一，阐述标准中"有什么内容"，即标准针对的标准化对象以及涉及的主要技术内容；第二，阐述这些内容"有什么用"，也就是说，要陈述标准技术内容的适用范围。通常需要陈述：在哪用（适用领域）；给谁用（标准使用者）。必要时，补充陈述那些通常被认为可能涵盖，但实际上标准并不涉及的界限。

2. 范围的表述

范围中关于标准化对象的陈述使用下列典型的表述形式。

——本标准规定了……的要求；

　　　　……的特性；

　　　　……的尺寸；

　　　　……的指示。

——本标准确立了……的程序；

　　　　……的体系；

　　　　　　　……的系统；

　　　　　　　……的总体原则。

——本标准描述了……的方法；

　　　　　　　……的路径。

——本标准提供了/给出了……的指导；

　　　　　　　……的指南；

　　　　　　　……的建议；

　　　　　　　……的信息；

　　　　　　　……的说明。

——本标准界定了……的术语；

　　　　　　　……的符号。

范围中关于标准适用性的陈述使用下述典型的表述形式：

——本标准适用于……；

——本标准适用于……，也适用于……；

——本标准适用于……，不适用于……。

对不适用的范围也可另起一段陈述，如：

——本标准不适用于……。

三、资料性要素

前文阐述了如何编写标准的规范性要素。完成了规范性要素的编写意味着确立条款的工作基本完成。为了保证标准的适用性，还需要编写标准的资料性要素。资料性要素的编写有一个共同之处，即其内容都是源自规范性要素的，也就是说只有规范性要素编写完毕，才能在此基础上梳理形成资料性要素。

以下将按照资料性要素的编写顺序，首先讲解规范性引用文件，然后依次讲解引言、前言、参考文献、索引、目次及封面的编写，从而指导大家编写完成标准草案。

（一）规范性引用文件

"规范性引用文件"一方面指标准中规范性地引用了其他文件，另一方面指标准的要素"规范性引用文件"这一章的章标题。这里首先讨论与引用有关的一些概念,然后介绍"规范性引用文件"一章的编写。

1. 引用的概念

在编写标准的具体内容时,往往会遇到需要编写的内容在现行有效的其他标准中已经做了规定,并且这些规定对于正在起草的标准而言又是适用的情况。在这种情况下,通常采取提及相应的标准编号,如必要连同文件内容的编号的引用方式,而不采取重复抄录其他标准中具体内容的方式。

按照引用所起的作用、引用的确定性可以将标准中的引用划分为不同的类别,每种类别都有其特定的含义。

(1)按照引用的作用划分

① 规范性引用,指标准中引用了某文件的内容后,这些内容构成了引用它的标准中必不可少的条款。在不同文件中,构成必不可少的条款的表述形式不同。下面列出了不同文件中规范性引用的具体表述形式:

a)任何文件中,要求型或指示型条款;

b)规范标准中,由"按"或"按照"提及的试验方法类文件;

c)指南标准中,推荐型条款;

d)任何文件中,术语和定义这一要素的引导语中提及的文件。

② 资料性引用,指标准中引用了某文件的内容后,这些内容并不构成引用它的标准中必不可少的条款。除了上述①中规范性引用的表述形式外,其他引用方式都属于资料性引用。

(2)按照引用的确定性划分

① 注日期引用,是在引用时指明了所引文件的发布年份号,也就是具体表述时给出了文件编号,包括"文件代号、顺序号及发布年份号"。凡是注日期引用,意味着仅仅引用指定版本的文件,该版本以后被修订的新版本,甚至修改单(不包括勘误的内容)中的内容均不适用。在标准中引用其他文件时,一般情况下首选注日期引用的方式。如果符合下列情况之一,引用文件需要注日期:

——不能确定是否能够接受所引文件将来的所有变化;

——引用其他文件时指明了被引用文件中的具体章、条、图、表或附录的编号。

② 不注日期引用，是在引用时不指明所引文件的发布年份号，也就是具体表述时给出了"文件代号和顺序号"或者"文件代号和顺序号（所有部分）"。后者意味着不注日期引用一个文件的所有部分。凡是不注日期引用，意味着引用文件的最新版本（包括所有的修改单）。在标准中引用其他文件时，一般情况下不使用不注日期引用的方式，只有能够接受被引用文件将来的所有变化（尤其对于规范性的引用），并且符合以下两种情况之一时，引用文件才可不注日期：

——引用了完整的文件；

——未提及被引用文件具体内容的编号。

2. 采取引用方式的原因

标准中采取引用而不采取重复抄录的方式，主要基于以下原因。

（1）避免标准间的不协调

采取引用方式的最大好处之一就是可以避免标准间的不协调。首先，重复抄录可能造成抄录错误的问题。这将造成同一种规定在两个标准中不协调的现象。其次，即使不会出现抄录错误的情况，重复抄录也有可能造成标准间的不协调。假如正在起草的标准重复抄录了现行文件中适用的内容，一旦被抄录的文件进行了修订，被抄录的内容发生了变化，这就使得标准中所抄录的内容跟不上原文件最新版本的变化，造成了两个文件的不协调。这违背了当时为了符合现行标准而采取抄录方式的初衷，反而阻碍了使用所抄录文件最新版本中的内容。

（2）避免标准篇幅过大

如果采取抄录的方式，有可能造成标准的篇幅过大。一些需引用的内容，如某些试验方法，需要大量的篇幅才能阐述清楚，假如将这些内容全部重复抄录下来，则会造成正在编制的标准篇幅过大。

（3）涉及了其他专业领域

编制标准时，经常会遇到这样一种情况，即标准中会涉及一些规则、规定或方法等，这些内容往往是标准的附加内容，不属于正在编制标准所直接涉及的专业领域，标准起草工作组也不应承担这些内容的起草工作。因此，需要通过引用的方式利用其他专业领域已经标准化的成果。既然不是正在编制的标准所属领域应该涉及的内容，那么采取引用这一形式更加容易溯源，便于标准使用者和今后标准的修订者能够知道有关规定的出处，从而能够更好地考虑最新技术水平。

3. 规范性引用文件一章的编写

"规范性引用文件"是一个可选的资料性要素，但其章编号和标题的设置是固定格式。在任何情况下都需要有"2 规范性引用文件"这一要素的编号和标题，即使没有需要列出的规范性引用文件，这章的内容为空也要设置这一章。这一要素的表达形式是相对固定的，即由"引导语 + 文件清单"组成。规范性引用文件这一要素通过给出标准中规范性引用的文件清单，方便标准使用者了解到使用该标准还需要的其他必备文件。

（1）引导语

"规范性引用文件"一章中，在列出所引用的文件之前应有一段固定的引导语：

"下列文件中的内容通过文中的规范性引用而构成本文件必不可少的条款。其中，注日期的引用文件，仅该日期对应的版本适用于本文件；不注日期的引用文件，其最新版本（包括所有的修改单）适用于本文件。"

这一段引导语适用于所有文件，包括标准、标准化指导性技术文件、分部分出版的标准的某个部分等。

如果不存在规范性引用文件，则应在章标题下给出以下说明：

"本文件没有规范性引用文件。"

（2）引用文件清单中所列文件的表述

在引导语之后，要列出标准中所有规范性引用的文件，这些文件构成了规范性引用文件清单。

对于注日期的引用文件，给出"文件代号、顺序号及发布年份号和/或月份号"以及"文件名称"。例如"GB/T 1031—1995 表面粗糙度 参数及其数值"。

对于不注日期的引用文件，给出"文件代号、顺序号"以及"文件名称"。例如"GB/T 15834 标点符号用法"。

第四章　标准的起草

对于不注日期引用文件的所有部分，给出"文件代号、顺序号"和"（所有部分）"以及文件名称中的"引导元素（如果有）和主体元素"。例如"GB/T 5095（所有部分）电子设备用机电元件　基本试验规程及测量方法"。

当引用国际文件、国外其他出版物时，在文件编号或顺序号后给出原文名称的中文译名，并在其后的圆括号中给出原文名称。例如"ISO 7000 设备用图形符号　索引和一览表（Graphical symbols for use on equipment—Index and synopsis）"。

（二）引言

引言是一个可选的资料性要素。当标准的规范性要素编写完毕，需要说明与标准本身的技术内容密切相关的事项时，可以设置引言。引言不应包含要求。引言不给出章编号，当其内容需要分条时，仅对条编号，编为0.1、0.2等。

引言的主要功能是说明与标准的技术背景、内容有关的信息，以便标准使用者更好地理解标准的技术内容。引言通常涉及以下内容：

——促使编制该文件的原因、编制目的及分为部分的原因及各部分之间关系等事项的说明；

——文件技术内容的特殊信息或说明。

如果在编制文件的过程中已经识别出涉及专利，那么应设置引言，并在引言中给出有关专利的说明[①]。

（三）前言

对于每一项标准或者标准的每一部分，前言都是一个必备的资料性要素。这一要素用来给出诸如标准起草依据的文件、与其他文件的关系和编制、起草方的基本信息等文件自身内容之外的信息。在前言中不包含要求、指示、推荐或允许型条款，也不使用图、表或数学公式等表述形式。前言不给出章编号，也不分条。根据所形成的文件的具体情况，在前言中需要依次给出下

---

① 参见GB/T 1.1的相关附录。

列适合的内容。

1. 标准编制所依据的起草规则

只要在编写标准时遵守了起草标准的有关规则，在前言中就需要声明符合的具体标准[①]。

2. 标准与其他文件的关系

这涉及两方面的内容：第一，与其他标准的关系。可以说明与相关标准或系列标准的情况。第二，在分为部分的文件的每个部分中，列出所有已经发布的部分的名称。

3. 标准代替其他文件的全部或某些内容的说明

如果编制的标准是对现行标准的修订，或新标准的发布代替了其他文件，那么在标准的前言中需要说明两方面的内容。第一，指出与先前标准或其他文件的关系，给出被代替或废止的标准（含修改单）或其他文件的编号和名称；如代替多个文件，应一一给出编号和名称。第二，说明与先前版本相比的主要技术变化，包括三种情况：删除了先前版本中的某些技术内容；增加了新的技术内容；修改了先前版本中的技术内容。通常用"删除""增加"或"修改"来表述这三种情况。

4. 与国际文件关系的说明

如果所编制的标准与国际文件存在着一致性程度（等同、修改或非等效）的对应关系，那么应按照 GB/T 20000.2《标准化工作指南　第 2 部分：采用国际标准》的规定陈述与对应国际文件的关系。

5. 有关专利情况的说明

在标准编制过程中，如果尚未识别出涉及专利，需要在前言中用如下典型表述说明相关内容："请注意本文件的某些内容可能涉及专利。本文件的发布机构不承担识别这些专利的责任。"

6. 归口和起草信息的说明

在标准的前言中视情况可给出标准归口管理的技术委员会（TC）的信息，以及对标准做出贡献的单位或人员信息。

---

① 如我国的标准需要声明符合 GB/T 1.1，ISO、IEC 标准需要声明符合 ISO/IEC 导则第二部分。

7. 标准及其所代替或废止标准的历次版本发布情况

如果所编写的标准的早期版本多于一版，需要在前言中说明所代替标准的历次版本的情况。一个新标准与其历次版本的关系存在着各种情况，有的比较简单，有的却很复杂。无论哪种情况，都要力求通过各种形式准确地给出标准各版本发展变化的清晰轨迹。

（四）参考文献

参考文献是一个可选的资料性要素。如果标准中有资料性引用的文件，那么需要设置参考文献。

参考文献的主要功能是列出文件中资料性引用的文件清单以及其他信息资源清单，例如编制文件过程中参考过的文件，以便标准使用者参考。

（五）索引

索引是一个可选的资料性要素。索引的主要功能是给出通过关键词检索标准内容的途径，它可以从一个新的角度方便标准使用者。索引由索引项形成的索引列表构成。术语标准需要编写索引，符号标准最好编写索引，其他标准当为了增加标准的适用性需要设置索引时，也可设置索引。

建立索引时，通常以标准中的"关键词"作为检索的对象，索引中关键词的顺序依据其汉语拼音字母顺序排列，同时给出标准的规范性要素中对应的章、条、附录和/或图、表的编号。根据需要可在关键词的汉语拼音首字母相同的索引项之前标出相应的字母，以便于检索。

（六）目次

目次是一个可选的资料性要素。目次可以用来呈现标准的结构，它提供了一个检索标准要素和层次的工具。使用者通过目次可以一目了然地了解标准的结构。为了方便查阅文件的内容，了解文件的结构，通常有必要设置目次。

目次通常需要列出标准中的要素、章、条的编号或标题，以及图、表的编号和标题，并在所列的这些内容之后给出其所在的页码，从而形成目次列表。

（七）封面

封面是一个必备的资料性要素。每一项标准或者标准的每一个部分都应有封面。封面具有十分特殊的功能，即在标准封面上标示识别标准的重要信息。

在标准封面上通常标示以下信息：文件名称、文件名称的英文译名、标准的层次或类别（如"中华人民共和国国家标准""中华人民共和国国家标准化指导性技术文件"等字样）、标准代号（如 GB）、标准编号、标准分类号（如 ICS 号、CCS 号）、发布日期、实施日期、发布机构等。

如果文件代替了一个或多个文件，封面还需标明被代替文件的编号。如果文件与国际文件有一致性对应关系，那么封面应标示一致性程度标识。

在文件征求意见稿和送审稿封面的显著位置，给出征集文件是否涉及专利的信息："在提交反馈意见时，请将您知道的相关专利连同支持性文件一并附上。"

第四节 标准内容的表述

上节阐述了标准中各类要素包含的技术内容的编写。本节将阐释如何表述标准的内容，以便起草出清楚、准确和无歧义的条款。要素由条款及附加信息构成，它们的表述形式通常为条文。标准内容的表述，首先要掌握表述原则，其次要了解如何表述构成标准内容的条款和附加信息，最后还要能够灵活运用标准内容的各种表述形式。

一、表述三原则

本章第二节阐述了规范性要素选择的三原则。这里要讨论的是表述标准内容需要遵守的三原则，遵守这些原则才能达到编制标准的目标——形成明确且无歧义的条款。

（一）一致性原则

一致性是编写标准最基本的表述原则。它强调的是内部的一致，这里的

"内部"有两个层次：第一，一项单独出版的标准或部分的内部；第二，一项分成多个部分的标准的内部。编写标准时遵循一致性原则将避免由于同样内容不同表述而使标准使用者产生疑惑，对保证标准的理解能起到积极的作用。从标准文本自动处理的角度考虑，一致性也将使文本的计算机处理，甚至计算机辅助翻译更加方便和准确。

1. 结构的一致

结构的一致主要指在分成多个部分的标准中的各个部分之间需要考虑的原则，即各部分中的要素和层次的标题和排列顺序尽可能一致，各个部分之间相同或相似内容的章、条编号和标题应尽可能类似。

2. 文体的一致

在每个部分、每项标准中，相同的条款需要由相同的措辞来表达，类似的条款由类似的措辞来表达。

3. 术语的一致

在每个部分、每项标准内，对于同一个概念需要使用同一个术语。对于已定义的概念避免使用同义词。

4. 形式的一致

形式的一致能够便于对标准内容的理解、查找及使用。形式的一致通常包括以下方面。

条标题：虽然条标题的设置可以根据标准的具体情况进行取舍，但是在某一章或条中，其下一个层次中的各条有无标题要一致。

列项或无标题条的主题：标准中的列项或无标题条的主题可以根据情况用黑体字标明主题。如果强调了主题，则某个列项中的每一项或某一条中的每个无标题条都需要强调。

图表标题：虽然标准中的图或表是否有标题是可以选择的，然而全文中有无标题要一致。

（二）协调性原则

协调性强调的是与外部的协调，其目的是"为了达到所有标准的整体协调"。标准是成体系的技术文件，只有标准之间相互协调，才能充分发挥标准系统的功能，获得良好的系统效应。在表述标准内容时，为了达到标准系统的整体协调，在起草标准时需要注意与现行有效的文件之间相互协调。

1. 避免重复和不必要的差异

遵守协调性原则首先要避免标准文本内容的重复和不必要的差异。因为，重复和不必要的差异往往容易造成不协调。为此，需要采取两项具体措施：第一，将针对一个标准化对象的规定尽可能集中在一个文件中。这样将避免一个标准化对象的规定散落在不同文件中产生差异、造成不协调的情况。第二，将通用的内容规定在一项标准中。利用通用化方法，将适用于一组项目或标准化对象的内容进行通用化处理后规定在某项标准中的一个部分（通常为通用部分）中，该标准的其他部分则引用通用部分的相关内容；或者将适用更广泛的通用内容编制成单独的标准，以便其他标准引用。这种处理方式避免了每个文件都规定通用内容产生的不协调。

2. 起草文件宜符合基础标准和领域内通用标准的有关条款

每一项标准的起草都遵守基础标准，这就使得适用最广泛的标准得到了应用，保证了每个标准都符合标准化的最基本的原则、方法和基础规定，从而达到了在国家层面上各标准之间的协调。

（1）每项标准要符合现有基础标准的有关条款，尤其涉及下列有关内容：标准化原理和方法，标准化术语，量、单位及其符号，符号、代号和缩略语，图形符号，参考文献的标引，技术制图和简图，技术文件编制等。

（2）对于特定技术领域，还应考虑涉及诸如下列内容的通用标准中的有关条款：极限、配合和表面特征，尺寸公差和测量的不确定度，优先数，统计方法，环境条件和有关试验，电磁兼容，符合性和质量等。

（3）编制标准时除了与上述标准协调外，还要注重与同一领域的标准进行协调，尤其要考虑本领域的通用标准，注意遵守已经发布的标准中的规定。

3. 采用国际标准

如果有对应的国际文件，要首先考虑以这些文件为基础起草我国标准；如果对应的国际文件为 ISO 或 IEC 标准，尽可能按照 GB/T 20000.2 的规定等同或修改采用国际标准。采用国际标准能够保证我国标准与国际层面上的标准的协调。

4. 采用引用的方式

如果需要使用其他文件中的内容时，采取引用的方式，而不抄录其他文件中需要的内容，这样可以避免由于抄录错误导致的差异，还可以避免由于被抄录标准的修订造成的标准之间的差异和不协调。[见本章第三节"三"中的（一）]

（三）易用性原则

易用性指所起草的标准便于使用的特性。易用性主要针对以下两个方面的内容。

1. 易于直接应用

在起草标准时就需要考虑到标准中的条款要便于直接使用。为了保证标准易于直接使用，标准中的各类要素就要各司其职、各就各位，这样能够方便标准使用者在固定位置查找相应的内容。首先，标准中的核心技术要素需要规定能够决定标准功能类型的技术内容，如试验标准的核心技术要素就要描述试验的步骤以及试验结果的处理方法；规范标准的核心技术要素要规定能够被证实的要求以及对应的证实方法等。其次，要紧紧围绕核心技术要素的需要设置其他规范性要素，要在核心技术要素之后确定。例如，标准中的核心技术要素使用的术语需要定义、符号需要解释时，就要通过在"术语和定义""符号和缩略语"这些要素中进行定义或解释，以方便标准的使用。再次，要利用好资料性要素和资料性内容，以便发挥它们保证标准易用性的不可替代的功能。这些要素或内容最后确定，包括资料性要素：帮助标准使用者正确理解标准（如资料性附录、参考文献等），便于使用标准（如目次、索引等），或提供标准编制背景、与其他文件的关系、标示标准信息（如引言、前言、封面等）等；资料性的内容：正确使用标准的示例，对标准中规范性内容进行解释或说明的注、脚注等。

2. 便于被其他文件引用

标准的内容不但要便于实施，还要考虑到易于被其他标准、法律、法规或规章所引用。为了增加标准的易用性，使得标准中的内容便于被其他标准所引用，编写标准时需要考虑以下几个方面。

第一，标准的层次设置。如果标准中较多的内容有可能被其他标准所引用，那么需要考虑将这些内容编制成标准的一个部分；如果标准中的段有可能被其他标准所引用，则要考虑将其改为条。

第二，标准中的具体内容编号与否以及编号形式。标准中的章、条、术语条目、附录、图、表等都有编号，这是便于被其他文件所引用的方法设计。条编号的阿拉伯数字加下脚点的形式更是标准特有的，它虽然不便于读，但是非常便于引用时指明标准中具体的内容。列项虽然可以编号，也可以使用列项符号，但如果列项中的某些项有可能会被其他标准所引用时，那么就要考虑对列项进行编号（包括字母编号和数字编号）。

第三，避免悬置条、悬置段。标准中的"无标题条不应再分条"（分条后的原无标题条称为"悬置条"）、"章标题或条标题与下一层次条之间应避免设段"（所设的段称为"悬置段"），以免引用这些"悬置条"或"悬置段"时造成指向不明的混乱。[见本章第一节"一"中的（三）和（四）]

二、条款和附加信息

在本章第一节中已经明确要素的内容由条款和/或附加信息构成。规范性要素主要由条款构成，还可包括少量附加信息；资料性要素由附加信息构成。

（一）条款

条款是"在文件中表达应用该文件需要遵守、符合、理解或作出选择的表述"。它通常分为要求、指示、推荐、允许或陈述等五种表述类型。条款的表述应使得文件使用者在声明其产品、过程或服务符合该文件时，能够清晰地识别出需要满足的要求或执行的指示，并能够将这些要求或指示与其他可选择的条款（例如推荐、允许或陈述）区分开来。

每种类型的条款有其独特的表述形式。在标准编制过程中，不同类型的条款是通过使用不同的汉语句式或能愿动词来表述的。

1. 要求型条款

要求型条款是"表达声明符合该文件需要满足的客观可证实的准则，并且不准许存在偏差的条款"。要求型条款使用能愿动词"应"或"不应"来表述。

例如，GB/T 1.1 中规定"每幅图均应有编号""无标题条不应再分条"。这里"应"和"不应"都表明了一种要求。如果某项标准中存在着没有编号的图，或者某个无标题条又进一步向下分条，则可以判定该标准没有符合 GB/T 1.1 的规定。

2. 指示型条款

指示型条款是"表达需要履行的行动的条款"。指示型条款通常使用祈使句来表述。例如"开启记录仪"，这种指示是声明符合标准时，标准使用者需要完成的行动步骤。祈使句通常在试验标准或规程标准中使用，它是对人类的行为或行动步骤的明确指示。

3. 推荐型条款

推荐型条款是指"表达建议或指导的条款"。推荐型条款的表述使用能愿动词"宜"或"不宜"，一方面表达原则性或方向性的指导；另一方面表示具体建议，其中肯定形式用来表达建议的可能选择或认为特别适合的行动步骤，不提及也不排除其他可能性；否定形式用来表达某种可能选择或行动步骤不是首选的但也不是禁止的。例如"每个表宜有表题"，表示在有表题和无表题两种可能性中，特别建议含有表题的选择，但没有提及无表题，也不排除无表题这种可能性。又如"在对样品进行分解时，不宜使用水溶法"，表示使用水溶法这种行动是不赞成的，但也没有禁止这种行动。

4. 允许型条款

允许型条款是指"表达同意或许可（或有条件）去做某事的条款"。允许型条款使用能愿动词"可"或"不必"来表述。例如"在无标题条的首句中可使用黑体字突出关键术语或短语，以便强调各条的主题"，表明为了突出无标题条的主题，标准"允许"将条中的术语或短语标为黑体。又如"每个文件不必都含有标记体系"，表明不是每个标准都要含有标记体系，即标准中允许不包含标记体系这项内容。

5. 陈述型条款

陈述型条款是指"阐述事实或表达信息的条款"。陈述型条款可以使用能愿动词或汉语的陈述句来表述。

（1）能愿动词

使用能愿动词"能"或"不能"，"表示需要去做或完成指定事项的才能、适应性或特性等能力"。例如"在空载的情况下,机车的速度能达到200km/h",陈述了机车在达到的速度方面所具有的特性能力。又如"如果在特殊情况下不能避免使用商品名或商标……",这里"不能"陈述了不具有不使用商品名的能力。

使用能愿动词"可能"或"不可能","表示预期的或可想到的材料、生理或因果关系导致的结果"。例如"在腐蚀性大气条件中使用该连接器可能引起锁定机构的失效",陈述由于材料的原因可能导致的结果。又如"只有在不可能使用 5.1 给出的试验方法时,才选用附录 B 给出的可选试验方法",陈述了在预期"不可能"的情况下,选用的试验方法。

（2）陈述句

在标准中常常通过陈述句来陈述事实。标准中的陈述句的典型用词有"是""为""由""给出"等。例如"章是文件层次划分的基本单元""……再下方为附录标题""文件名称由尽可能短的几种元素组成""封面这一要素用来给出标明文件的信息",这些陈述句都是陈述某种事实,以便于相互理解。

（二）附加信息

顾名思义,附加信息是附属于标准条款的信息,它们不能独立存在。规范性要素的资料性内容通常是对规范性内容的进一步解释或说明,包括注、脚注、示例、例如等。资料性要素全部为资料性内容,不同的资料性要素的内容的表述形式不同,主要包括注、脚注、清单或列表等。

除了图表脚注之外,附加信息宜表述为事实的陈述,不应包含要求或指示型条款,也不应包含推荐或允许型条款。

1. 注、脚注

注或脚注可以存在于规范性要素或者资料性要素中。根据所处的位置,注可分为条文中的注、图中的注或表中的注。脚注可分为条文脚注、图脚注或表脚注。

（1）条文中的注、图中的注或表中的注

注用于给出旨在帮助理解或使用标准内容的说明。在标准中规定了相应

第四章　标准的起草

的内容后，如果还需要对章、条，或者图、表中的内容进行解释、说明，或提供一些附加信息，可以使用"注"这一形式。

条文中的注应置于涉及的章、条或段的下方；图注应置于图题之上，图脚注之前；表注应置于表中靠下的位置，并位于表脚注之前。每个章、条、图或表中只有一个注时，在注的第一行文字前标明"注："。同一章或条中，或者同一个图或表中有多个注时，标明"注1："“注2："等。每个章或条中的注、每幅图中的注或者每个表中的注均单独编号。

（2）条文脚注、图脚注或表脚注

脚注与注不同，它一般是对条文、表中某个词、句子、数字或符号，或者图中的某个细节等的注释。脚注的功能为给出针对标准条文、图、表中特定项目的附加信息。由于图、表本身的特点，图脚注、表脚注还担负着另外一种功能，即针对图、表中特定的内容规定要求，规定要求的图脚注、表脚注属于规范性内容。

条文脚注通常使用后带半圆括号的阿拉伯数字从1开始进行编号，即1)、2)等，编号从"前言"开始全文连续。在条文中需注释的内容之后使用与脚注编号相同的上标数字$^{1)}$、$^{2)}$等标明脚注。

图脚注和表脚注应通过脚注在标准中所处的位置以及脚注编号与条文脚注明确区分。图脚注置于图题之上，并紧跟图注。表脚注置于表中靠下的位置，并紧跟表注。每幅图或每个表的脚注均单独编号，编号形式与条文脚注不同。图脚注或表脚注均使用上标形式的小写拉丁字母从"a"开始编号，即^{a}、^{b}等。在图中或表中需注释的位置要以相同上标形式的小写拉丁字母提示图脚注或表脚注。

与条文脚注不同，由于图脚注或表脚注可包含要求，因此编写脚注的内容时应使用适当的能愿动词，以便明确区分不同类型的条款。

2. 示例、例如

示例或例如通常存在于规范性要素中。它们只给出对理解或使用标准起辅助作用的附加信息，往往通过举例来进一步解释标准中的内容。

示例是相对正式的一种举例，需要在示例的开头标明"示例"，如同一章或条中有几个示例，标明"示例1："“示例2："等。"例如"是不太正式的一种举例，它位于条款中。通常在文中用"例如"引出例子。例如的内容通常较少，多数情况下用文字形式来表述。

3. 清单、列表

清单或列表通常存在于资料性要素中。

标准中的"清单"的特点是除了给出文件的清单外不包含其他内容。如规范性引用文件中仅给出标准中引用的规范性文件清单，参考文献中仅给出标准中资料性引用或标准编制过程中参考的文件清单。

标准中的"列表"并没有明显的表格，但具有表格的功能，其表格是隐含的。在目次中，通过提供标准的要素、条、图、表的标题列表，帮助标准使用者快速了解标准的结构，检索标准的内容。在索引中，通过提供主题词列表，帮助标准使用者在标准中快速检索需要的内容。可见，列表中的每一行都包含多项相互关联的内容，如编号、标题、页码（或编号）等。

三、要素内容的表述形式

要素内容首先是用文字来表述的，这些文字形成了标准的条文。条文是标准最常用、最直接的表述形式。某些情况下，除了条文之外还采取附录、图、表或数学公式等表述形式。

（一）条文

条文是"由条或段表述文件要素内容所用的文字和/或文字符号"，它是标准的文字表述形式，也是表述条款内容时最常使用的形式。标准中的文字应使用规范汉字。标准条文中使用的标点符号应符合 GB/T 15834《标点符号用法》的规定。标准中数字的用法应符合 GB/T 15835《出版物上数字用法》的规定。

（二）附录

附录用来承接和安置不便在文件正文或前言中表述的内容，它是对正文或前言的补充或附加，它的设置可以使文件的结构更加平衡。附录的内容源自正文或前言中的内容。当文件中的某些规范性要素过长或属于附加条款时，可以将一些细节或附加条款移出,形成规范性附录。当文件中的示例、信息说明或数据等过多时,可以将其移出,形成资料性附录。附录的顺序取决于其被移作附录之前所处位置的前后顺序。

1. 附录的作用

规范性附录给出正文的补充或附加条款。补充条款是对标准正文中某些技术内容进一步补充或细化的条款。这种情况下,标准正文中只规定主要技术内容,通过附录对这些内容进一步补充和细化。附加条款是标准中要用到的,但却不属于标准的主要技术内容的条款。这些技术内容往往在特定情况下才会用到。

资料性附录给出有助于理解或使用标准的附加信息。通常提供如下三个方面的信息或情况:第一,正确使用标准的示例、说明等;第二,对标准中某些条款进一步解释或说明的资料性信息;第三,给出与采用的国际标准的详细技术性差异或文本结构变化等情况。

附录的规范性或资料性的作用应在目次中和附录编号下方标明,并且在将正文或前言的内容移到附录之处还应通过使用适合的表述形式予以指明,同时提及该附录的编号。

2. 附录的设置

针对以下情况可考虑将相关内容设置成附录。

(1)只要表述的是标准正文的附加条款,如 GB/T 1.1 中关于"文件中与专利有关的事项的编写与表述"属于附加条款,无论内容多寡,是否影响标准结构的平衡,都需要设置一个规范性附录,将相关的内容编写在附录中。

(2)某些技术内容较多,影响了标准结构的平衡,则可以设置一个规范性附录,在标准正文中仅保留主要技术内容,将详细内容写进附录中,使附录起到对标准中的条款进一步补充或细化的作用。

(3)如果标准中给出的示例所占篇幅过大,那么需要设置一个资料性附录,将相应的示例移到附录中。这时的附录起到给出正确使用标准示例的作用。

(4)如果需要对标准中的条款进行较多解释或说明,由于需要占据较多的篇幅,不宜作为标准条文中的注。这时需要设置一个资料性附录,将相关内容写进该附录。这时的附录起到提供资料性信息的作用。

（5）在修改采用国际标准形成我国标准时，如果在前言中需要说明的技术性差异或文本结构变化等内容较多，为了避免前言的篇幅过大，需要设置一个资料性附录，以便将相应的内容移到附录中。这时的附录起到说明与采用的国际标准的详细差异情况的作用。

3.附录编号和标题

每一个附录的前三行内容提供了识别附录的信息。第一行给出附录编号，它由"附录"和随后表明顺序的大写拉丁字母组成，字母从"A"开始，例如："附录A""附录B"等。只有一个附录时，仍应给出编号"附录A"。第二行标明附录的性质，即给出"（规范性）"或"（资料性）"。第三行为附录标题。每个附录都要设标题，以指明附录规定或陈述的具体内容。

每个附录中的条、图、表和数学公式的编号均应重新从1开始，应在阿拉伯数字编号之前加上表明附录顺序的大写字母，字母后跟下脚点。例如附录A中的条用"A.1""A.1.1""A.1.2"……"A.2"……表示；图用"图A.1""图A.2"……表示；表用"表A.1""表A.2"……表示；数学公式用"（A.1）""（A.2）"……表示。

（三）图

图是条款的一种特殊表述形式，可以说它是条款内容的一种"变形"。当用图表述所要表达的内容比用文字表述得更清晰易懂时，图这种特殊的表述形式将是一个理想的选择，这时我们将文字的内容"图形化"形成图。在对事物进行空间描述时使用图往往会收到事半功倍的效果。在标准中通常用图来反映需要规定的结构型式、形状、工艺流程、工作程序或组织结构等。在将文件内容图形化之处应通过使用适合的能愿动词或句子语气类型指明该图所表示的条款类型，并同时指明该图的图编号。

每幅图均需要编号。图的编号由"图"和从1开始的阿拉伯数字组成，例如"图1""图2"等。只有一幅图时，仍需标为"图1"。图的编号从引言开始一直连续到附录之前。每幅图宜给出图题，标准中的图有无图题要一致。

(四)表

表也是条款的一种特殊表述形式,它是条款内容的另一种"变形"。同样,当用表表述所要表达的内容比用文字表述得更简洁明了时,表这种特殊的表述形式也将是一个理想的选择,这时我们将文字的内容"表格化"形成表。在需要对大量数据或事件进行对比、计算时,表的优势显而易见。在将文件内容表格化之处应通过使用适合的能愿动词或句子语气类型指明该表所表示的条款类型,并同时指明该表的表编号。

每个表均需要编号。表的编号由"表"和从 1 开始的阿拉伯数字组成,例如"表 1""表 2"等。只有一个表时,仍需标为"表 1"。表的编号从引言开始一直连续到附录之前。每个表宜给出表题,标准中的表有无表题要一致。

每个表需要含有表头。表中各栏使用的单位不完全相同时,宜将单位符号置于相应的表头中量的名称之下。如果表中所有单位均相同,那么在表的右上方用一句适当的陈述(例如"单位为毫米")代替各栏中的单位。

(五)数学公式

数学公式是文件内容的又一种表述形式,当需要使用符号表示量之间关系时宜使用数学公式。在量关系式与数值关系式之间应首选前者。公式应以正确的数学形式表示,由字母符号表示的变量应随公式对其含义进行解释。

公式只应该用量的符号来表达,不应使用量的名称或描述量的术语表示。在条文中应避免使用多于一行的公式表示形式,例如,在条文中,a/b 优于 $\frac{a}{b}$。在公式中应尽可能避免使用多于一个层次的上标或下标符号,例如 $D_{1,\max}$ 优于 $D_{1\max}$。

如果为了提及或引用方便,需要时可使用从 1 开始的带圆括号的阿拉伯数字对标准中的公式进行编号,公式与编号之间用"……"连接。如:

$$x^2 + y^2 < z^2 \quad\quad\quad (1)$$

公式的编号应从引言开始一直连续到附录之前,与章、条、图和表的编号无关。

第五章

标准的应用

按照编写规则起草形成的标准草案,经过严格的标准制定程序发布成为一项标准。标准的发布仅仅是为人类活动的过程以及活动的结果确立了公认的技术规则,要想达到标准化活动的最终目的,这些规则必须得到广泛的应用。标准只有被应用,标准化的作用才能发挥,技术秩序方可建立,共同效益才可获得。

标准的应用有两种形式:直接应用和间接应用。标准的直接应用即是不需要以其他文件为媒介而对标准的应用。标准的间接应用是指通过应用某个标准化文件[1],导致了对另一个标准的应用,也就是说间接应用是以另一个文件为媒介而对某标准的应用。

第一节 各功能类型标准的应用

按照标准核心技术要素的内容可以将标准划分成不同的功能类型[见第一章第一节"三"中的(五)]。不同功能类型标准确立的技术规则不同,针

---

[1] 见第一章第一节的"二"。

对的使用者会有所差异,应用后建立的技术秩序也会不同。

一、规范、规程标准

规范标准针对人类行为或其结果规定可证实的要求;规程标准针对人类行为的过程规定可追溯、可操作的程序。这两类标准对产品的生产、服务的提供、过程的履行规定可证实的要求、可追溯的程序,因此它们最适合直接应用,在多数情况下,不需要再进一步形成其他标准化文件或技术解决方案。

规范标准适于检测、认证、贸易双方等方面的直接应用,是他们经常使用的文件。这类标准可以用来作为采购、贸易的基本准则,作为判定产品、过程或服务符合性的依据,作为自我声明、认证的基础。

规程标准适于实际操作层面,如产品生产者或服务提供者的直接应用。这类标准可以用来判定相关活动是否履行了规定的程序。规程标准往往为达到规范标准规定的结果提供有效的途径。也就是说按照规程标准的指示去做,就可以达到标准(如规范标准)要求的结果。

应用规范标准可以建立人类行为的结果秩序,应用规程标准可以建立人类的行为秩序。

二、指南标准

指南标准通常包括试验方法类、特性类、程序类等类别的标准,分别针对不同类型的标准化文件或技术解决方案的编制进行宏观指导。指南标准中提供了经提炼总结形成的对于某主题的具有普遍性、原则性、方向性的指导以及一些建议和信息,并不规定具体的程序、方法或特性指标。因此,大多情况下,指南标准的使用者为标准化文件的编制者或技术解决方案的设计者。指南标准的应用是通过对标准中的指导、建议的领会,对信息资料的熟悉与了解,对某些宏观、复杂或新兴主题的全面认识,从而或者形成相关主题的技术解决方案,或者形成相关标准化文件。

与规范、规程标准相比,大部分指南标准是通过在其指导下形成的其他文件的发布和应用得以间接应用的。这些新形成的标准化文件或技术解决方案的应用直接影响了产品的生产、服务的提供或过程的履行,从而影响了技术秩序的建立。所以说指南标准的间接应用促进了有关主题及相关领域的发展。

三、试验标准

试验标准既适合直接应用，又适合间接应用。该类标准描述了试验活动的过程并提供了得出结论的方式。试验标准的使用者通常为检测、检验机构。

检测、检验机构通常直接应用试验标准，一方面按照标准中描述的试验步骤进行试验，另一方面可以声明所进行的试验符合哪些标准，并且出具相关的试验报告。试验标准还可以被生产企业的检测部门直接应用，以检验生产的产品是否符合标准的规定。

试验标准所描述的试验往往是为了验证产品的性能特性、过程或服务的效能特性是否符合要求所从事的活动。试验标准并没有直接对产品、过程或服务进行规定。按照试验标准进行的试验活动的结果是得到大量的数据，这些数据经过计算处理得出的结论能够证实被试验的产品、过程或服务是否符合规范标准中规定的要求。在规范标准中往往通过引用试验标准给出判定产品是否符合要求的证实方法，因此对规范标准的直接应用也就间接应用了试验标准。

不管是对试验标准的直接应用还是间接应用，应用结果都将建立起试验的过程秩序。

四、分类标准

分类标准是确立分类体系的标准。这类标准中基于分类形成的名称和代码，可以在相关专业领域的活动中直接应用。例如，原材料、零部件的分类标准往往可以直接应用在产品或服务的设计中。

分类标准的另一个应用方式是被其他标准，尤其是规范、规程或指南标准所引用。规范、规程或指南标准中如涉及多种类别的产品、过程或服务，往往会通过引用相关分类标准而使用其中分出的类别。在分类标准确立的分类体系的基础上，规范、规程标准进一步在相应类别中规定要求或行为指示，指南标准则针对某些类别提供宏观指导。引用分类标准的规范、规程或指南标准的直接应用意味着被引用的分类标准被间接应用。

分类标准不管是直接应用或是间接应用，都是在某种程度上建立了人类行为或行为结果的概念秩序。

五、术语、符号标准

术语标准和符号标准是建立某领域或学科的概念体系和符号体系的标准，它们可以直接在相关领域的科学技术活动中使用。人们都应用标准术语或符号，也就是使用标准表述，这样就避免了由于对概念的理解不一致导致的混乱，便利了技术交流。

术语标准和符号标准另一种普遍的使用方式就是被规范、规程等功能类型标准所引用。这样，使用其他功能类型标准则间接应用了术语标准、符号标准。

通过术语、符号标准的广泛应用，将逐渐建立起人类技术交流的概念秩序。

第二节　标准的间接应用

标准的间接应用在某些情况下是标准直接应用必不可少的环节。许多标准的应用需要通过对其他文件的应用而获得。简单地说，标准的间接应用就是通过直接应用标准化文件 B 而间接应用了标准 A。可见，标准化文件 B 一定与标准 A 有某种关系。通常它们之间存在三种关系：采用、引用或编制文件使用。也就是标准化文件 B "采用"了标准 A，或"引用"了标准 A，或者编制标准化文件 B 的目的是"使用"标准 A。通常标准化文件 B 是更适合直接应用的文件，由于它与标准 A 存在着上述关系，直接应用标准化文件 B 就是对标准 A 的间接应用。

只要标准 A 被标准化文件 B 采用、引用或编制文件使用，那么标准 A 就被认为得到了间接应用。既然间接应用是标准应用的重要途径之一，学会运用采用、引用或编制文件使用是十分必要的。而"裁剪法"是三种间接应用经常采取的通用方法。

Basis of Standardization
标准化基础

一、裁剪法

裁剪法是标准间接应用普遍使用的方法。标准使用者在进行一项活动过程中不一定能够找到完全适合的标准或标准化文件，常常需要在现有标准的基础上进一步编制形成适合具体应用的文件。在这一过程中通常以某一文件为基础，参考其他文件并根据具体应用的情况以及使用者的技术和经验等进行编制。在这一过程中，裁剪法是既利用了现有标准，又结合自身经验的灵活适用的方法。在编制文件时，需要分析研究所依据的文件，不适用的条款可以裁剪下去，补入从其他文件中裁剪而来的条款或重新编制的条款。

裁剪法是编制企业标准化文件（见本节中的"四"）时最常使用的方法。企业在编制适用自己情况的标准化文件时，可以以相应的国家或行业标准为基础，裁剪掉不适用的条款，增加从其他标准化文件中裁剪而来的或自己重新编制的条款，形成自己的企业标准化文件。企业在编制自己的规范、规程、试验方法或操作手册等标准化文件时都可以通过应用裁剪法形成更适合本企业需要的文件。例如GB/T 700—2006《碳素结构钢》规定了Q195、Q215、Q235、Q275四种规格的牌号。企业在选择使用的钢材的具体牌号时，根据自身情况仅从中选择了Q235。又如GB/T 1499.1—2017《钢筋混凝土用钢 第1部分：热轧钢圆钢筋》规定的热轧光圆钢筋的直径为6、8、10、12、14、16、18、20、22等，某企业在制定自己的规范涉及这类钢筋时，经全面考虑后选用了其中的8、12、16、20等几个规格。各企业情况不同，"裁剪"规格品种的考虑因素也不尽相同。

在采用国际标准，尤其是修改采用国际标准（见本节中的"二"）的过程中，实际上也经常使用裁剪法。如在形成国家标准时将国际标准中不适用的条款裁剪掉（删除），替换或增加从其他文件中裁剪过来的条款。标准中引用其他文件时（见本节中的"三"），实际上也使用了裁剪法。将其他文件中的内容裁剪（引用）到正在编制的文件中，成为文件必不可少的条款。只不过这种情况下并没有将其他文件的内容"剪"过来，而是用提及标准编号的方式使用其他的文件内容。我们可以将这种方式理解成广义的"裁剪"。

二、采用

采用指"某一机构以另一机构的标准化文件为基础编制并说明和标示了两个文件之间差异的标准化文件的发布"①。通常情况下,采用的主要途径有国际标准被各成员国国家标准采用(例如,ISO 标准被中国采用为中国的国家标准),或被区域标准采用(例如,ISO 标准被 CEN 采用为欧洲标准);区域标准被各成员国国家标准采用(例如,欧洲标准被 CEN 各成员国采用为各国的国家标准)。

采用是标准间接应用的方式之一。一个标准被其他标准采用的越多,它被应用的程度越高。那么两个标准存在什么样的关系,一个标准就被另一个标准采用了呢?

(一)一致性程度

由于国际标准或区域标准适用范围广泛以及使用的语言等原因,这些标准中的规定和语言不可能完全适用于各个国家或地区的具体情况。因此以国际/区域标准为基础形成国家标准时,各个国家都会根据各自的经济、技术发展状况,对国际/区域标准的内容进行不同程度的调整。这样发布形成的国家标准与其对应的标准之间存在着不同程度的一致性对应关系。我们称"描述两个文件之间差别大小和差别透明度的程度"为一致性程度。

根据国家标准与国际标准之间②存在的技术差异、文本结构调整和编辑性改动以及透明度等指标进行综合判断,可以将它们之间的一致性程度分成等同、修改、非等效三种。③

1. 等同

国家标准与对应的国际标准相比,技术内容和文本结构相同,仅含有最小限度的编辑性改动。这种情况,国家标准与国际标准的一致性程度为"等同"。

---

① GB/T 20000.1—2014《标准化工作指南 第 1 部分:标准化和相关活动的通用术语》,12.1,做了适当改动。

② 为了方便,这里仅以国家标准与国际标准的一致性对应关系为例进行阐述。

③ 一致性程度的详细情况请参考 GB/T 20000.2《标准化工作指南 第 2 部分:采用国际标准》。

2. 修改

国家标准与对应的国际标准相比，存在技术差异和／或文本结构调整，同时标准中对技术差异及其原因清楚地进行了说明，对文本结构调整情况与所采用的国际标准进行了清楚的对比。这种情况，国家标准与国际标准的一致性程度为"修改"。

3. 非等效

国家标准与对应的国际标准相比，存在着技术差异和／或文本结构调整，但在标准中没有清楚地说明和比较这些技术差异和结构调整的情况，或者只保留了少量或不重要的国际标准条款。这种情况，国家标准与国际标准的一致性程度为"非等效"。

（二）采用关系

从前文"采用"的定义中可看出，一个文件采用另一个文件，如果存在技术差异，需要"说明和标示两个文件之间差异"。国家标准与对应的国际标准之间存在着三种一致性程度，即等同、修改、非等效。其中：等同，在文本结构和技术内容上都是相同的；修改，虽然存在技术差异但说明和标示了这些差异。这两种情况，要么两个标准之间没有差异，要么哪里有差异、差异是什么都是清楚、透明和容易比较的。因此，这种情况下国家标准被认为采用了国际标准。也就是说两个存在一致性程度的标准之间技术差异情况的透明度，是"采用"与否的主要判断依据。至于与国际标准的一致性程度为"非等效"的国家标准，由于其只声明自己与国际标准存在着一致性对应关系，但对具体技术差异或文本结构调整情况却没有清楚说明，所以不被视为采用了国际标准，只能被认为国家标准与相应的国际标准之间存在着"一致性程度"的对应关系。

在国际上（尤其是 ISO 或 IEC）凡是国际标准被国家标准所采用，就认为该国际标准已经被间接应用。

（三）采用国际标准的标准的应用

应用采用国际标准的国家标准，在贸易，尤其是国际贸易中将有明显

第五章　标准的应用

的优势。这种情况下，国家标准与对应的国际标准之间技术差异情况的透明度直接影响着标准的应用程度。在国际贸易中，如果某个国家的产品或服务声明符合采用国际标准的国家标准，由于国际采购方对国际标准的熟悉和认同，就对其产品或服务的水平有了一个初步的了解或认同。在这样的前提下，供需双方可以基于熟悉的国际标准进行协商，从而快速进入合同的签署阶段。

例如生产或服务企业，如果其生产的产品或提供的服务符合了等同采用国际标准的国家标准，在国际贸易中就可以声明符合国际标准。供需双方可以直接依据国际标准规定的性能或效能指标签订采购合同，或者以国际标准为基础进行洽谈，对一些指标进行修改后签订合同。如果企业生产的产品或提供的服务符合修改采用国际标准的国家标准，在国际贸易中可以声明符合修改采用国际标准的国家标准。这种情况下，在进行洽谈时，需方基于对国际标准的熟悉和认可，可以首先评估国家标准中对国际标准修改的内容是否适合需方的要求。需方也可能更认可修改后的技术内容。经过评估后，保留其中认可的内容，商谈其他未被认可的内容，还可以洽谈需方需要对国际标准中的指标进行修改的内容。在商谈成功后签署贸易合同。

可见，在国际贸易中，符合采用国际标准的国家标准的产品或服务一方面竞争力会明显增强，另一方面还会简化贸易洽谈的过程。综上，国际标准被国家标准采用后，通过国家标准的应用而被间接应用。国际标准中除了少部分被直接应用外，大部分是通过采用形成国家标准后被间接应用。

三、引用

引用指"在文件中通过提及另一文件编号和／或文件内容编号的方式，使被提及的文件内容成为提及它的文件中的内容"。一项标准可以被其他标准或法律法规所引用。在编写文件的具体条文时，如果有些内容在现行有效的标准中已经包含并且适用于正在编写的文件，这时不将所需要的内容抄录过来，而通过引用的方式，要求文件使用者遵守或提示使用者参考相关的内容。标准一旦被其他文件引用，应用其他文件也就意味着间接地应用了被引用的标准。可见，引用也是标准被间接应用的形式之一。

Basis of Standardization
标准化基础

（一）被标准引用

在标准中引用其他标准，可以充分利用已经标准化的成果，避免标准间的不协调现象。标准自身的内容与所引用的内容共同构成了完整的技术内容。

各种类型标准的应用途径不完全相同，有些标准适于直接应用，有些标准往往要通过其他标准的引用而得到应用。例如，术语、符号、分类或试验等基础标准是各种功能类型标准应用的基础，它们的应用大多是通过其他适于直接应用的标准的引用而实现的。在编制规范、规程或指南标准，甚至其他类型的标准时，会引用这些基础标准中的术语、符号及分类体系；在编制规范标准、规程标准时也会引用试验标准中的试验方法。通过引用现有的建立了某领域概念、符号或分类体系的标准，能够高效、协调地利用已经标准化的成果，达到相互理解的目的。应用引用了基础标准的标准，也就间接应用了被引用的基础标准。

由于通用标准［见第一章第一节"三"中的（二）］在某个领域内的广泛适用性，其应用要依靠其他具体、特定标准的引用。例如，GB 4706.1—2005《家用和类似用途电器的安全 第1部分：通用要求》是家用和类似用途电器安全标准的通用部分。除了GB 4706.1以外，GB 4706还有一百多个规定特定电器安全的部分（如GB 4706.2—2007《家用和类似用途电器的安全 第2部分：电熨斗的特殊要求》即是其中的一个部分），这些特定部分在规定各自安全要求的同时，大多需要引用通用部分（即GB 4706.1）。应用这些具体、特定部分，也即间接应用了通用部分。

可见，引用经常发生在适用于直接应用的标准（如规范、规程标准）对不太适于直接应用的基础标准（如术语、符号、分类、试验标准）的引用；具体特定的标准对通用标准的引用，如特定的规范标准、规程标准、试验标准对通用规范、规程或试验标准的引用。一个标准被引用的频次越多，它被应用的可能性就越大。通过标准之间的引用，一方面发挥了基础、通用标准对具体、特定标准的支撑作用；另一方面也使得基础、通用标准能够得到广泛的间接应用。

（二）被法律法规引用

法律法规的制定是为了维护社会关系和社会秩序，它的核心内容是规定人的行为模式和法律后果。然而人的行为会涉及到与技术相关的事项，所以规范人的行为模式的法律法规也会涉及技术，被称为技术法规。法律法规的实施效果很大程度上依赖于其操作性，而标准在这方面可以提供较好的支撑，特别是涉及安全、健康、环境保护的标准，其制定目标与相关立法目标非常接近。技术法规涉及的技术问题往往在标准中已经作了相关规定。在法规中引用适用的标准，可以充分利用反映最新技术水平的、已经被广泛公认的技术规则，有助于借助标准中的技术规定促使法规的有效实施。鉴于此，世界各国的法律法规中引用标准成为普遍现象，例如美国《联邦法规法典》将众多相关美国标准的编号和名称收入，使得法律法规的内容更加简洁；欧盟采用"新方法"制定欧盟指令，采取指示性引用协调标准[①]的方式，指明满足技术法规要求的途径之一。法律法规引用标准可以采取惟一性引用或指示性引用方式。

1. 惟一性引用

惟一性引用是指"指明遵守所引用的标准是满足技术法规有关要求的惟一途径的一种引用标准的方式"，也就是符合法规中引用的标准是产品、过程或服务符合法规基本要求的惟一方法。例如，我国公安部2007年颁布的《信息安全等级保护管理办法》（公通字〔2007〕43号）第十二条规定"在信息系统建设过程中，运营、使用单位应当按照《计算机信息系统安全保护等级划分准则》（GB 17859—1999）等技术标准同步建设符合该等级要求的信息安全设施"。这种在法规中直接提及一个或多个标准编号和标准名称的引用方法，又称为直接引用。

2. 指示性引用

指示性引用是指"指明遵守所引用的标准是满足技术法规有关要求的途

---

① 指由CEN、CENELEC和ETSI根据欧盟委员会与各成员国商议后发布的命令制定并批准实施的欧洲标准。根据欧洲标准化组织的规定，各成员国必须将协调标准转换成国家标准，并撤销有悖于协调标准的国家标准，这一规定是强制性的。协调标准的标题和代号必须在欧共体官方公报上发布，并指明与其相对应的新方法指令。制造商的产品只要符合由官方公报公布且已被转化为国家标准的协调标准，即可推定该产品符合相应的欧盟指令的基本要求。

径之一的一种引用标准的方式"。这种引用给市场准入带来一定的灵活性和自由度,既指明了满足法规要求的具体途径和方法,同时也为其他途径或方法提供了符合法规要求的可能性。例如,欧盟《关于玩具安全的第2009/48/EC号指令》第13条规定:"玩具完全或部分符合索引号已公布在《欧盟官方公报》的协调标准的,应当推定为完全或部分符合由这些标准所覆盖的第10条和附录二中规定的要求。"对于未采用协调标准生产的玩具,在取得EC型式检验证书,加贴CE标志后,仍被认为符合指令规定的基本安全要求。也就是说,符合协调标准只是满足欧盟指令要求的一种途径,还可以有其他途径,只要能够证明其产品符合指令要求即可。在欧盟的技术法规中没有直接写明标准编号和标准名称,被引用的标准(如协调标准)独立于法规之外,通常通过相应的程序在特定媒体上发布。类似这种法规和协调标准之间的引用关系又称为间接引用。

无论是惟一性引用还是指示性引用,是直接引用还是间接引用,只要标准被法律法规所引用即视为该标准已经被间接应用。引用了标准的技术法规,一旦被实施,法规中引用的标准也就被间接应用了。因此标准被法规引用后,实施法律法规的过程也是应用标准的过程。

(三)注日期引用或不注日期引用

无论是标准中引用标准,还是法律法规中引用标准,引用都可以分为注日期引用和不注日期引用。

1. 注日期引用

注日期引用即是提及标准编号,意味着只使用所引文件的指定版本(即注明了年份号的版本)。

当标准中注日期引用另一个标准时,即表明使用所注日期的版本。这种情况通常在不能确定是否总是能够接受所引标准的新版本时使用。如某标准中有"甲醛含量按GB/T 2912.1—2009描述的试验方法测定……"的表述,即是注日期引用了试验标准的实例。表明在应用该标准时,还要同时应用GB/T 2912.1的2009版。

法规注日期引用标准可以更明确地指明符合法规要求的技术解决方案。

在未来技术发展不明确的情况下，这是一种非常有效的引用方式。例如，我国卫生部2007年发布《放射工作人员职业健康管理办法》（中华人民共和国卫生部令第55号），其中的"附件2：放射工作人员职业健康检查项目"中规定："根据受照和损伤的具体情况，参照 GB 18196—2000、GB/T 18199—2000、GBZ[①] 112—2002、GBZ 104—2002、GBZ 96—2002、GBZ/T 151—2002、GBZ 113—2002、GBZ 106—2002等有关标准进行必要的检查和医学处理。"

2. 不注日期引用

不注日期引用即是只提及标准代号和顺序号（未提及年份号），意味着使用所引文件的最新版本。

当标准中不注日期引用另一个标准时，即表明无论被引用的标准将来如何改变，都使用其最新版本。如 GB/T 20××1 中规定"在设计导向要素时应使用 GB/T 10001 中规定的图形符号传递信息"，即不注日期引用符号标准的实例。这种情况下，在应用 GB/T 20××1 时需要选择使用 GB/T 10001 最新版本中的规定。也就是说，应用 GB/T 20××1 也就是应用了 GB/T 10001 的最新版本。

法规不注日期引用标准可以使法律法规中规定的内容随时反映技术的发展变化，避免由于标准的变化而不得不经过费时的立法程序修订法律法规。例如，日本《医疗器械与药品管理法》第23-2条第1款规定的医疗器械要求中，通过不注日期引用标准而对体温计规定了要求"……应当符合 JIS T 1140《带最大仪表的临床电子体温计》"。

综上，不论是标准中引用标准还是法规中引用标准，在确定具体应用标准的哪个版本时，要看引用文件时是否注明了日期。

四、编制文件使用

编制文件使用是指"以遵守或符合某标准中的规定为目的而编制形成适于直接应用的标准化文件"。适用范围越广的标准，为了给技术发展以及应

---

① GBZ 为国家职业卫生标准代号。

用留有空间，标准的内容可能越偏向宏观，覆盖的特性和指标、给出供选择的内容可能越多。因此除非在特定情况下这些标准可以直接应用，在多数情况下往往需要结合使用者的具体情况和使用方式，编制既能符合标准的规定，又适合使用者具体情况的文件。如以标准为指导形成具体的标准化文件，或编制符合标准要求的细化的诸如具体工艺规程、服务环节、操作手册等其他技术文件。通过应用这些新编制的更适用的文件能够达到遵守或符合标准的目的，同时也是对这些新编制的文件所遵守或符合的标准的间接应用。

（一）以指南标准为指导形成具体的标准化文件

在某些宏观、复杂或新兴主题或领域，常常没有规定活动开展的具体程序或活动结果的具体特性的标准化文件，也没有描述具体检测方法的标准化文件，可能只能找到相关的指南标准。

这种情况下，标准使用者可以按照指南标准的要素"总体原则"和"需考虑的因素"中提供的普遍性、原则性、方向性的指导，以及针对编写具体文件时"需考虑的因素"给出的建议或信息，根据自己的具体需要和现实条件，确立具体的特性要求、程序指示或试验方法，从而编制形成相应的标准化文件或技术解决方案。

这些文件的形成是在指南标准的指导下完成的，新编制文件的直接应用也意味着指南标准被间接应用。

（二）编制符合规范标准要求的规程或操作手册等标准化文件

规范标准规定了标准化对象需要满足的要求以及相应的证实方法。标准使用者为了使其产品或服务符合规范标准中的要求，可以编制符合规范要求的、易于操作的详细规范、规程或操作手册。

标准使用者根据自己的技术特点和需求，可以从规范标准规定的多项供选择的要求或指标中选取适用的要求或指标（裁剪法），或根据规范标准中确立的原则形成自己的具体要求。标准使用者还可以通过建立自己的标准化程序编制具体的规程或操作手册，达到生产的产品或提供的服务符合规范标准的要求。编制完成的规程或操作手册以确立并应用自己的技术解决方案为手段，以符合规范标准的要求为目的。

应用新编制的规范、规程或操作手册，使生产的产品或提供的服务达到了规范标准的要求，也就是间接应用了规范标准。

第三节 标准的直接应用

标准的直接应用可看作已经完成了本章第二节所阐释的相关工作，即凡是不适于应用者直接应用的标准都已经形成了适于直接应用的标准化文件。标准的直接应用，一方面要使得人们的行为以及行为结果符合标准的规定，另一方面在需要时还要能够追溯是否履行了标准规定的程序或证实是否达到了标准要求的结果。标准或标准化文件的直接应用通常涉及生产服务、组织管理、贸易交流、检测检验、合格评定、技术交流等方面。标准或标准化文件的广泛直接应用，也就是文件的功能得以发挥，文件确立的技术规则（见第一章第二节的"二"）得到遵守的过程。

一、产品生产或服务提供中应用标准

在产品生产或服务提供中应用标准即是第一方（产品生产方、服务提供方）对标准的使用，包括在产品或服务的设计中、产品生产或服务提供的过程中、产品性能或服务效能达标与否的检验中应用标准。在产品生产或服务提供中，主要涉及应用规程标准、规范标准、试验标准等。

（一）产品或服务的设计

在产品或服务的设计阶段，主要应用设计标准[1]。这类标准通常按照设计过程规定设计的流程或程序，或者规定相关阶段的设计要求。设计阶段往往还要利用其他相关标准，如原材料标准、零部件标准、接口标准或分类标准等。在企业的设计标准中通常也会对原材料、零部件、接口等作出规定。

---

[1] 属于过程标准，这里的具体标准化对象为设计过程。标准中通常会规定设计要求，或规定设计程序或流程。如果过程标准符合规范标准的界定，那么可称其为设计规范标准；如果符合规程标准的界定，那么可称其为设计规程标准。

在设计阶段应用设计标准和其他标准可以充分利用已经标准化的资源，包括前期设计经验（标准设计）、原材料、标准件等方面的标准化文件。遵守设计要求标准可以避免过多的重新设计，充分利用标准的原材料、零部件，实现品种控制，减少或消除由于设计环节出现的问题造成的产品瑕疵。应用设计标准一方面需要严格按照设计程序进行设计，选择标准中规定的原材料、零部件等；另一方面要按照标准中给出的计算方法进行计算，保证设计出的产品满足设计标准给出的要求及指标。

（二）产品生产、服务提供的过程

在产品生产、服务提供过程中应用规程类企业标准化文件，可以达到生产、服务过程的规范化，从而保证了生产出的产品、提供的服务满足用户的需要。规程类文件通常为产品生产者、服务提供者提供可操作的行为指示和可履行的途径。应用这类文件的关键是按照文件的规定规划、布置或组织生产或服务的整个程序、各个阶段及关键环节。具体操作者需要严格执行程序或流程的各阶段/步骤中规定的行为指示，按照指示履行程序中的每一步骤，并在每个阶段进入下一个阶段时以及程序最终结束时，确保符合阶段的转换条件或程序的结束条件。应用规程类企业标准化文件中提供的程序可以保证生产出的产品、提供的服务符合规范标准规定的性能、效能指标。

企业通常可以直接应用行业内现有适用的标准，但主要是要应用企业自己的操作规程、工艺流程、服务提供流程、操作手册等文件。产品生产者或服务提供者遵守操作规程、流程或手册中的指示，使得生产的操作、服务的提供井然有序、简捷高效，流程中的每个阶段都能达到阶段需要完成的预期目标，从而保证了最终生产或提供适用性良好的、满足需求的、符合标准要求的产品或服务。对于产品生产或服务提供的具体管理者，应用标准化文件中提供的追溯、证实方法，可以监督产品生产者或服务提供者是否严格执行了文件中规定的指示，是否履行了所有的程序。

（三）产品性能、服务效能的检验

产品生产、服务提供者在按照规程类标准化文件组织生产、提供服务后，如果需要确认最终形成的产品或提供的服务是否达到预期的产品性能或服务效能时，就要用规范类标准化文件（可以是国家、行业标准或企业标准化文件）和相应的试验类标准化文件进行检验。

产品的检验环节通常设置在产品生产过程的关键节点，例如，在生产完成后，产品出厂或交付之前，新产品投产或生产条件改变时。相应的检验类型有出厂检验或交付检验、型式试验（产品质量稳定性检验或定型检验）等。

出厂检验通常根据具体情况选取标准中的特性指标进行检验。例如，可以选取市场、消费者和用户关注的指标，代表产品基本功能的指标，由于生产水平导致不确定性较大的指标等。

型式检验指对产品规范标准要求的所有特性的检验。在下列情况之一时，通常需要进行型式检验：新研制产品或老产品技术改造后的试制定型阶段；产品正式生产后，其结构、材料、工艺以及关键的配套元器件有较大改变，可能影响产品性能时；正常生产时，定期或积累一定产量后（检验产品质量稳定性）；产品长期停产后恢复生产时。

检验中的抽样方案可以依据标准中规定的抽样方案或相关的抽样方案标准。检验后判定产品是否合格的判定规则可以依据相应行业或企业产品标准中的规定。

对于服务的提供，通常在服务过程中或服务完成后，通过提供服务过程的证据或设置的评价方法来检验。

产品性能或服务效能的检验过程就是应用规范标准、试验标准以及规定如何评价的标准的过程。按照规范标准中规定的试验方法或证实方法，可以检验生产出的产品是否符合规范标准中规定的性能要求，验证提供的服务是否达到了标准中规定的效能指标。如果需要通过检验判定一批产品是否符合规定，需要应用包含检验规则的规范类企业标准化文件进行检验和判定。

二、供需双方的贸易中应用标准

在供需双方的贸易中应用标准涉及第一方（产品生产方、服务提供方）和第二方（采购方、需求方）对标准的使用，包括供方自我声明、需方采购活动，或供需双方的贸易活动。在这些贸易活动中主要涉及应用规范标准、试验标准或标准化文件。

（一）供方自我声明

生产方或供方依据规范标准中规定的性能/效能指标以及证实方法，对其产品或服务进行检验与评估。如果认为符合了标准的规定，可以自我声明其产品或服务符合相应文件的规定。这种符合性声明结合企业信用可以为企业的产品的销售或服务的提供打下一定的基础。供需双方可以在声明符合的标准中规定的性能或效能指标的基础上展开贸易洽谈，直至签订合同。

（二）需方采购活动

企业的生产活动通常都需要采购有关的原材料、零配件、半成品或某些成品。原材料、零配件大多都有现行的标准，如果这些标准适用，那么可以作为依据进行采购。在采购活动中应用标准可以简化采购手续。如果采购市场上符合标准的批量生产的原材料、零部件或标准件，不但简化了采购手续，减轻了采购人员的工作量，还能减少产品的错误率，并且减少成本。例如对于生产建筑用塑料门的企业，如果按照自己设计的门窗尺寸生产，在锯制塑料型材的工序中切割耗费率就会较高；如果按照国家标准（如 GB/T 28886《建筑用塑料门》）中规定的类型和尺寸组织生产，就能订购到合适尺寸的材料来保证在锯制工序中使浪费减到最少。

对于某些半成品或成品，当没有适合的现行标准时，采购方或买方可根据需求编制形成自己的规范类企业采购标准化文件。在从事采购行为时，采购方依据其采购标准进行采购，可以保证采购的产品或服务符合其需求。在这种情况下，生产方或销售方通常根据采购方提供的采购标准提供产品或服务。在特殊情况下，生产方也可以根据自身的技术条件及特点，在采购方提供的标准化文件的基础上与采购方协商，对某些技术指标进行调整，达到既满足采购方的需求，又充分利用自身特殊条件的目的。可见，在采购贸易中，采购标准化文件可以作为直接的依据，或作为调整采购指标的基础。

在政府采购活动中充分利用现行适用的各类标准，同样可以保证采购的质量，节省采购成本。

（三）供需双方的贸易活动

供需双方从事贸易活动时，在签订合同之前，通常需要就相关技术内容进行洽谈或谈判。由于标准化文件（无论是国际标准、国家标准、行业标准，还是企业标准化文件）确立了产品性能或服务效能的指标，因此在贸易谈判中以这些标准化文件为基础能够极大地简化对产品性能或服务效能指标的确定过程，缩短了谈判时间，不但减少了交易成本，而且可以减少交易中对技术指标的争议。

在需方仅提出一些需求和主要技术指标，但没有形成采购标准的情况下，如果供方声明其产品或服务符合国家、行业标准或符合本企业编制的产品或服务规范，那么征得需方同意，供需双方可以在供方提供的标准或规范的基础上进行协商。如果供方提供的标准或规范被需方完全认可，就可以按照供方提供的文件直接签订合同，也就是在合同当中直接指明需要符合的标准或企业规范。如果需方提出需要对供方提供的标准或规范中的技术指标进行调整，双方可以进一步谈判，达成一致后再签订合同。

在国际贸易中，如果关于采购合同的磋商以国际标准为基础，或者以采用国际标准的任一方国家标准（如修改采用国际标准）为基础，则同样可以大大简化合同的签署。[见本章第二节"二"中的（三）]

在以标准化文件为基础确立了技术指标的基础上，供需双方可以集中精力就合同中需要确定的其他事项进行磋商。比如，如何检测技术指标的符合性，如何对最终的产品或服务进行验收等。对于这些事项，供需双方也可应用标准中的规定。产品标准中大多提供了检测产品指标的试验方法，服务标准中也可能提供了证实方法或评价方法，经供需双方确认就可以写入订货合同。最终产品或服务的验收，如果涉及抽样检验，那么需要确定检验规则。需方的采购标准化文件中通常会包含检验规则，可以按照检验规则中的规定进行检验或验收；如果供方提供的标准化文件有检验规则，征得需方同意也可使用。如果依据的标准化文件中没有检验规则，供需双方需要集中精力就最终产品或服务的验收进行磋商，并将谈判结果写进合同中。

示例 5-1 给出了一个在订货合同中应用标准的实例。

【示例 5-1】

某公司板式平焊钢制管法兰订货合同

......

第 × 条 甲方向乙方订货总值为人民币 ×× 万元,其产品名称、规格、质量（技术指标）、单价、总价等如下表所列：

产品名称	规格（毫米）及型号	产品标准或技术指标	数量/件	单价/元/件	合计/元
平焊钢制管法兰	DN50	GB/T 9119—2010	100	×.××	×××
平焊钢制管法兰	DN100	GB/T 9119—2010	500	××.××	×××××
平焊钢制管法兰	DN200	GB/T 9119—2010	350	××.××	×××××
平焊钢制管法兰	DN285	GB/T 9119—2010	50	××.××	×××××
平焊钢制管法兰	DN505	GB/T 9119—2010	10	×××.××	××××

第 × 条 验收及合格判定方法 按 GB/T 9119—2010 执行。

......

第 × 条 经济责任

（一）乙方应负的经济责任

1. 产品、品种、规格、质量不符合本合同第一条规定时,为验收不合格。对于不合格品,甲方同意接收的,按质论价；不同意接收的,乙方应负责保修、保退、保换。由于上述原因致延误交货时间,每逾期一日,乙方应按逾期交货部分货款总值的万分之三计算向甲方偿付逾期交货的违约金。

......

三、第三方合格评定活动中应用标准

前文谈到,生产方或供方（第一方）可以依据规范标准公开声明其产品或服务符合标准的规定,以便取得买方（第二方）对其产品或服务的信任。然而,这种由第一方的自我声明的可信度有时会受到质疑。因此,独立的不受供需双方利益支配的第三方（这里主要指认证机构和检测机构）合格评定越来越受到重视。

为了证明自己的产品或服务符合标准的规定,第一方会委托第三方进行检测或检查,以证明其符合性。第二方认为有必要也会将自己不具备检测能力的项目委托第三方进行检测。政府机构也会就涉及人身安全与健康、环境保护等事项委托这些第三方机构进行检测、检查、评价等合格评定工作。

标准是第三方合格评定活动所依据的最主要的文件形式,主要涉及应用规范标准、试验标准、认证技术规范[①]等标准化文件。

(一)认证活动

产品认证和管理体系认证是认证机构目前从事的主要合格评定活动。认证机构在认证活动中,通常直接应用或者在其认证技术规范中明确被认证的产品或服务须符合的相关标准。通常在认证技术规范的"认证实施的基本要求"中,详细规定合格评定对象所要符合的标准及标准中的具体条款。涉及的标准通常是产品或服务规范标准、试验标准等。只有按照相应检验规则对合格评定对象进行检验后,满足了相应标准中的要求,认证机构才对合格评定对象颁发认证标志。

示例 5-2 给出了中国国家认证认可监督管理委员会 2015 年 9 月 8 日发布的 CNCA-C12-01:2015《强制性产品认证实施规则 机动车辆轮胎》(2016 年 1 月 1 日实施)中应用标准的条款。

【示例 5-2】

强制性产品认证实施规则 机动车辆轮胎

……

3 认证依据

3.1 认证依据标准

《轿车轮胎》(GB 9743)、《载重汽车轮胎》(GB 9744)、《摩托车轮胎》(GB 518)标准中的强制性条款。

……

---

① 认证技术规范,是指认证机构自行制定的用于产品、服务、管理体系认证的符合性要求的技术性文件。(选自国家认证认可监督管理委员会,《认证技术规范管理办法》,2006 年 1 月 23 日)

7 认证实施

7.1 型式试验

......

7.1.3 型式试验项目及要求

型式试验项目见《机动车辆轮胎产品型式试验项目及检测方法》（附件4），应符合认证依据标准中相关条款的要求。

......

附件4

机动车辆轮胎产品型式试验项目及检测方法

序号	产品名称	认证依据标准	标准条款及检测项目	检测方法标准
1	轿车轮胎	GB 9743	4.2 新胎外缘尺寸	GB/T 521
			4.6.1 轮胎强度性能	GB/T 4502
			4.6.2 无内胎轮胎脱圈阻力	
			4.6.3 轮胎耐久性能	
			4.6.4 轮胎低气压性能	
			4.6.5 轮胎高速性能	
			4.7 胎面磨耗标志	GB/T 521
			6 标志	目测
2	载重汽车轮胎	GB 9744	4.2 新胎外缘尺寸	GB/T 521
			4.5.1 轮胎强度性能	GB/T 4501
			4.5.2 轮胎耐久性能	
			4.5.3 轮胎高速性能	
			4.6 胎面磨耗标志	GB/T 521
			6 标志	目测
3	摩托车轮胎	GB 518	4.1 新胎充气后断面宽度和外直径	GB/T 521
			4.2.1 强度性能	GB/T 13203
			4.2.2 耐久性能	
			4.2.3 高速性能	
			4.3 胎面磨耗标志	GB/T 521
			6 标志	目测

产品认证通常包括"选取（取样）""确定"以及"符合与证明（决定）"三个阶段。在产品认证的选取（取样）阶段，通常按照相关标准或认证技

规范中规定的取样方法进行选取。在认证的确定阶段，产品性能或服务效能符合性确定过程中，需要进行检测、检查、评定等活动。而这些活动的过程以及结果的判定都需要依据相关标准，如试验标准、规范标准或相应认证技术规范中规定的试验方法、验证方法或评价方法。检测、检查或评价结果依据规范标准中规定的指标，或者还要依据相关标准化文件中规定的检验规则，判断产品性能或服务效能的符合性，并最终根据认证机构规定的认证规则和程序确定是否符合认证的要求。

产品认证中的自愿性认证，认证机构往往会编制自己独立的认证技术规范，包含要求与评价指标。如美国的"能源之星"认证，其通过认证的指标通常设定在市场中 20%~25% 的产品能够通过认证；德国"蓝天使"生态标志认证，通常授予那些与同类产品相比更具有环境优越性的产品，因此其通过认证的指标设定在市场中 5%~30% 的产品能够通过认证。

对于复杂的事项、系统或领域以及与其相关的活动或结果，认证机构可以依据规定如何评价的标准进行全面评价或系统评价。

管理体系认证几乎都是依据通用性的管理体系规范标准。例如，我国的质量管理体系（QMS）认证依据 GB/T 19001《质量管理体系 要求》，环境管理体系（EMS）认证依据 GB/T 24001《环境管理体系 要求及使用指南》，职业健康安全管理体系（OHSMS）认证依据 GB/T 28001《职业健康安全管理体系 要求》，食品安全管理体系（HACCP）认证依据 GB/T 22000《食品安全管理体系 食品链中各类组织的要求》。开展这方面的管理体系认证的过程就是这些标准的应用过程。

（二）检测活动

检测机构在进行检测活动时，通常按照试验标准或规范标准中的试验方法进行检测。检测机构通常应用的标准包括：国际标准、国家标准、行业协会标准，检测机构自行编制的标准化文件，第一方或第二方委托时指定的标准等。

检测机构在检测活动中应用标准有以下几种形式：履行标准中规定的试验程序、行为指示进行试验；按照标准中给出的结果计算方法形成实验结果；

如需出具试验/检测报告，遵守标准中的报告编制要求。

四、管理活动中应用标准

无论是产品生产、服务提供，还是第三方合格评定，都离不开与这些活动有关的组织管理。按照相关的标准化文件从事管理活动，可以使管理工作更加有操作性。另外，政府在从事各类监管活动中也常常应用标准达到监管的目的。在管理中主要涉及应用规程标准和规范标准。

（一）企业管理

企业的管理活动遵守相关的管理规程标准中规定的流程及指示，并且依据标准中给出的追溯及证实方法进行检查与验证，从而将管理工作落实到位。

企业还可以依据企业编制的企业管理评价等标准化文件对企业管理的效果、企业标准化文件的应用情况等进行整体评估。

企业在管理中应用管理体系标准，可以从组织、领导、技术人员、管理人员和全体员工等各方面全面提高企业满足顾客需求的管理能力。

（二）政府监管

保障人类的身体健康与安全，保护环境是政府的重要职责。政府可以利用标准化的成果行使管理职责，推动或强制实施相应的标准。例如相关管理部门依据诸如海洋、环境监测，污染物排放等标准进行环境监测活动，达到保护环境的目的；依据各类安全标准、危害物质限量等标准对产品安全、食品安全进行监督，保障人类的健康与安全。

政府还可以借助强制性标准中规定的技术指标，开展市场准入、事中或事后监督。通过在市场中对相关产品或服务进行抽检，按照强制性标准规定的指标以及抽检方法，判定产品或服务的符合性，对不符合强制性标准的产品或服务进行相应的处罚。

五、交流与合作中应用标准

人类的技术交流与合作中离不开对基础标准的应用，主要涉及诸如术语标准、符号标准、分类标准以及技术制图、公差配合等标准。

在技术交流与合作中，应用术语标准中已有术语及其定义是相关人员快速取得共识的方法。在这些活动中使用术语标准界定的术语及其表示的概念，会减少许多因为对基本概念理解上的不一致导致的分歧，进而减少各方在概念界定上长时间的讨论甚至争吵。例如，在标准的编制中，使用术语标准中界定的术语及其定义已经成为惯例。在讨论标准的技术内容时，往往对某些新概念及其术语的使用会引起深入、耗时的讨论。这时如果指出使用的是国家标准或国际标准中的概念及其术语，往往立即能够被大家接受，从而可以减少大量的讨论时间，提高工作的效率。

在技术交流与合作中，应用标准中界定的技术语言——符号、图形符号，可以减少由于技术文件中使用的语言以及表述上的不一致，造成理解上的差异甚至无法理解的情况。例如，在产品技术文件中，技术制图、公差与配合等标准（如 GB/T 4457、GB/T 1182 等）被广泛应用。这些标准的应用，就是借助标准化的语言，使得技术文件能够被相关技术领域内所有专业人员看懂，从而在国家、区域甚至国际范围内进行无障碍的交流。

人们在某个领域中从事技术、贸易等方面的交流，同样会应用到该领域中为产品、过程、服务或系统确立分类体系的分类标准，以及在产品或服务标准中规定的标准化项目标记[①]。在交流中，借助标准中界定的分类体系可以方便地指出涉及的是哪种产品或服务，甚至借助标准化项目标记的惟一性直接指明，所涉及的产品或服务需要符合哪个标准中的哪些具体规定。

在我们的公共领域和生产区域，应用标准中的符号、图形符号、标志等建立的导向系统，既可以让具有不同文化程度、使用各种语言的人在较大的范围，甚至是全世界范围内行动自如，又可以避免由于对异国语言不能理解导致的人身伤害。在公共领域广泛使用的全身图像的"男女卫生间"标志，就是一个典型的案例。它是国际标准（ISO 7001）和各国国家标准（我国的国家标准为 GB/T 10001《公共信息图形符号》）所界定的众多公共信息图形符号之一。全身男女图像这一标准化的图形符号已在全世界广泛应用。人们

---

① 详见 GB/T 1.1—2009《标准化工作导则 第 1 部分：标准的结构和编写》中的附录 E。

在全世界旅行时，只要看到该图形符号形成的标志，通常都会理解它的含义。同样，由于安全标志标准（ISO 3864、GB/T 2893）的广泛应用，使得人们在世界各国的公共场所或工作区域内看到所设置的安全标志，通常都会明白其警示的意义，从而保证了人身的安全。

人们在技术交流过程中通过直接应用标准的术语、符号、分类、标记等"标准表述"，才能够相互理解，概念系统得以逐步建立。有了一致的概念体系、共同的认知基础，标准表述的广泛应用，概念秩序才能够建立，交流的便利和效率才得以获得。

第六章

中国标准化

中国标准化的发展与经济、社会和科技等方面的发展密切相关。根据经济社会发展的状况以及现实需求,我国逐步建立并不断完善标准化管理体制、运行机制以及参与国际标准化的模式和方式。本章基于《中华人民共和国标准化法》(以下简称《标准化法》)以及标准化相关法规规章、标准,阐释我国标准化的管理运行机制、标准制定程序以及标准化文件体系,并对我国参与国际标准化的主体、方式、路径和活动内容等进行介绍。

第一节 我国的标准化管理运行机制

我国的标准化管理体制和运行机制由《标准化法》及其配套规章文件确立,涉及在我国开展标准化活动的标准化机构类型、各类标准化机构的任务、标准化机构之间的关系以及机构内部组织和开展标准的编制、发布活动的方式等内容。本节将对我国现行标准化法律法规体系、各类标准化机构(见第二章)的运行机制以及标准化机构内的标准化技术组织管理与运行进行介绍。

一、标准化法律法规体系

我国现行标准化法律法规体系由《标准化法》、与《标准化法》配套的标准化法规规章以及其他涉及标准化事项的法律构成（如图6-1所示）。

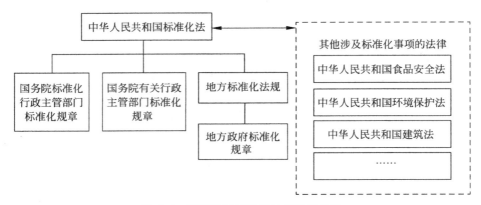

图6-1 我国标准化法律法规体系结构

（一）《标准化法》

《标准化法》首次颁布于1988年，2017年11月经第十二届全国人大常委会第三十次会议审议通过修订案，2018年1月1日起实施。《标准化法》全文共6章45条，包括总则、标准的制定、标准的实施、监督管理和法律责任等方面的内容。

（二）国务院标准化行政主管部门标准化规章

国务院标准化行政主管部门标准化规章主要规定贯彻落实《标准化法》的要求、管理全国标准化工作的细化措施，其内容涵盖了国家标准、行业标准和地方标准的制定、标准出版、标准档案管理，企业标准化管理，参与国际标准化活动的管理等。例如，针对国家标准制定流程、编号管理等管理措施的《国家标准管理办法》，针对采用国际标准的原则、编写方法、促进采用国际标准的措施的《采用国际标准管理办法》，针对专业标准化技术委员会组建与管理的《全国专业标准化技术委员会管理办法》，针对参加国际标准化活动的《参加国际标准化组织（ISO）和国际电工委员会（IEC）国际标准化活动管理办法》等。

（三）国务院有关行政主管部门标准化规章

国务院有关行政主管部门标准化规章主要规定本部门权限范围内的行业标准制定、实施等管理措施，例如《海洋标准化管理办法》《中医药标准制定管理办法》《民用航空标准化管理规定》《工程建设国家标准管理办法》《工程建设行业标准管理办法》等。

（四）地方标准化法规和规章

地方标准化法规主要规定本行政区域执行《标准化法》的细化措施、地方标准的管理措施以及国家标准、行业标准的实施细则，例如《浙江省标准化管理条例》《辽宁省标准化监督管理条例》等。地方政府标准化规章主要规定本行政区域执行标准化相关的法律、行政法规、地方性法规的细化措施，例如《宁夏回族自治区工程建设标准化管理办法》《甘肃省采用国际标准管理办法》《福建省人民政府关于加强标准和标准化工作的若干意见》等。

（五）其他涉及标准化事项的法律

由于标准化所涉及的国民经济和社会发展的领域较广，涉及公共领域和健康、安全、环境保护事项较多，因此，除了《标准化法》及其配套法规规章之外，其他一些领域或方面的法律也会涉及标准化的相关规定，例如，《中华人民共和国农业法》《中华人民共和国建筑法》《中华人民共和国食品安全法》《中华人民共和国药品管理法》《中华人民共和国环境保护法》《中华人民共和国大气污染防治法》《中华人民共和国海洋环境保护法》《中华人民共和国职业病防治法》《中华人民共和国节约能源法》《中华人民共和国产品质量法》《中华人民共和国进出口商品检验法》等。这些法律主要规定了制定特定领域国家标准的制定主体及其职能、标准的实施措施、有关各方违反相关标准应承担的法律责任等内容。

二、标准化机构的运行机制

在现行标准化法律法规体系框架下，我国的标准化活动分为国家、行业、地方和团体四个层次。在每个标准化层次上，都有特定的标准化机构从事标准化活动，其标准编制工作均采用编制模式运行（见第二章）。

（一）不同标准化层次上的标准化机构

我国国家、行业和地方层次上的标准化机构是行政实体。其中，国家层次上的标准化机构是国务院标准化行政主管部门，具体为国家市场监督管理总局、国家标准化管理委员会（以下简称国家标准委）；行业层次上的标准化机构是国务院有关行政主管部门；地方层次上的标准化机构是各省、自治区、直辖市标准化行政主管部门和有关行政主管部门，市、县标准化行政主管部门和有关行政主管部门。团体层次上的标准化机构是法定实体，主要包括开展标准化活动的学会、协会、商会、联合会、产业技术联盟等社会团体。

1. 国务院标准化行政主管部门

国务院标准化行政主管部门统一管理全国标准化工作。它的主要任务包括五个方面。

第一，参与国家标准化法律、法规的制修订。

第二，拟定和贯彻执行标准化法律法规的配套制度文件、国家标准化工作的方针和政策等。

第三，管理国家标准化具体事务，包括组织、协调国家标准的制修订，管理全国专业标准化技术委员会，组织宣传、贯彻和推广国家标准，依据法定职责对标准的制定进行指导和监督，对标准的实施进行监督检查等。

第四，协调、指导和监督其他层次上的标准化活动，包括协调和指导行业、地方标准化工作并对行业标准和地方标准备案，对国务院有关行政主管部门、设区的市级以上地方人民政府标准化行政主管部门在标准编号、复审、备案方面进行监督，对团体标准的制定进行规范、引导和监督等。

第五，作为我国的国家标准机构，对外代表国家参加国际标准化组织（ISO）、国际电工委员会（IEC）和其他国际或区域性标准化组织。

2. 国务院有关行政主管部门

国务院有关行政主管部门分工管理本部门、本行业的标准化工作。目前，我国涉及产业和行业标准化管理的国务院有关行政主管部门有38个（见附录A）。它们的主要任务包括三方面。

第一，贯彻国家标准化工作的法律、法规、方针、政策，并制定在本部门、本行业实施的具体办法。

第二，承担和管理具体标准化事务，包括组织制定行业标准，组织本部门/本行业实施标准，依据法定职责对标准的制定进行指导和监督，对标准的实施进行监督检查。

第三，对本行业领域团体标准的制定进行规范、引导和监督。

此外，有些部门除了前述三部分主要任务之外，还可能对外代表我国参加国际标准化组织（ISO）或其他国际标准化组织。例如，工业和信息化部代表我国参加国际电信联盟（ITU）。

3. 省、自治区、直辖市以及下属的市、县标准化行政主管部门和有关行政主管部门

各省、自治区、直辖市以及下属的市、县标准化行政主管部门统一管理本行政区域的标准化工作，各省、自治区、直辖市以及下属的市、县有关行政主管部门在本行政区域内分工负责本行业的标准化工作。它们的共性任务包括两方面。

第一，贯彻国家标准化工作的法律、法规、方针、政策，并制定在本行政区域实施的具体办法。

第二，承担具体标准化事务，包括组织制定和实施地方标准，依据法定职责对标准的制定进行指导和监督，对标准实施情况进行监督检查等。

对于各省、自治区、直辖市以及下属的市、县标准化行政主管部门，其任务除了上述两方面共性任务之外，还包括指导本行政区域有关行政主管部门的标准化工作，协调和处理有关标准化工作问题。

4. 社会团体

学会、协会、商会、联合会、产业技术联盟等社会团体协调相关市场主体共同制定满足市场和创新需要的团体标准。它们与标准化活动相关的主要

任务包括两方面。

第一，贯彻国家标准化工作的法律、法规、方针、政策，建立并维护本社会团体的章程、议事规则，制定本社会团体开展标准化活动的战略规划、相关标准化活动规则文件。

第二，组织成员按照本社会团体的相关制度文件制定团体标准，组织宣贯、培训和推广团体标准等。

（二）国家、行业和地方标准化机构的标准化运行机制

国家、行业和地方标准化机构的组织机构设置及人员构成由各级机构编制委员会批复。它们的标准化运行机制主要包括标准化管理和标准编制工作两个层面。

1. 标准化管理

国务院标准化行政主管部门、国务院有关行政主管部门、地方标准化行政主管部门及有关行政主管部门的标准化管理机构包括部门会议（例如部务会、局务会）和内设司局或处室。其中，部门会议负责针对标准化管理的重大事项作出决策，包括本部门、本行业、本地方拟定执行标准化法律法规的配套制度文件，拟定的标准化工作方针、政策、实施细则，各自职责范围内所负责的标准的批准发布等事项。内设司局或处室的主要职责是落实决策层各项决策，管理标准化技术组织、标准项目，以及与其他标准化机构进行联络等。

2. 标准编制工作

国务院标准化行政主管部门、国务院有关行政主管部门、地方标准化行政主管部门及有关行政主管部门的标准编制工作由标准化技术组织承担。这些标准化技术组织主要以技术委员会、工作组的形式存在，主要职责是制定本领域的标准编制计划，起草各阶段标准化文件草案，履行征求意见、技术审查等程序。此外，在某些领域或者行业，还存在着"标准技术归口单位"这种独特的标准编制主体。

（三）社会团体的标准化运行机制

社会团体由其他机构或个人组成，具体的成员数量、成员类型、成员

的权利和义务等由各个社会团体根据自身实际在章程中予以确定。它们的标准化运行机制主要包括标准化决策、标准化管理协调和标准编制工作三个层面。

1. 标准化决策

社会团体的标准化决策机构多以理事会、全体大会等形式存在，主要职责是制定本社会团体标准化的战略规划，与社会团体标准化活动相关的政策，批准发布团体标准等。

2. 标准化管理协调

社会团体的标准化管理协调机构多以管理委员会、协会秘书处等形式存在，主要职责是落实决策机构的各项决策，管理标准化技术组织、团体标准项目，拟定有关团体标准的制定程序、编写规则，协调处理标准制定过程中的争议，与其他标准化机构的联络等。

3. 标准编制工作

社会团体的标准编制工作多由技术委员会、专业委员会、标准起草工作组等标准化技术组织负责，主要职责是起草各阶段标准化文件草案，履行征求意见、技术审查等程序。

三、标准化机构内的技术组织

我国不同标准化层次上的标准化机构都内设非法人的、负责编制标准化文件的标准化技术组织，例如全国专业标准化技术委员会/直属工作组/技术委员会下设的分委员会、行业标准化技术委员会、地方标准化技术委员会、社会团体内设的专业/技术委员会等。如第二章所述，这些标准化技术组织通常分为"技术委员会"和"起草工作组"两类。其中，"起草工作组"通常在"技术委员会"内部设立，负责标准起草工作。

（一）全国专业标准化技术委员会

全国专业标准化技术委员会由国务院标准化行政主管部门在一定专业范围内设立，负责国家标准或行业标准起草、编制等工作。根据专业领域特点，国务院标准化行政主管部门还会设立直属工作组、技术委员会还会下设分委员会等[①]。

1. 组织结构

全国专业标准化技术委员会的组织结构通常分为两层（如图6-2所示）。一层是由相关方代表所构成的技术委员会，另一层是由技术专家构成、由技术委员会批准组建的工作组。在技术委员会所负责的特定专业领域标准需求较多的情况下，技术委员会可视情况设置由相关方代表构成的分委员会。

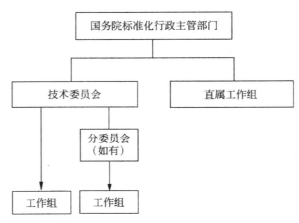

图6-2 全国专业标准化技术委员会的组织结构示意图

2. 组成

全国专业标准化技术委员会由不少于25名委员组成，这些委员需要具有广泛性和代表性。从所代表的相关方上，委员主要代表生产者、经营者、使用者、消费者、教育科研机构、有关行政主管部门、检测及认证机构、社会团体等。从所代表的相关方的分布上，为了确保委员的广泛性和代表性，来自任意一方的委员人数不得超过委员总数的二分之一，同一单位在同一技术委员会任职的委员不得超过3名。

除了委员之外，全国专业标准化技术委员会根据工作需要，还可以设置顾问、观察员和联络员。

---

① 截至2018年底，我国已成立全国专业标准化技术组织1304个，其中，全国专业标准化技术委员会545个，分委员会748个，直属工作组11个。

3. 管理运行架构

全国专业标准化技术委员会在主任委员和副主任委员的领导下开展工作。其中，主任委员负责技术委员会全面工作，包括主持技术委员会年会、签发会议决议、标准报批文件、批准技术委员会印章使用等。副主任委员受主任委员委托，可以代行主任委员的职责。通常，全国专业标准化技术委员会设主任委员1名，副主任委员不超过5名，且主任委员和副主任委员不得来自同一单位。

全国专业标准化技术委员会的日常运作由秘书处负责，包括提出秘书处工作细则、工作计划、技术委员会委员调整建议、工作经费预决算与执行情况等方面的提案，技术委员会文件归档管理，相关文件分发与回收等。秘书处日常工作由秘书长组织开展。秘书长由秘书处承担单位专家担任。通常，全国专业标准化技术委员会设秘书长1名，副秘书长不超过5名。秘书长和副秘书长均是技术委员会的委员（即具有委员的权利和义务），但不得来自同一单位。

4. 工作职责

全国专业标准化技术委员会的主要工作职责包括：编制本专业领域国家标准体系；根据需求提出制修订国家标准的项目提案；开展国家标准的起草、征求意见、技术审查、复审等工作；开展国家标准的宣贯和培训工作等。对于设立分委员会的，其主要职责还包括管理下设分委员会。此外，技术委员会还可以接受政府部门、社会团体、企事业单位委托，开展与本专业领域有关的标准化工作。

技术委员会委员的主要职责包括：参加标准技术审查和标准复审，参加技术委员会年会等工作会议；履行委员投票表决义务；提出标准制修订等方面的工作建议等。

5. 工作规则

全国专业标准化技术委员会主要以不定期通信或会议的形式开展工作。委员会每年需至少召开一次全体委员都参加的年会，总结上年度工作，安排下年度计划，通报经费使用情况等。

全国专业标准化技术委员会开展国家标准编制的程序和要求按照《国家

标准管理办法》的有关规定执行。

涉及以下事项的，需提交全体委员表决：

——技术委员会章程和秘书处工作细则；

——国家标准制修订立项建议；

——国家标准送审稿的审查；

——技术委员会委员调整建议；

——工作经费的预决算及执行情况；

——分委员会的组建、调整、撤销、注销等。

上述事项投票时，参加投票的委员不得少于四分之三。参加投票委员三分之二以上赞成，且反对意见不超过参加投票委员的四分之一，方为通过。

6. 组建与管理

全国专业标准化技术委员会由国家市场监督管理总局统一管理，由国家标准委负责整体建设和布局、组建、换届、调整、撤销、注销等事项。针对特定行业或领域的全国专业标准化技术委员会，国家标准委委托国务院有关行政主管部门、有关行业协会予以管理并对技术委员会开展国家标准制定工作进行业务指导。

在组建方面，组建全国专业标准化技术委员会需满足的条件主要包括：涉及的专业领域业务范围明晰，与其他技术委员会无业务交叉；标准体系框架明确，有较多的国家标准制修订工作需求；专业领域一般与国际标准化组织（ISO）、国际电工委员会（IEC）等国际标准组织已设立技术委员会的专业领域相对应等。从组建流程上，组建技术委员会的程序包括提出申请、公示、筹建和成立。在申请阶段，由筹建单位（包括国务院有关行政主管部门、有关行业协会以及省、自治区、直辖市人民政府标准化行政主管部门）向国家标准委提出筹建申请，并说明技术委员会筹建的必要性、可行性、工作范围，国内外相关标准化技术组织情况，秘书处承担单位情况等内容。在公示阶段，经国家标准委评审符合组建条件的，由国家标准委对外公示拟组建的技术委员会的名称、专业领域、对口国际组织、筹建单位、业务指导单位、秘书处承担单位等信息，并征集意向委员。公示30日后，符合要求的，国家标准委批复筹建。在筹建阶段，筹建单位在收到批复后6个月内，向国家标准委报送组建方案，包括技术委员会基本信息表、技术委员会委员名单和登记表、技术委员会章程草案、秘书处工作细则草案、标准体系表、秘书处承担单位支持措施等。在成立阶段，国家标准委对技术委员会委员名单向社会公示30日，符合要求的，由国家标准委公告成立。

在换届方面，技术委员会每届任期五年。任期届满前，经国家标准委批准，由秘书处发起公开征集委员，形成换届方案报送至筹建单位（例如，国务院有关行政主管部门、有关行业协会以及省、自治区、直辖市人民政府标准化行政主管部门），经筹建单位审核通过后报送国家标准委。换届方案经国家标准委公示无异议后，予以批复换届。

在调整方面，主要涉及技术委员会/分委员会委员、工作范围或名称、秘书处承担单位等的调整。委员的调整建议需由秘书处提交全体委员表决通过后，向国家标准委提出。技术委员会工作范围或名称、秘书处承担单位的调整建议需由筹建单位报送国家标准委。分委员会工作范围或名称、秘书处承担单位的调整建议可由筹建单位、技术委员会提出，经技术委员会全体委员表决通过后，由分委员会筹建单位报送国家标准委。

在注销方面，在标准化工作需求少或者相关工作可以并入其他技术委员会的情况下，由筹建单位向国家标准委报送注销建议，由国家标准委予以注销。

在撤销方面，对于成立满3年的标准化工作组，由国家标准委组织专家评估，不具备组建技术委员会或分委员会条件的，予以撤销。对于处于限期整改情况的技术委员会，如果整改仍不符合要求，由国家标准委予以撤销。

（二）其他标准化层次上的专业标准化技术委员会

行业层次上的标准化技术委员会多由国务院有关行政主管部门、具有行业管理职能的行业协会在一定专业领域内设立，负责开展行业标准化活动。目前，我国在密码、铁道、电力、煤炭、能源、煤层气、雷电灾害防御、化工、家用纺织品、制药装备、建材等行业或领域成立了行业标准化技术委员会。这些行业标准化技术委员会在结构、组成、工作规则、管理方面与全国专业标准化技术委员会相类似，仅在工作职责、组建条件等方面，侧重于体现行业标准化的特点。例如，根据《能源领域行业标准化技术委员会管理实施细则》，能源领域的行业标准化技术委员会在组建条件方面，需是在现有的全国专业标准化技术委员会或行业标准化技术委员会未包括的领域和范围。

地方层次上的标准化技术委员会由省级标准化行政主管部门在一定专业领域内设立，负责地方标准的起草和技术审查工作。目前，我国的福建、湖南、山东等省份都设立了地方标准化技术委员会。这些地方标准化技术委员会在结构、组成、工作规则、管理等方面与全国专业标准化技术委员会相类似，仅在工作职责、组建条件等方面，侧重于体现地方标准化的特点。例如，技术委员会的工作职责仅限于地方标准制修订相关的方面。

团体层次上的标准化技术委员会由各个社会团体根据自身实际设立和管理，其组建原则、组建程序、组成、工作职责、工作程序等通过社会团体的相关制度文件予以规定。

第二节 我国的标准制定程序与标准化文件体系

我国不同标准化层次上的标准化机构都制定并维护着各自的标准化文件制定程序。制定程序不同，经由这些程序所产生的标准化文件就不同。不同层次上的标准化机构根据自行颁布的标准化文件制定程序制定的文件构成了我国的标准化文件体系。本节首先对我国不同标准化层次上标准化机构的标准制定程序进行介绍，进而阐释我国标准化文件体系和支撑标准化工作的基础性系列国家标准。

一、标准制定程序

目前，我国的标准制定程序主要有强制性国家标准制定程序、推荐性国家标准制定程序、行业标准制定程序、地方标准制定程序以及团体标准制定程序。

（一）强制性国家标准的制定程序

强制性国家标准制定程序的阶段构成由《标准化法》确立，在《强制性国家标准管理办法》[①]中予以细化,主要包括提出项目提案、立项、组织起草、征求意见和对外通报、技术审查、批准发布等。在制定程序的各个阶段,体现了公开、透明的制定原则。

1. 提出项目提案

提出项目提案为国务院有关行政主管部门依据职责向国务院标准化行政主管部门提出强制性国家标准制定项目提案的过程。在提出项目提案之前,国务院有关行政主管部门需考虑省、自治区、直辖市人民政府以及社会团体、企业事业组织以及公民提出的强制性国家标准立项建议,充分征求有关政府部门的意见,调研消费者代表、企业、社会团体等方面的实际需求,组织专家对项目的必要性和可行性进行论证评估,并在此基础上,向国务院标准化行政主管部门报送强制性国家标准制定项目提案。

2. 立项

立项为国务院标准化行政主管部门对国务院有关行政主管部门报送的制定强制性国家标准项目提案进行审批的过程。在立项阶段,国务院标准化行政主管部门将对强制性国家标准项目提案进行立项审查、公开征求意见,视情况下达计划,或终止项目提案并将理由告知国务院有关行政主管部门。

3. 组织起草

组织起草为国务院有关行政主管部门委托相关标准化技术委员会或专家组起草形成强制性国家标准征求意见稿的过程。标准化技术委员会或专家组在调查分析以及对相关机构开展的实验、论证、验证数据分析的基础上,完成强制性国家标准草案稿,向国务院有关行政主管部门报送。

4. 征求意见、对外通报

征求意见为国务院有关行政主管部门、国务院标准化行政主管部门对征求意见稿向社会公开进行征询意见的过程。在此过程中,若标准需要对外通报,还需按照WTO要求对外通报。征求意见的途径包括通过国务院有关行

---

① 2018年10月,国家市场监督管理总局组织完成《强制性国家标准管理办法》(征求意见稿),并面向社会公开征求意见。本节关于强制性国家标准制定程序的内容,基于该征求意见稿整理而成。

政主管部门、国务院标准化行政主管部门官方网站，以及向涉及的有关政府部门、行业协会、科研机构、高等院校、企业、检测认证机构、消费者组织等有关方的书面征求意见。公开征求意见期限不少于60日。国务院有关行政主管部门根据反馈意见修改完善强制性国家标准草案。

5. 技术审查

技术审查为国务院有关行政主管部门委托相关标准化技术委员会或组建审查专家组对强制性国家标准送审稿进行审查的过程。强制性国家标准的技术审查采取会议审查形式，重点审查技术内容的科学性、合理性、适用性以及与相关政策要求的符合性。审查会需形成会议纪要，内容包括会议时间、地点、议程、审查意见、审查结论、专家名单等，并经与会全体专家签字。

6. 批准发布

批准发布为国务院标准化行政主管部门对强制性国家标准报批材料进行审查、编号，并由国务院批准发布或授权批准发布的过程。国务院标准化行政主管部门主要从合规性、与相关标准的协调性、是否正确处理了重大意见分歧、报批材料是否齐全等方面进行审查。

（二）推荐性国家标准的制定程序

根据《国家标准管理办法》《采用快速程序制定国家标准的管理规定》，我国推荐性国家标准制定程序分为常规程序和快速程序。其中，常规程序包括九个阶段：预备阶段、立项阶段、起草阶段、征求意见阶段、审查阶段、批准阶段、出版阶段、复审阶段和废止阶段。快速程序在常规程序的基础上，省略起草阶段（B程序）或者同时省略起草阶段和征求意见阶段（C程序）。以下将对常规程序所涉及的各个阶段进行具体介绍。

1. 预备阶段

预备阶段为技术委员会对提案方提交的项目建议进行评估的过程。在预备阶段，技术委员会要对项目建议的必要性、可行性进行评估、投票。对于投票通过的项目建议，向国务院标准化行政主管部门报送基于该项目建议完成的标准项目提案。

2. 立项阶段

立项阶段为国务院标准化行政主管部门对技术委员会报送的项目提案进行审批的过程。国务院标准化行政主管部门组织专家对项目提案进行评审。基于评审意见，对于批准的项目提案，下达标准制、修订项目计划。

3. 起草阶段

起草阶段为成立工作组，起草完成工作组讨论稿的过程。在此阶段，工作组按照项目计划的安排开展起草工作，包括对标准制定的目的进行确认，与国际相关标准进行比对，对相关事宜进行调查分析，完成技术指标的试验和验证工作，编写工作组讨论稿。工作组对工作组讨论稿达成一致意见后，报送至技术委员会。技术委员会接收工作组讨论稿，登记为征求意见稿。

4. 征求意见阶段

征求意见阶段为技术委员会对征求意见稿征求意见的过程。征求意见的范围至少包括本技术委员会所有委员，征求意见的方式包括分发征求意见稿等文件、在工作平台等网络系统公开或在相关公共媒体上征求意见。征求意见的时间一般为2个月。征求意见结束后，工作组汇总并处理收到的反馈意见，根据处理意见对标准草案进行修改完善，形成送审稿，提请技术委员会组织技术审查。如果反馈意见分歧较大，工作组可修改征求意见稿后，提请技术委员会做二次征求意见。

5. 审查阶段

审查阶段为技术委员会对送审稿进行审查的过程。技术委员会将送审稿等文件分发给本技术委员会全体委员进行审查。审查方式分为会议审查和信函审查。技术委员会在会议审查召开日期或信函审查截止日期一个月前分发送审材料。审查后，委员统一在全国专业标准化技术委员会工作平台上投票。审查未通过的，由工作组根据审查意见进一步修改完善，再次提交技术委员会审查。

送审稿通过审查后由工作组根据审查意见进一步完善形成报批稿，由技术委员会秘书处向国务院标准化行政主管部门报送报批稿等相关材料。如果全国专业标准化技术委员会由国务院有关行政主管部门代管，则由该部门对报批稿及相关工作文件进行审核后报国务院标准化行政主管部门。

6. 批准阶段

批准阶段为国务院标准化行政主管部门对报批稿及相关工作文件进行审核和批准的过程。国务院标准化行政主管部门主要从程序和形式方面对报批稿进行审查。经审核报批稿及相关工作文件满足标准制定的相关要求的，由国务院标准化行政主管部门批准报批稿成为标准，给予标准编号后纳入标准批准发布公告。

7. 出版阶段

出版阶段为标准出版单位出版标准的过程。出版标准的文本形式可以是纸文本，也可以是电子文本。

8. 复审阶段

复审阶段为技术委员会对标准的适用性进行评估，并作出复审结论的过程。在复审阶段，技术委员会通过评估作出下列复审结论：①修改标准；②修订标准；③标准继续有效；④废止标准，并形成复审报告报送国务院标准化行政主管部门。国务院标准化行政主管部门审查复审报告，根据技术委员会的复审结论作出相应决定。

9. 废止阶段

废止阶段是对复审阶段决定废止的标准予以公告废止的过程。国务院标准化行政主管部门发布废止公告，标志着标准被废止。

（三）其他标准的制定程序

目前，我国行业标准和地方标准制定程序的阶段构成、每个阶段的工作内容、持续时间以及进入下一阶段的条件等没有统一、明确的规定，仅在《行业标准管理办法》《地方标准管理办法》中对制定程序的部分阶段提出了要求。各个行业、各省（自治区、直辖市）标准化行政主管部门依据《标准化法》的有关规定，结合本行业、本地方的特点制定相应的规章（例如，相关行业的行业标准管理办法、各省的地方标准管理办法）予以细化。纵观这些规章文件，行业标准和地方标准的制定程序阶段构成与推荐性国家标准相类似。通常，行业标准的制定程序包括立项、起草、审查、批准、编号、发布、出版、复审和废止，地方标准的制定程序包括编制计划、组织起草、审查、批准、编号、发布、出版、复审和废止。此外,行业标准和地方标准批准发布之后,都需要在规定的时间内向国务院标准化行政主管部门备案。

团体标准的制定程序由各个社会团体根据自身实际规定并正式发布。国务院标准化行政主管部门鼓励社会团体在全国团体标准信息平台上予以公开。每个社会团体的团体标准制定程序各异,通常,团体标准的制定程序包括提案、立项、起草、征求意见、审查、批准、编号、发布和复审。每个阶段的工作内容、持续时间以及进入下一阶段的条件等由各个社会团体自行规定。

二、标准化文件体系

依据不同的维度,可以将我国的标准化文件划分成不同的类别。按照标准化活动的范围,可以将我国影响范围不同的标准化机构发布的文件分为国家标准化文件、行业标准化文件、地方标准化文件、团体标准化文件和企业标准化文件。按照文件承载的内容和履行的程序,可以将标准化文件划分为标准和标准化指导性技术文件。按照文件的约束力,可以将我国的标准分为强制性标准和推荐性标准。

(一)国家标准化文件

国家标准化文件包括强制性国家标准、推荐性国家标准以及国家标准化指导性技术文件[1]。其中,强制性国家标准必须执行,推荐性国家标准国家鼓励采用,国家标准化指导性技术文件供有关各方参考使用。

1. 强制性国家标准

强制性国家标准是以保障人身健康和生命财产安全、国家安全、生态环境安全为制定目的,必须执行的标准。例如,GB 4706《家用和类似用途电器的安全》系列国家标准是以保障人身健康和生命财产安全为目的的制定的强

---

[1] 截至2018年底,我国国家标准化文件总共36949项,其中,强制性国家标准2111项,推荐性国家标准34464项,国家标准化指导性技术文件374项。

制性标准；GB 3095《环境空气质量标准》是以保障生态环境安全为目的制定的强制性标准。

强制性国家标准的编号依次由强制性国家标准代号（GB）、发布的顺序号和发布的年份号组成。

2. 推荐性国家标准

推荐性国家标准是为满足基础通用、支撑强制性国家标准制定和实施等需要而制定的标准。一方面，推荐性国家标准针对跨行业、跨专业需要协调的问题（特别是全国范围内基础设施、物流衔接、信息交换等重大互换性、兼容性问题），制定基础通用的技术解决方案，例如，术语、图形符号、统计方法、分类编码等基础标准，方法、技术和管理中的通用标准。此外，推荐性国家标准还包括制定跨行业跨领域使用、量大面广的基础件、原材料、设备等产品标准，以及重大民生标准或具有国家战略性意义的标准，例如新材料标准、节能减排标准。另一方面，推荐性国家标准提供了制定强制性国家标准所需要的基础标准和技术标准（见第一章），例如，GB 7258—2017《机动车安全运行技术条件》的制定和实施中规范性引用了GB/T 2408《塑料燃烧性能的测定水平法和垂直法》、GB/T 14172《汽车静侧翻稳定性台架试验方法》、GB/T 25978《道路车辆标牌和标签》、GB/T 30036《汽车用自适应前照明系统》等标准。

推荐性国家标准的编号依次由推荐性国家标准代号（GB/T）、发布的顺序号和发布的年份号组成。

3. 国家标准化指导性技术文件

国家标准化指导性技术文件是为仍处于技术发展过程中（如变化快的技术领域）的标准化对象提供规则、指南或特性，或者提供与标准化对象有关的数据、经验总结和发展趋势等信息，供科研、设计、生产、使用和管理等有关方参考使用的文件。例如，GB/Z 32012《纺织新材料 化学性能数据表》。

国家标准化指导性技术文件的编号依次由国家标准化指导性技术文件代号（GB/Z）、发布的顺序号和发布的年份号组成。

（二）行业标准化文件

行业标准化文件包括推荐性行业标准和行业标准化指导性技术文件[①]。其中，推荐性行业标准鼓励采用，行业标准化指导性技术文件供有关各方参考使用。

1. 推荐性行业标准

推荐性行业标准是指没有推荐性国家标准，需要在全国某个行业范围内统一的技术要求，侧重于本行业领域的重要产品、工程技术和服务标准。

推荐性行业标准的编号依次由推荐性行业标准代号（行业代号/T）、发布的顺序号和发布的年份号组成。目前，我国共有67个行业代号（见附录A）。

随着我国深化标准化工作改革的深入推进，部分行业主管部门已经开始采取措施限定行业标准的制定范围、缩减行业标准数量。

2. 行业标准化指导性技术文件

行业标准化指导性技术文件是指为仍处于技术发展过程中（如变化快的技术领域）的标准化对象提供规则、指南或特性，或者提供与标准化对象有关的数据、经验总结和发展趋势等信息，供科研、设计、生产、使用和管理等有关方参考使用的文件。

行业标准化指导性技术文件的编号依次由行业标准化指导性技术文件代号（行业代号/Z）、发布的顺序号和发布的年份号组成。

（三）地方标准化文件

地方标准化文件包括推荐性地方标准和地方标准化指导性技术文件[②]。其中，推荐性地方标准鼓励采用，地方标准化指导性技术文件供有关各方参

---

① 截至2018年底，我国备案的行业标准有61854项，其中，推荐性行业标准56378项，行业标准化指导性技术文件140项。

② 截至2018年底，我国备案的地方标准有37066项，其中，推荐性地方标准35409项，地方标准化指导性技术文件5项。

考使用。

1. 推荐性地方标准

推荐性地方标准是指满足地方自然条件、风俗习惯等特殊技术要求需要的标准。

推荐性地方标准的编号依次由推荐性地方标准代号（DB加上省、自治区、直辖市行政区划代码前两位数/T）、发布的顺序号和发布的年份号组成。目前，我国共有31个省、自治区、直辖市制定发布了地方标准。

随着我国深化标准化工作改革的深入推进，部分地方已经开始采取措施限定地方标准的制定范围，压缩地方标准数量，未来地方标准中涉及农业、服务的标准可能会增加。

2. 地方标准化指导性技术文件

地方标准化指导性技术文件是指在满足地方自然条件、风俗习惯等特殊技术要求的方面，为仍处于技术发展过程中（如变化快的技术领域）的标准化对象提供规则、指南或特性，或者提供与标准化对象有关的数据、经验总结和发展趋势等信息，供科研、设计、生产、使用和管理等有关方参考使用的文件。

地方标准化指导性技术文件的编号依次由地方标准化指导性技术文件代号（DB加上省、自治区、直辖市行政区划代码前两位数/Z）、发布的顺序号和发布的年份号组成。

（四）团体标准化文件

目前，我国的团体标准化文件主要指团体标准[①]。它由社会团体协调相关市场主体共同制定，由团体成员约定采用或者按照团体的规定供社会自愿采用。

团体标准定位于满足市场和创新需要。截至目前，社会团体制定的团体标准涵盖了所有国民经济行业，主要分布在电气工程，信息技术，办公机械，环保、保健和安全，社会学、服务等，化工技术，食品技术，建筑材料和建

---

① 截至2018年底，在全国团体标准信息平台上公开基本信息的团体标准有5968项。

筑物，冶金等领域。

团体标准的编号依次由团体标准代号（T）、社会团体代号、发布的顺序号和发布的年份号组成。

（五）企业标准化文件

企业标准化文件是企业为满足自身生产和经营的需要制定的标准化文件，通常为企业产品类标准、（操作）规程类标准、（管理、操作）规范类标准。企业标准化文件通常在企业内部使用，特别在产品设计、生产、检验、安装、维护等环节。

我国的企业标准化文件的编号依次由企业标准代号（Q）、企业代号、发布的顺序号和发布的年份号组成。

三、支撑标准化工作的基础性系列国家标准

支撑我国标准化工作的基础性系列国家标准包括 GB/T 1《标准化工作导则》、GB/T 20000《标准化工作指南》、GB/T 20001《标准编写规则》、GB/T 20002《标准中特定内容的起草》、GB/T 20003《标准制定的特殊程序》和 GB/T 20004《团体标准化》。

（一）GB/T 1《标准化工作导则》

GB/T 1《标准化工作导则》是指导我国标准化工作最基础的标准，旨在确立普遍适用于各层次标准化活动开展的基础性和通用性准则。GB/T 1《标准化工作导则》拟包含三部分[①]。截至 2018 年底，GB/T 1《标准化工作导则》已经发布了 1 个部分——GB/T 1.1《标准化工作导则 第 1 部分：标准的结构和编写》，确立了普遍适用于各层次标准编写的通用规则，包括编写标准需要遵照的总体原则、标准的结构、要素起草与表述规则，以及标准的编排格式。

---

① 拟制定的另外两个部分分别为：GB/T 1.2《标准化工作导则 第 2 部分：标准化文件的制定程序》和 GB/T 1.3《标准化工作导则 第 3 部分：标准化技术组织》。

（二）GB/T 20000《标准化工作指南》

GB/T 20000《标准化工作指南》旨在为标准化活动的开展提供一般性、原则性、方向性的信息、指导或建议。截至 2018 年底，GB/T 20000《标准化工作指南》相继发布了九个部分。

其中，GB/T 20000.1《标准化工作指南　第 1 部分：标准化和相关活动的通用术语》界定了标准化和相关活动的通用术语及其定义，建立了标准化活动的概念体系。

GB/T 20000.2《标准化工作指南　第 2 部分：采用国际标准及其他国际标准化文件》和 GB/T 20000.9《标准化工作指南　第 9 部分：采用其他国际标准化文件》规定了国家标准采用国际标准及其他国际标准化文件的方法，以及国家标准与国际标准之间的一致性程度的分类体系、一致性程度的标示方法等。

GB/T 20000.3《标准化工作指南　第 3 部分：引用文件》规定了标准中引用文件和法规引用标准的一般要求、方法及表述。

GB/T 20000.6《标准化工作指南　第 6 部分：标准化良好行为规范》从标准制定程序、标准编制原则和标准化的参与及合作等方面确立了标准化的良好行为规范。

GB/T 20000.7《标准化工作指南　第 7 部分：管理体系标准的论证和制定》规定了论证和评价管理体系标准项目的原则、制定和维护管理体系标准的方法，以及管理体系标准各要素的起草规则。

GB/T 20000.8《标准化工作指南　第 8 部分：阶段代码系统的使用原则和指南》确立了标准项目数据库中阶段代码系统的使用原则和指南。

GB/T 20000.10《标准化工作指南　第 10 部分：国家标准的英文译本翻译通则》规定了国家标准和国家标准化指导性技术文件英文译本的翻译和格式要求。

GB/T 20000.11《标准化工作指南　第 11 部分：国家标准的英文译本通用表述》给出了国家标准和国家标准化指导性技术文件英文译本的通用表述方式和常用词汇。

（三）GB/T 20001《标准编写规则》

GB/T 20001《标准编写规则》在 GB/T 1.1 确立的通用规则基础上，确立了适用于不同功能类型标准的起草规则。截至 2018 年底，GB/T 20001《标准编写规则》相继发布了 8 个部分，覆盖了术语标准、符号标准、分类标准、试验方法标准、规范标准、规程标准、指南标准、产品标准等不同类型标准的起草规则。

GB/T 20001.1《标准编写规则　第 1 部分：术语》规定了术语标准的制定程序和编写要求。

GB/T 20001.2《标准编写规则　第 2 部分：符号标准》确立了起草符号标准的原则，规定了符号标准的结构、起草规则以及符号表的编写细则等方面的内容。

GB/T 20001.3《标准编写规则　第 3 部分：分类标准》确立了分类标准的结构和分类原则，规定了分类方法和命名、编码方法和代码等内容的起草表述规则，以及分类表、代码表的编写细则。

GB/T 20001.4《标准编写规则　第 4 部分：试验方法标准》确立了试验方法标准的结构，规定了原理、试验条件、试剂或材料、仪器设备、样品、试验步骤、试验数据处理、试验报告等内容的起草规则。

GB/T 20001.5《标准编写规则　第 5 部分：规范标准》确立了起草规范标准的总体原则和要求，规定了规范标准的结构以及标准名称、范围、要求和证实方法等必备要素的编写和表述规则。

GB/T 20001.6《标准编写规则　第 6 部分：规程标准》确立了起草规程标准的总体原则和要求，规定了规程标准的结构以及标准名称、范围、程序确立、程序指示和追溯 / 证实方法等必备要素的编写和表述规则。

GB/T 20001.7《标准编写规则　第 7 部分：指南标准》确立了起草指南标准的总体原则和要求，规定了指南标准的结构以及标准名称、范围、总则、需考虑的因素和附录等要素的编写和表述规则。

GB/T 20001.10《标准编写规则　第 10 部分：产品标准》确立了起草产品标准所遵循的原则，规定了产品标准的结构、要素的起草要求和表述规则以及数值的选择方法。

（四）GB/T 20002《标准中特定内容的起草》

GB/T 20002《标准中特定内容的起草》在 GB/T 1.1 确立的通用规则基础上，确立了标准中涉及环境、安全、老年人和残疾人需求等特定内容的起草规则。截至 2018 年底，GB/T 20002《标准中特定内容的起草》相继发布了 4 个部分，覆盖了标准中涉及安全、儿童安全、老年人和残疾人需求以及产品标准中涉及环境内容的起草规则。

GB/T 20002.1《标准中特定内容的起草　第 1 部分：儿童安全》提供了解决儿童使用或接触产品、过程或服务可能给儿童带来的意外身体伤害问题的框架，为起草标准时如何考虑儿童安全问题提供了指导。

GB/T 20002.2《标准中特定内容的起草　第 2 部分：老年人和残疾人的需求》为各类标准的制定者如何考虑老年人和残疾人的需求提供了指导。

GB/T 20002.3《标准中特定内容的起草　第 3 部分：产品标准中涉及环境的内容》提供了处理产品标准中环境问题的指南。

GB/T 20002.4《标准中特定内容的起草　第 4 部分：标准中涉及安全的内容》为标准起草者将安全方面的内容纳入标准提供了要求和建议。

（五）GB/T 20003《标准制定的特殊程序》

GB/T 20003《标准制定的特殊程序》旨在为特殊情况或特定类型标准的制定确立程序。截至 2018 年底，GB/T 20003《标准制定的特殊程序》发布了 1 个部分——GB/T 20003.1《标准制定的特殊程序　第 1 部分：涉及专利的标准》，规定了标准制定和修订过程中涉及专利问题的处置要求和特殊程序。

（六）GB/T 20004《团体标准化》

GB/T 20004《团体标准化》旨在为社会团体开展标准化活动确立规则。截至 2018 年底，GB/T 20004《团体标准化》已经发布了 2 个部分。

GB/T 20004.1《团体标准化　第 1 部分：良好行为指南》确立了团体开

展标准化活动的一般原则,为团体标准制定机构的管理运行、团体标准的制定程序和编写规则等提供了良好行为指南。

GB/T 20004.2《团体标准化 第 2 部分:良好行为评价指南》确立了对社会团体开展团体标准化良好行为评价的基本原则,提供了评价内容和评价程序等方面的指导和建议。

第三节 参与国际标准化

参与国际标准化是我国标准化活动的重要组成部分。我国分别于 1978 年、1957 年、1920 年加入了 ISO、IEC、ITU,成为 ISO 国家成员体、IEC 国家委员会、ITU 成员国,致力于推动三大国际标准组织标准化发展,便利国际贸易与交流。近年来,随着专业标准化组织在特定领域标准化方面的影响力的提升,我国相关领域中的企业、科研院所、高等院校等单位或个人,越来越多地参与到这类标准化组织的活动中。由于 ISO、IEC、ITU 与专业性标准化组织在成员构成方面的差异,我国参与这些专业标准化组织的机制也不同。本节首先详细阐述我国参与 ISO、IEC、ITU 标准化活动的主体、形式和路径等内容,其次对参与国外专业性组织标准化活动通常考虑的因素、主要活动内容等进行介绍。

一、参与 ISO、IEC 和 ITU 标准化活动

我国参与 ISO、IEC 和 ITU 标准化活动采取统一管理的管理体制。国家标准委统一组织和管理我国参与 ISO 和 IEC 国际标准化活动的各项工作,并代表我国参加 ISO 和 IEC;国务院各有关行政主管部门、具有行业管理职能的行业协会、集团公司受国务院标准化行政主管部门委托,分工管理本部门、本行业参与 ISO 和 IEC 国际标准化活动。工业和信息化部统一组织和管理我国参与 ITU 标准化活动的各项工作,并代表我国参加 ITU。

(一)参与 ISO 和 IEC 标准化活动

参与 ISO 和 IEC 标准化活动可以发生在 ISO 和 IEC 的标准化决策层、

管理协调层和标准编制层等不同层面上的组织机构中。对于这些不同层面的组织机构，参与方式相对一致，主要包括现场会议、网络会议、邮件通信等，然而，在参与的主体、形式、内容以及路径方面各不相同。

1. 参与 ISO 和 IEC 标准化决策层活动

ISO 和 IEC 标准化决策层主要指 ISO 的全体大会和理事会，IEC 的理事会和理事局。参与标准化决策层活动包括参与 ISO 的全体大会和理事会、IEC 的理事会和理事局等决策机构活动，以及担任这些决策机构的领导职务，例如，ISO 主席或副主席、IEC 主席或副主席。我国参与 ISO 和 IEC 标准化决策层活动的主体、形式、活动内容以及路径如表 6-1 所示。

表 6-1 我国参与 ISO 和 IEC 标准化决策层活动的主体、形式、活动内容与路径

标准化决策层	参与主体	参与形式	活动内容	参与路径
ISO 全体大会/IEC 理事会	国家标准委	成为 ISO 成员、IEC 成员	履行成员义务	国家标准委根据 ISO、IEC《章程》《议事规则》的规定向 ISO 中央秘书处提交申请材料，由 ISO 全体大会或 IEC 理事会批准
ISO 全体大会/IEC 理事会	符合相关条件的个人	担任 ISO 主席[①]或副主席、IEC 主席[②]或副主席	履行主席或副主席的职责	由国家标准委向 ISO、IEC 提名，再由 ISO、IEC 根据《章程》《议事规则》的规定选举产生
ISO 理事会/IEC 理事局	国家标准委	担任 ISO 理事会、IEC 理事局的成员	履行 ISO 理事会成员、IEC 理事局成员的职责	根据 ISO 或 IEC 的《议事规则》，由 ISO 全体大会或 IEC 理事会选举产生
ISO 理事会/IEC 理事局	符合相关条件的个人	作为 ISO 或 IEC 主席、副主席，参加 ISO 理事会、IEC 理事局	履行主席或副主席的职责	由国家标准委向 ISO、IEC 提名，再由 ISO、IEC 根据《章程》《议事规则》的规定选举产生

---

① 我国张晓刚于 2015 年 1 月 1 日至 2017 年 12 月 31 日担任 ISO 主席职务。
② 我国舒印彪于 2018 年 10 月当选 IEC 第 36 届主席，任期为 2020—2022 年。

2. 参与 ISO 和 IEC 标准化管理协调层活动

ISO 和 IEC 标准化管理协调层主要指 ISO 技术管理局、IEC 标准化管理局。我国参与 ISO 和 IEC 标准化管理协调层活动的主体是国家标准委[①]。国家标准委参与 ISO 技术管理局、IEC 标准化管理局的形式、活动内容以及路径如表 6-2 所示。

表 6-2 国家标准委参与 ISO 和 IEC 标准化管理协调层活动的形式、活动内容以及路径

标准化管理协调层	参与形式	活动内容	参与路径
ISO 技术管理局／IEC 标准化管理局	担任 ISO 技术管理局、IEC 标准化管理局的成员	履行 ISO 技术管理局成员、IEC 标准化管理局成员的职责	根据 ISO 或 IEC《议事规则》，由 ISO 理事会或 IEC 理事会选举产生

3. 参与 ISO 和 IEC 标准编制层活动

ISO 和 IEC 标准编制层主要指 ISO 和 IEC 的技术委员会／分委员会／项目委员会及其下设的工作组、项目组等。我国参与 ISO 和 IEC 标准编制层活动分为两个层面。第一个层面是国家标准委作为 ISO 国家成员体、IEC 国家委员会秘书处，对外统一代表我国参加 ISO 和 IEC 标准编制层活动；第二个层面是国内技术对口单位具体承担本领域参加国际标准化活动的各项工作。表 6-3 详细给出了我国参与 ISO 和 IEC 标准编制层活动的主体、形式、活动内容以及路径。

（二）参与 ITU 标准化活动

参与 ITU 标准化活动可以发生在 ITU 的标准化决策层、管理协调层和标准编制层等不同层面上的组织机构中。对于这些不同层面的组织机构，参与方式相对一致，主要包括现场会议、网络会议、邮件通信等，然而，在参与的主体、形式、活动内容以及路径方面各不相同。

1. 参与 ITU 标准化决策层活动

ITU 标准化决策层主要指 ITU 全权代表大会和理事会。我国参与 ITU 标准化决策层活动的主体、形式、活动内容以及路径如表 6-4 所示。

---

① 我国于 2006 年至今担任 ISO 技术管理局成员，于 2003 年至今担任 IEC 标准化管理局成员。

表 6-3 我国参与 ISO 和 IEC 标准编制层活动的主体、形式、活动内容以及路径

标准编制层	参与主体	参与形式	执行主体	活动内容	参与路径
技术委员会、分委员会、项目委员会等	国家标准委	承担 ISO 国家成员体、IEC 国家委员会、分委员会、项目委员会等秘书处[1]	国家标准委	履行作为 ISO 国家成员体、IEC 国家委员会的职责，组织对 ISO 或 IEC 国际标准化文件草案进行研究、表态和投票	国家标准委在规定时间内组织向国内各相关方广泛征求意见，在此基础上形成投票和评论意见，统一对外投票
		承担 ISO 或 IEC 的技术委员会、分委员会、项目委员会等标准化技术组织的秘书处[2]	国家标准委	按照 ISO 或 IEC 的规定，履行标准化技术组织秘书处的日常职责	拟承担 ISO 或 IEC 标准化技术组织秘书处的单位向国家标准委提出申请，经审查通过后，由国家标准委以 ISO 国家成员体或 IEC 国家委员会的名义向 ISO 或 IEC 提出申请
			国内技术对口单位	具体承担标准化技术组织秘书处的日常工作	
		代表我国作为标准化技术组织的 P 成员参与国际标准制定活动	国家标准委	确认 P 成员身份；针对国际草案文件制定各阶段的工作草案提供技术贡献，对新工作项目提案、询问草案（CD）、国际标准草案（DIS）、最终国际标准草案（FDIS）以及其他提交技术委员会投票的事项进行投票；参加或承办标准化技术组织会议	（1）确认成员身份。国内技术对口单位提出建议并报国家标准委审核，审核通过后由国家标准委统一向 ISO 和 IEC 申报 （2）投票。由国内技术对口单位在规定时间内广泛征求国内各相关方意见和评论意见，再登录国家标准委国际标准投票系统进行投票，经国家标准委审核同意后，统一对外投票。针对 ISO 标准化技术组织内部国际标准文件的投票，国内技术对口单位经国家标准委授权许可后，可直接登录 ISO 国际标准投票系统对外投票

[1] 本表中所列出的国家标准委作为参与主体参与技术委员会、分委员会、项目委员会层面的活动，都是在国家标准委承担 ISO 国家成员体、IEC 国家委员会秘书处的基础之上开展的。

[2] 截至 2018 年底，我国承担了 ISO 和 IEC 共 87 个标准化技术组织的秘书处。

续表

标准编制层	参与主体	参与形式	执行主体	活动内容	参与路径
技术委员会、分委员会、项目委员会等	国家标准委	代表我国作为标准化技术组织的P成员参与相关国际标准制定活动	国内技术对口单位	针对国际标准化文件制定各阶段的文件草案组织开展研究，并提出技术贡献的建议；针对新工作项目提案、询问草案（CD）、国际标准草案（DIS）及其他国际标准草案（FDIS）、最终国际标准草案委员会投票的事项进行研究，并提出投票建议；参加或承办标准化技术组织会议	（3）参加标准化技术组织会议。相关单位和专家首先向国内技术对口单位提出申请，经国内技术对口单位对参会代表的资质审查通过后，组成我国代表团并提出团长建议，报国家标准委并抄报相关行业主管部门，由国家标准委一向ISO和IEC提出会申请并对参会代表进行注册 （4）承办标准化技术组织会议。由国内技术对口单位优先与ISO和IEC的相关标准化委员会对接书处初步协商，向国家标准委提交申请，国家标准委按照在华举办国际会议的有关要求审查后，统一向ISO和IEC提出主办会议的正式申请
	国家标准委			确认O成员身份；按照ISO或IEC的规定，履行O成员的职责	（1）确认身份。国内技术对口单位提出建议并报国家标准委审核，审核通过后由国家标准委统一向ISO和IEC申报
		代表我国作为标准化技术组织的O成员参加相关国际标准制定活动	国内技术对口单位	具体承担O成员的职责	（2）由国内各相关国家标准委投票系统进行投票。经国家标准委审核同意后，统一对外投票

续表

标准编制层	参与主体	参与形式	执行主体	活动内容	参与路径
技术委员会、分委员会、项目委员会等	国家标准委	提出新工作项目建议①	国家标准委	向ISO提交新工作项目提案	提出提案的单位按照ISO和IEC的要求，准备国际标准新工作项目提案申请表，填写《国际标准新工作项目提案申请表》；经国内技术对口单位协调，审查（如有），并经行业主管部门审查后（如有），报送国家标准委；经审查后统一向ISO和IEC相关标准化技术组织提交申请
			国内任何单位	准备新工作项目建议	
		提出新工作领域提案	国家标准委	向ISO提交新工作领域提案	提出提案的单位按照ISO和IEC的要求，准备国际标准新工作领域提案申请表，填写《国际标准新工作领域提案申请表》；报相关行业主管部门审核（如有），经行业或地方主管部门审查后（如有）、由提案单位报国家标准委；经审查后，统一向ISO和IEC相关机构提交申请
			国内任何单位	准备新工作领域提案	
	符合相关条件的个人	担任ISO、IEC标准化技术组织负责人②（例如技术委员会/分委员会/项目委员会主席、副主席和秘书）	符合相关条件的个人	根据《ISO/IEC导则》的要求，履行主席、副主席或秘书的职责	由行业主管部门、国内相关单位等向国家标准委提出承担ISO或IEC标准化技术组织负责人的申请，经资质审查通过后，由国家标准委向ISO或IEC提交申请

① 2018年度，我国向ISO和IEC提交并立项的国际标准提案有133项。
② 截至2018年底，我国担任标准化技术组织主席、副主席70个。

第六章 中国标准化

续表

标准编制层	参与主体	参与形式	执行主体	活动内容	参与路径
工作组/项目组等	符合相关条件的个人	担任工作组、项目组、顾问组或其他类似小组的召集人或领导者	符合相关条件的个人	主持工作组会议、协调标准制定工作的进度等	符合相关条件的个人经所在单位审核通过后，向国内技术对口单位提出申请，经资质审查通过后，由国内技术对口单位报送国家标准委，并抄报相关行业主管部门。经国家标准委审核后，统一对外报名注册
		担任注册专家	符合相关条件的个人	跟踪、研究、分析对口领域国际标准化的发展趋势、国际标准草案及相关文件，按照ISO和IEC工作要求直接或以通信方式参加工作组会议，对相关国际标准起草作出积极贡献，提出国际标准草案投票和评论意见或建议等	

193

表 6-4　我国参与 ITU 标准化决策层活动的主体、形式、活动内容以及路径

标准化决策层	参与主体	参与形式	活动内容	参与路径
ITU 全权代表大会	工业和信息化部	成为 ITU 成员国	派代表团参加全权代表大会，行使作为成员国的职责	拟参加全权代表大会的人员需向工业和信息化部提出申请，经审批后，形成代表团
	符合相关条件的个人	担任全权代表大会主席或副主席	履行主席或副主席的职责	由工业和信息化部提名，经全权代表大会第一次全体会议选举产生
ITU 理事会	工业和信息化部	担任 ITU 理事会的理事国	履行理事国的职责	根据 ITU 的规则，选举产生
	符合相关条件的个人	担任理事国的代表	参加理事会会议，履行作为理事国的职责	由工业和信息化部根据国际电联公约规定，指派人员
	符合相关条件的个人	担任理事会主席	履行理事会主席的职责	由工业和信息化部指派代表中国参加理事会会议。在理事会例会开始时，在考虑区域轮换原则的基础上，选举产生

2. 参与 ITU 标准化管理协调层活动

ITU 的标准化管理协调层由两部分构成，一是总秘书处，二是 ITU 的无线电通信部（ITU-R）、电信标准化部（ITU-T）和电信发展部（ITU-D）。我国参与 ITU 标准化管理协调层活动的主体、形式、活动内容以及路径如表 6-5 所示。

表 6-5　我国参与 ITU 标准化管理协调层活动的主体、形式、活动内容以及路径①

标准化管理协调层	参与主体	参与形式	活动内容	参与路径
总秘书处	符合相关条件的个人	担任 ITU 总秘书处的秘书长①、副秘书长	履行秘书长、副秘书长的职责	由申请人填写申请表格以及个人履历表，经工业和信息化部同意后，报秘书长。最后根据 ITU 选举程序选举产生
ITU-R、ITU-T 和 ITU-D	符合相关条件的个人	担任 ITU-R、ITU-T、ITU-D 的部门主任	行使部门主任的职责	
	符合相关条件的个人	担任部门全会和会议以及世界电信发展大会主席和副主席	行使主席、副主席的职责	

---

① 我国赵厚麟 2014 年当选为 ITU 秘书长，2018 年获得连任，任期为 2019 年 1 月 1 日至 2023 年 12 月 31 日。

续表

标准化管理协调层	参与主体	参与形式	活动内容	参与路径
ITU-R、ITU-T 和 ITU-D	工业和信息化部	担任 ITU-R、ITU-T、ITU-D 的部门成员	行使部门成员的权利和义务	当然成员
	国内其他相关单位			由相关单位向工业和信息化部提出申请，经批准通过后，由工信部通知秘书长，有关单位再将申请送交秘书长

3. 参与 ITU 标准编制层活动

ITU 标准编制层主要指世界电信标准化全会及所设立的研究组。我国参与 ITU 标准编制层活动的主体是工业和信息化部，我国批准的运营机构、科学或工业组织、金融或发展机构及与电信事务有关的其他实体，以及符合相关条件的个人。这些主体参与 ITU 标准编制层活动的形式、内容、参与路径如表 6-6 所示。

表 6-6　各类主体参与 ITU 标准编制层活动的形式、内容和路径

标准编制层	参与主体	参与形式	活动内容	参与路径
研究组	工业和信息化部	参加世界电信标准化全会	审议研究组的报告，批准、修改或否决报告中所载的建议草案，批准在审议现有课题和新课题后产生的工作计划，确定各项研究的优先次序，对是否保留、终止或建立研究组作出决定等	拟参会的单位向工业和信息化部提出申请，经审批后，组成代表团参加会议
	我国批准的运营机构、科学或工业组织、金融或发展机构以及与电信事务有关的其他实体			
	符合相关条件的个人	参加研究组	编写建议书草案、编写工作进展情况报告	无须经工业和信息化部审批，直接参加

二、参与国外专业性组织标准化活动

参与国外专业性组织标准化活动主要指我国境内注册的机构代表本机构自身参与其他国际性、专业标准化组织的活动。这些机构参与专业性组织标

准化活动完全出于自愿，它们在综合考虑内外部因素的基础上选择参加哪个专业性组织、成为哪种类型的会员、参加哪个层面的标准化活动等，以便体现本机构的利益和选择。

（一）参加国外专业性组织标准化活动通常考虑的因素

我国各类机构选择参加国外专业性组织通常考虑本机构发展所面临的内外部环境（包括组织的发展战略、专业性组织在业界的影响力、主要的竞争对手是否参加等）、投入与产出情况、专业性组织的政策是否有利于本机构等因素。

1. 内外部环境

机构在作出是否参与某个专业性组织的决定之前，通常会分析机构所属领域的标准现状，包括已经发布、正在制定或打算制定的国际标准、区域标准、国家标准、行业标准、专业学/协会标准/团体标准等情况，这些标准主要由哪些标准化组织制定，市场的影响力、接受程度如何，对本机构业务的影响程度，主要的商业伙伴或竞争对手参与了哪些组织或哪些标准的制定等。

2. 成本效益

商业效益、成本支出等是影响一个机构作出是否参与专业性组织活动的决策的重要因素。机构参与专业性组织活动的支出包括资源支出（例如，指派的参加标准制定工作的代表、参加标准讨论需要的网络电话等虚拟设施、代表参加标准制定所占用的时间等）、资金支出（如需缴纳的会费、参与标准制定活动的差旅费支出等）、知识产权支出（如机构参与标准制定活动需履行的知识产权披露和许可声明义务等）等。如果支出很高，机构可能会认真权衡是否参与该专业性组织的活动；如果相对于可获得的商业效益来说，可以接受较高的支出，机构可能会作出参加专业性组织的决定。

3. 专业性组织的章程、议事规则以及制定程序、专利政策的适用性

专业性组织的开放程度、知识产权政策是影响机构参加专业性组织的又一重要因素。当机构决定是否参与专业性组织活动时，首先需要获取专业性组织的章程、议事规则、知识产权政策等文件，分析这些文件的条款是否与组织的标准战略、知识产权战略存在矛盾或冲突，如果不存在冲突，机构会

选择加入。如果专业性组织的章程、议事规则、知识产权政策等涉及企业重要利益，但同时商业利益足够大，机构也可能会加入。

（二）主要活动内容

参与国外专业性组织标准化活动可以发生在专业性组织的标准化决策层、管理协调层和标准编制层等不同层面上的组织机构中。

参与标准化决策层的主要活动内容包括：参与标准化发展战略问题和决策问题的讨论，审议和通过标准化战略规划和工作计划，任免管理协调层的工作人员，并对管理协调层的日常运行予以指导等。

参与标准化管理协调层的主要活动内容包括：根据特定领域的发展需求提出标准化重点，制定标准规划和技术路线图；管理和监督标准编制层工作的开展；编制标准工作计划；批准工作组的成立和工作组的年度计划；批准新标准立项；批准标准和处理投诉问题等。

参与标准编制层的主要活动内容包括：确立特定领域标准化重点，编制年度计划；审议新工作项目建议；起草标准草案并就技术内容达成协商一致，履行审查、投票等程序。

第七章

国际国外标准化

在全球经济一体化背景下,标准化早已超越了单一区域、国家、企业的界限,成为全球贸易和技术交流中的一项重要活动。全球标准化活动中的各类标准化机构及其制定的各类标准化文件构成了全球标准化生态系统(Global Standardization Ecosystem,GSE)。本章将首先分析全球标准化生态系统的形成过程、组成结构和运行机制,进而从国际、区域、国家和专业领域四个层面选取典型的标准化机构,按照本书第二章、第三章的内容对其发展概况进行阐述。

第一节 全球标准化生态系统

全球标准化生态系统是借用生物学的概念[①],对全球范围内各类标准化机构构成的统一整体的总称。本节将重点分析全球标准化生态系统的形成过程,

---

① 生态系统指在自然界的一定的空间内,生物与环境构成的统一整体,在这个统一整体中,生物与环境之间相互影响、相互制约,并在一定时期内处于相对稳定的动态平衡状态。生态系统的概念最早由英国生态学家乔治·坦斯利(George Tansley)在1935年提出,主要用于描绘有机体的复杂组成、构成环境的物理要素的复杂组成和以这两种复杂组成共同形成的一个物理的系统。

第七章　国际国外标准化

并从标准化机构间、标准化文件间的联系揭示全球标准化生态系统的运行机制。

一、全球标准化生态系统的形成过程

全球标准化生态系统的形成经历了从企业标准化、专业标准化、国家标准化到国际标准化和区域标准化的发展历程。在这一过程中形成了构成当今全球标准化生态系统的专业标准化组织、国家标准机构、国际标准组织和区域标准组织，这些组织制定的标准分别为专业标准、国家标准、国际标准和区域标准。

与生态系统类似，全球标准化生态系统经历了一个从简单到复杂的演变过程。标准化活动最早产生于企业内部。19世纪中期第一次工业革命完成后，生产方式完成了从工场手工业向机器大工业的过渡，企业为了提高生产效率和进行规模化大生产，纷纷对生产过程和产品进行标准化。与随后发展起来的标准化机构不同，企业并不是制定标准的公认机构，因此其标准化活动的主题并不是编制和发布标准，而是使用标准化的方法进行零部件加工、产品制造和生产过程的组织管理。随着分工的细化，不同企业间生产的零部件要能组合成统一的产品，不同的产品要具有相互兼容和配合的性能，因此在某些技术领域内需要制定不同企业共同使用的标准，在这种背景下，一些在学/协会内开展的专业标准化活动逐步兴起。随着标准化所涉及领域的不断增多，以及协调领域间标准化需求的产生，国家层面的标准化被提上了议事日程，催生了国家标准机构。到了20世纪初，国际贸易活动蓬勃发展，标准成为国际贸易规则，各国国家标准的不协调使得制定和应用国际标准成为开展国际贸易活动的必需，国际层面的标准化活动迅速兴起。在国际标准化活动产生前后，同样是超越国家层面，以推动某个区域经济和社会共同发展为目的的区域标准组织也按照地理分布产生并发展。从单一企业标准化活动的萌发，到范围不断扩展的领域、国家、国际或区域层面标准化机构的诞生，全球标准化系统逐步形成、演进和发展。

（一）企业标准化

企业标准化经历了从产品标准化到生产流程标准化，再到企业管理标准化的发展历程。企业利用标准化的思想、原理和方法进行现代规模化大生产，从而建立了生产和管理中的规则，实现了降低成本、提高效率和获得效益的目的。

企业标准化活动最初是围绕产品标准化开始的，组成产品的零部件的标准化是产品标准化的基础。伊莱·惠特尼是推行零部件标准化的创始者，他最初提出在制锁中使用标准零件，保证零件可互换，后推广到枪支生产中。1798年，惠特尼接受美国政府的委托，要在1800年前为美军供应一万至一万五千支步枪。而当时美国制造步枪的工艺陈旧，每支枪由一个工人制作全部零件并自己装配，生产效率极其低下，无法满足政府的需要。惠特尼按照枪支零件的尺寸设计出一套专门器械和流程，让工人分工生产可以互换的零件。按照标准中给出的尺寸及公差生产出来的零件，能适用于任意一把同型号的步枪，只要将它们组装起来便可成为一支完整的步枪。由于使用标准零件，因此不仅大大提高了生产效率，而且方便了产品在使用过程中的维修。

为了生产出标准化的产品，生产流程必须进行标准化。亨利·福特于1913年开发出了世界上第一条流水线。在福特的工厂中，不仅仅是汽车整车的构造、尺寸甚至颜色，零部件的种类、规格被标准化，而且装配的流程、工艺等都进行了标准化的设计。以此为基础，流水线把生产每一辆汽车的重复过程分为若干个子过程，不同的子过程之间可以并行运作，并最终进行整体组装。通过流水线生产出来的汽车在质量上具有更高的可控性，汽车的产量大幅度提高。与此同时，流水线生产方式的出现，使每一个生产岗位有了明确的企业内部操作标准。由此，只有少数技术工人才能生产汽车的历史被彻底颠覆。

生产流程的标准化催生了企业管理活动标准化的出现。科学管理的创始人，美国古典管理学家弗雷德里克·泰勒最早对企业如何利用标准提高生产效率进行了研究和总结，并最终在他1911年发表的著作《科学管理原理》中进行了系统阐述。泰勒认为科学管理的根本目的是获得最高劳动生产率，要达到最高的生产率，最重要的手段是用科学化的、标准化的管理方法代替经验管理。在传统的管理中，工人按照个人的认知、习惯和经验进行工作，工作效率取决于工人的熟练程度和个人的心态，导致总体工作效率低下。为

第七章　国际国外标准化

了改变这一现状，泰勒采用科学的方法来重新设计生产活动。而这个科学的方法就是制定标准，主要包括：①进行调查研究并以此作为确定定额和操作方法的依据；②制定有科学依据的定额和标准化操作方法；③拟定计划、发布指令和命令；④把标准和实际情况进行比较，以便进行有效的控制。标准化为科学管理奠定了基础，各种科学管理制度的建立都以标准化为基础。

（二）专业标准化

伴随着工业革命的深度发展，尤其是科技的进步，技术的专业性和产品的复杂性日益增强，企业一方面要应对越来越复杂的分工与交易活动，另一方面还要不懈地追求降低成本和提高效率。在这种情况下，分工逐渐由企业内部发展到企业外部，不同企业间开始产生货物贸易，形成了供给与需求关系。单个企业的标准化活动虽然给企业内部带来巨大效益，但却成为企业间产品流通交换的绊脚石。而仅仅依靠有直接交易活动的个别企业之间制定标准，效率仍是低下的。在这种背景下，在某个领域内，以众多企业共同制定和使用专业标准为使命的专业标准化组织诞生了，如英国工程标准化委员会、美国测试材料学会（American Society for Testing Materials）等。

美国测试材料协会就是为了解决采购商与供货商在购销工业材料过程中产生的意见和分歧而成立的。早在19世纪末，有人提出建立技术委员会制度，由技术委员会组织各方面的代表参加技术座谈会，讨论解决有关材料规范、测试方法等方面的争议。在这种背景下，国际测试材料协会（International Association for Testing Materials，IATM）成立。1902年，在国际测试材料协会分会第五届年会上宣告美国分会正式独立，取名为美国测试材料协会（American Society for Testing Materials）。1961年该组织又将其名称改为延用至今的美国测试与材料协会（American Society for Testing and Materials，ASTM）。

时至今日，随着新技术领域的不断出现，专业领域的标准化活动仍旧方兴未艾，如电气和电子工程师学会（IEEE）、万维网联盟（World Wide Web Consortium，W3C）和中国通信标准化协会（CCSA）等。专业领域的标准化活动解决了企业间标准的协调问题，早期形成的一些专业标准化组织也为之后形成国家标准机构奠定了基础。

(三)国家标准化

专业领域的标准化活动兴起后,对满足某个领域内标准化利益相关方的需求发挥了重要作用。但随着各式各样专业标准化组织的不断增多和标准所涉及范围的不断扩大,产业界意识到标准化是一项需要在国家层面进行统一协调的活动,而实现这一目标的最好方式就是成立国家标准机构。国家标准机构不是与生俱来的,多由具有一定影响力的专业标准化组织演变而来。与专业标准化组织不同,国家标准机构除了在名称上鲜明体现国名和"标准/标准化"字样之外,在使命和职责上更体现为协调整个国家的标准制定和应用活动,并统一发布国家标准。这些机构通过获得法律或行政授权(详见第二章第一节中的"二"),成为真正意义上的国家标准机构。

大部分国家标准机构是依托本国内一到两个影响力较大的专业标准化组织成立的。国家标准机构成立后,原有的专业标准化组织的标准制定工作即并入新的机构。例如,英国标准学会(British Standards Institution,BSI)是由英国在工程领域最有影响力的专业标准化组织——英国工程标准化委员会(BESC)发展而来的。1902年电气工程师学会(BIEE)加入BESC,英国政府开始给予财政支持。1902年6月BESC又设立了标准化总委员会及一系列专门委员会。总委员会的任务是在英联邦各国及其他一些国家筹建标准化地方委员会。专门委员会的任务是制定技术标准,如电机用异型钢材、钢轨、造船及铁路用金属材料等标准。1918年,标准化总委员会改名为英国工程标准协会(BESA)。1929年BESA被授予皇家宪章。1931年被颁发补充宪章,并改名为英国标准学会(BSI),自此,完成了从专业标准化组织BESC到国家标准机构BSI的转变。1942年,英国政府正式确认BSI为发布国家标准的惟一组织。与英国类似,德国标准化学会(DIN)也是在德国工程师协会(VDI)的基础上发展起来的。

少数国家的国家标准机构是由几个专业标准化组织发起成立一个新机构。新机构成立后,发起组织仍继续独立从事标准化活动。美国国家标准学会(American National Standards Institution,ANSI)的前身美国工程标准委

第七章 国际国外标准化

员会（AESC）就是在1916年，由美国电气工程师协会（AIEE）邀请美国机械工程师学会（ASME）、美国土木工程师协会（ASCE）、美国采矿和冶金工程师学会（AIME）和美国材料试验协会（ASTM）共同发起成立的国家机构。AESC的成立，主要是为解决20世纪初期美国国内众多制定标准的学会、协会组织之间的协调问题。为了进一步提高效率，这些组织均认为有必要成立一个国家层面的标准机构，来对各领域的标准化活动进行统一的协调。1928年，美国工程标准委员会更名为美国标准协会（ASA），标志着美国国家标准机构的正式诞生。1966年8月，又更名为美利坚合众国标准学会（USASI）。1969年10月6日正式改为美国国家标准学会（ANSI）。

国家标准机构的出现，为随后出现的由国家组成的国际和区域标准组织的诞生提供了必备条件。

（四）国际标准化

20世纪50年代以后，随着生产的社会化、国际化程度的不断提高，特别是新科技革命带来的生产力的迅速发展，国际贸易空前活跃，新产品不断涌现，交易方式日趋灵活多样。在国际贸易的拉动下，国家间的标准化需求日益旺盛，制定便利贸易的国际标准成为共同目标，国际标准组织应运而生。国际标准组织一般由主要贸易国发起成立，并随着更多国家的加入而更具有国际性。其制定的标准成为国际贸易规则的组成部分。

目前国际上最具影响力的三大国际标准组织是国际标准化组织（International Organization for Standardization，ISO）、国际电工委员会（International Electrotechnical Commission，IEC）和国际电信联盟（International Telecommunication Union，ITU），其制定的标准被公认为国际标准。ISO和IEC是非政府、非营利性的国际标准组织。ISO的前身是国际标准化协会（International Standards Association，ISA），于1928年由美国、英国、加拿大等七个国家的标准机构发起正式成立。第二次世界大战的爆发，迫使ISA停止工作。战争结束后，百废待兴，国际标准化也迎来了新的发展机遇。1946年10月，25个国家标准机构的代表在位于伦敦的土木工程师学会召开大会，决定在原ISA的基础上成立新的标准化组织，致力于"便利国际合作和产业标准的统一"。大会通过了 ISO 的第一个章程和议事规则。1947 年 2 月 23 日，国际标准化组织（ISO）正式成立。与 ISO 相比，IEC 的历史更为悠久。由于 IEC 涉及的电工领域是工业革命深度发展的产物，也是早期国际贸易的主角，因此在 1887—1900 年召开的 6 次国际电工会议上，与会专家一致认为有必要建立一个永久性的国际电工标准化组织，以解决世界性的用电安全和电工产品标准化问题。1904 年在美国圣路易斯召开的国际电工会议上通过了关于建立永久性机构的决议。1906 年 6 月，13 个国家的代表聚集伦敦，起草了 IEC 章程和议事规则，正式成立了国际电工委员会，并以促进电工、电子和相关技术领域有关电工标准化等所有问题上的国际合作为宗旨。1947 年作为一个电工部门并入 ISO，1976 年又从 ISO 分立出来，保持独立至今。

与 ISO 和 IEC 不同，ITU 是以联合国机构身份存在的国际标准组织。ITU 的历史可以追溯到 1865 年。为了顺利实现国际电报通信，1865 年 5 月 17 日，法国、德国、俄罗斯、意大利等 20 个欧洲国家的代表在巴黎签订了《国际电报公约》，国际电报联盟（International Telegraph Union，ITU）宣告成立。1906 年，德、英、法、美、日等 27 个国家的代表在柏林签订了《国际无线电报公约》。1932 年，70 多个国家的代表在西班牙马德里召开会议，将《国际电报公约》与《国际无线电报公约》合并，制定《国际电信公约》，并决定自 1934 年 1 月 1 日起正式改称为国际电信联盟（International Telecommunication Union）。ITU 内部设立了电信标准局制定与通信有关的国际标准。经联合国同意，1947 年 10 月 15 日国际电信联盟成为联合国的一个专门机构。

（五）区域标准化

除了国际标准组织作为一种超越国家层面的标准化形式存在之外，在区域层面也逐步产生了专门的标准化组织。地理上的聚集是进行区域标准化活动的天然便利条件，但促进区域内国家在政治、经济和社会发展中的交流和融合，甚至实现一体化发展，才是区域标准组织诞生的真正使命。区域标准组织与国际标准组织一样，都是超越国家层面，并以国家为成员的标准化组织，其制定的标准是区域标准。区域标准化活动不是国际标准化活动的直接投射，其产生和发展与区域经济、政治的发展密不可分。有的区域标准组织与国际标准组织非常类似，是成员国紧密结合的组织，如欧洲标准化委员会（CEN）、欧洲电工标准化委员会（CENELEC）和欧洲电信标准学会（ETSI）等；有的则较为松散，如泛美标准委员会（COPANT）等。

欧洲标准组织的诞生和发展与欧洲一体化的进程密切相关。第二次世界大战后，欧洲一体化的趋势在欧洲大陆迅速兴起。伴随着欧洲经济的复兴，成立一个旨在推进欧洲一体化进程，并维护欧洲国家共同利益的区域标准组织的呼声越来越高。1957年10月在巴黎召开的欧洲经济共同体（EEC）和欧洲自由贸易联盟（EFTA）成员国的标准机构领导人联席会议上，法国标准化协会（AFNOR）提议成立欧洲标准化组织。1961年3月23日在巴黎召开了欧洲标准协调委员会（CEN）成立大会。法国、英国、意大利、德国等13个国家为创始国家成员。1971年6月改为现名——欧洲标准化委员会。欧洲电工标准化委员会（CENELEC）成立于1973年。CEN负责除电工、电子以外所有领域的标准化工作，而电工、电子方面的标准化工作则由CENELEC负责。随后几十年的发展事实证明，CEN和CENELEC对欧洲单一市场的建立发挥了重要推动作用，实现了签署《罗马条约》[①]时的目标：商品、服务、人员和资本像在一个国家内部一样自由流动。

拉丁美洲同样通过成立标准化组织，来制定统一使用的标准，促进拉丁美洲国家经济和贸易的发展，协调拉丁美洲国家标准机构的活动。1949年7月，泛美标准委员会（Pan American Standards Committee，CPANT）在巴西成立，受拉丁美洲自由贸易协会委托制定术语标准、产品标准、试验方法标准等，以促进拉丁美洲国家之间的贸易，巩固拉丁美洲共同市场。1964年，CPANT改为现名COPANT（Pan American Standards Commission）。

二、全球标准化生态系统的运行机制

随着全球标准化生态系统结构由简单到复杂的逐步演进，系统内的机构间、标准化文件间不再彼此隔绝，它们之间的作用和影响越来越密切和复杂，

---

① 1957年签署了《罗马条约》，建立了欧洲经济共同体与欧洲原子能共同体。

进而推动了整个系统的运行和发展。图 7-1 示出了全球标准化生态系统的部分运行机制。

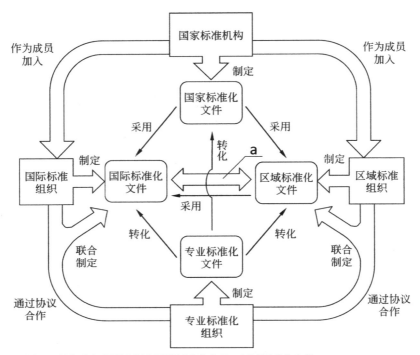

ª 国际、区域标准组织联合制定国际标准化文件、区域标准化文件。

图 7-1　全球标准化生态系统运行机制示意图

（一）作为成员参加其他标准化机构

在全球标准化生态系统中，国家标准机构作为所在国家的惟一代表，以国家成员的身份参加国际、区域标准组织。国际、区域标准组织的最高决策层就是由所有参与的国家成员构成的。在承担具体技术领域工作和参与标准制定时，国家成员派出本国的利益相关方、技术专家具体承担有关的工作。这种关系的建立，保证了国际、区域和国家层面的标准化活动之间建立最为紧密的联系。

（二）机构间通过协议建立合作关系

全球标准化生态系统中的各类机构虽然是独立运行的实体，但随着标准化活动的相互影响日益增强，机构之间的相互作用、相互依存关系越来越明显，通过签署合作协议建立的合作关系越来越多。这种合作实现了组织间的优势互补，避免了不必要的重复工作，同时提升了标准的适用性。表 7-1 列明了标准化机构之间合作的类型，并给出相关示例。

表 7-1　标准化机构间的合作类型与示例

合作类型	示例
国际标准组织之间	ISO 与 IEC 签署合作协议
国际标准组织与区域标准组织	ISO 和 CEN 签署《ISO 和 CEN 技术合作协议》（简称为《维也纳协议》） IEC 和 CENELEC 签署《关于共同新工作计划和平行投票的协议》（简称为《法兰克福协议》）
国际标准组织与专业标准化组织	ISO 和 IEEE、ASTM、ASME、美国官方分析化学师协会（AOAC）和国际奶制品联盟（IDF）签署协议
国家标准机构与专业标准化组织	ANSI 与美国专业标准化组织之间开展认可活动
区域标准组织之间	CEN 与 CENELEC 签署合作备忘录
国家标准机构之间	DIN 与中国、印度、巴西、印度尼西亚、蒙古和南非等国国家标准机构之间签署合作协议

正式合作关系的建立，促进了全球标准化生态系统的各类机构之间管理信息和技术信息的交流。交流形式包括向对方提供各类文件，提供标准草案或报告，接受对方提出评议，互相派观察员，等等。例如，ISO 与 CEN、CENELEC 之间建立了信息交流机制，为了提高效率，除了在 ISO 中央秘书处和 CEN/CENELEC 管理中心定期交流信息外，还通过 ISO 的 TC 或 SC 秘书处与 CEN 的 TC 或 SC 秘书处的共同约定来建立更为直接的信息交流机制。这类约定的具体条款由两个机构中相关的 TC 或 SC 共同决定。

（三）机构间在技术管理上相互借鉴

随着全球标准化生态系统的发展，不同标准化机构之间彼此借鉴，逐步采用了近似甚至一致的技术管理政策，在技术管理模式上也逐步趋同，有些机构之间更是直接使用相同的技术规则。

1. 技术政策

在技术政策制定方面，围绕标准涉及专利、标准版权等问题，不同标准化机构之间为了统一立场并共同应对新的挑战，开展了紧密的合作。ISO、IEC 和 ITU 联合制定了《共同专利政策》和相关指南，在政策中既包括三个组织共同遵守的部分，又分别列举出每个组织专用的部分。又如，CEN 和 CENELEC 根据 CEN/CENELEC 内部规章第 2 部分《标准化工作通用规则》第 9 条"版权政策"的规定，共同制定了 CEN/CENELEC 指南 10《分发和销售 CEN/CENELEC 出版物的指南》，从而在出版物版权保护上协调一致。

2. 技术管理模式

在全球标准化生态系统形成和演变的过程中，不同层面标准化机构的技术管理模式逐步趋同。在对机构内部标准化技术组织和标准制定程序的管理上，按领域划分委员会、工作组的组织形式，以及按阶段划分标准程序并实施项目管理的工作模式，不仅在 ISO 和 IEC 这样的国际标准组织中被应用，CEN 和 CENELEC 这样的区域标准组织、BSI 和 DIN 这样的国家标准机构也采取了异曲同工的技术管理模式。在对标准类型的划分上，ISO、IEC、BSI 与 ASTM 等基本相同，都包含规范、规程、指南、术语、符号、试验方法等类型标准，便于标准应用者的理解和使用。

3. 技术规则

在全球标准化生态系统中，处于同一层次的机构之间通常在技术领域上是互补的，彼此之间的合作最为紧密。因此，为了协同发展，它们往往建立和使用共同的技术规则。国际层面的 ISO 和 IEC、区域层面的 CEN 和 CENELEC 就是典型的这类机构。ISO 和 IEC 联合制定和发布一系列导则、指南等文件对涉及两个机构的通用技术规则进行规定，例如，ISO/IEC 导则、ISO/IEC 指南等系列文件。这其中，发源于欧洲并代表了欧洲国家标准化技术管理思想的 ISO/IEC 导则具有强烈的辐射作用，对区域和国家层面的标准化机构产生了巨大影响。

（四）机构间联合制定标准

为了避免彼此工作的重复，不同的标准化机构会依托双方签署的合作协议，联合制定双方共同感兴趣的标准化文件。联合制定标准化文件意味着对于同一个项目，两个机构通过设置特定的程序，共同完成标准化文件的制定工作,并共同发布该标准化文件。例如,基于《维也纳协议》,在 ISO 和 CEN 之间,如果双方认为对方机构正在开展的工作可以作为共同的 ISO、CEN 标准化文件编制,就可以提出并决定通过平行批准程序[1]共同批准和发布[2]标准化文件。在这一过程中,双方同时分享和评议文件,直至双方在批准阶段同时投票通过。标准化机构之间这种合作关系的建立,促进了全球标准化生态系统的协调发展。

（五）标准化文件的传递

标准化文件的传递是全球标准化生态系统内部进行交流的重要方式。不同标准化机构之间建立了采用和转化标准化文件的机制,从而使标准化文件在超出本机构的更大范围内协调和适用。

1. 采用标准化文件

与联合制定标准不同,采用标准是指一个机构以另一机构已经发布的标准为基础,按照发布机构规定的采标规则和方法,通过本机构的标准制定程序制定为本机构标准的活动。例如,ISO 和 IEC 制定了 ISO/IEC 指南 21《区域标准或国家标准采用国际标准和其他国际标准化文件》,指导国家成员采用国际标准的活动,国家成员根据这一指南制定本国的采用国际标准的规则或程序。一般来说,采用标准化文件的情况主要表现为国家标准机构采用国际标准组织、区域标准组织的标准化文件,以及区域标准组织采用国际标准组织的标准化文件。采用标准化文件活动使得国际、区域和国家标准之间具有高度的相关性和一致性[3]。

2. 转化标准化文件

转化标准主要出现在专业标准化组织与国际、区域标准组织及国家标准机构之间。专业标准化组织大都直接吸纳利益相关方参与标准化活动,因此

---

[1] parallel approval procedures,见《维也纳协议实施指南》5.3。
[2] 根据《维也纳协议实施指南》,ISO 主导模式制定的标准发布为单独编号为 ISO 的国际标准,CEN 主导模式制定的标准发布为 EN/ISO 双编号标准。
[3] 据一项截至 2016 年底的统计,CEN 制定的欧洲标准中有 32% 等同于 ISO 标准,其中,医疗领域中有 77% 等同于 ISO 标准,食品、材料、环境领域分别有 55%、52%、51% 等同于 ISO 标准。

在制定标准周期上更加快捷，尤其在新技术领域标准的制定上往往处于领先地位。在这种情况下，国际、区域标准组织和国家标准机构通过转化程序，将专业标准化组织已经发布的标准化文件转化为代表更高协商一致程度的标准化文件。例如，ISO 将 W3C 的标准转化为 ISO 的 PAS 文件，ANSI 将认可的专业标准化组织的标准转化为美国国家标准。

（六）机构间的竞争

全球标准化生态系统的机构之间不仅建立了密切的合作机制，而且存在着竞争关系。当新的标准化需求出现时，各种标准化机构都有可能被触发制定新的标准。竞争主要发生在专业标准化组织与国际、区域标准组织和国家标准机构之间，以及专业标准化组织彼此之间。从竞争优势而言，专业标准化组织直接面对标准化的利益相关方，制定标准更为快捷。而国际、区域和国家层面的标准化机构能在更广泛的范围内获得利益相关方的协商一致，标准应用更加广泛。新技术的开发者一般会综合考虑各种因素，选择通过不同的标准化机构实现标准化的目的。例如，在信息通信领域，由于技术的发展瞬息万变，大量的企业选择到专业标准化组织中参与标准的起草，在最短的时间内通过标准确定技术发展的方向。在这一过程中，国际、区域和国家层面的标准化机构往往处于滞后的境地。标准化机构间竞争性的存在保证了标准化机构能不断提升制定标准的能力，为利益相关方提供适用性更好的标准。

第二节　国际标准化

国际标准化是所有国家的有关机构均可参与的标准化[1]，国际标准组织是成员资格向世界各个国家的有关国家机构开放的标准化组织。在全球标准化生态系统中的国际标准化层面，世界各国认可程度和参与程度最高的主要包括国际标准化组织（ISO）、国际电工委员会（IEC）和国际电信联盟（ITU）。本节将主要阐述这三大标准组织在组织结构、标准化技术组织管理和标准制

---

[1] 见 GB/T 20000.1—2014《标准化工作指南　第1部分：标准化和相关活动的通用术语》中的 3.6.1。

第七章 国际国外标准化

定方面的基本情况。

一、国际标准化组织

国际标准化组织（International Organization for Standardization，ISO）是世界上规模最大、最具影响力的国际标准组织，属于采用编制模式运行的法定实体，是独立的、非营利性的非政府组织，由各国的国家标准机构作为国家成员体[①]参加。ISO 成立于 1947 年，总部设在瑞士日内瓦。ISO 主要在农业、医药健康、货物包装和运输、化学、建筑、环境、信息处理、机械工程、非金属材料、矿石和金属、特殊技术等领域开展标准化活动，几乎包括了除电气工程、电子工程、电信之外所有领域的国际标准制定活动。

（一）组织结构

ISO 的组织结构主要包括全体大会、理事会、技术管理局和中央秘书处等，如图 7-2 所示。全体大会是 ISO 的最高权力机构，负责制定 ISO 政策、长期战略和财务目标，选举 ISO 官员和相关部门负责人，并负责修订章程和议事规则。理事会是 ISO 大会闭会期间的常设管理机构，负责 ISO 的运作。理事会下设直接对其负责的主席委员会、理事会常设委员会（CSC）、咨询组（AG）和政策制定委员会（PDC）。技术管理局（TMB）是 ISO 进行技术管理和协调的最高管理机构，负责管理技术委员会和针对技术事宜设立的战略咨询委员会。中央秘书处（CS）全面负责 ISO 日常行政事务，编辑出版 ISO 标准及各种出版物，代表 ISO 与其他国际组织联系。

（二）标准化技术组织

ISO 的标准化技术组织主要包括技术委员会（TC）及其下属的分委员会（SC）、项目委员会（PC）和工作组（WG）[②]。TC 由理事会根据技术管理局建议而建立，SC 的建立由其所属的 TC 提出，在有国家团体愿意承担秘书处工作的条件下由技术管理局批准建立；同时，其所属的 TC 至少有五名

[①] 截至 2017 年底，ISO 共有 162 个国家成员体。
[②] 截至 2017 年底，ISO 共设有 243 个 TC、505 个 SC 和 2682 个 WG。

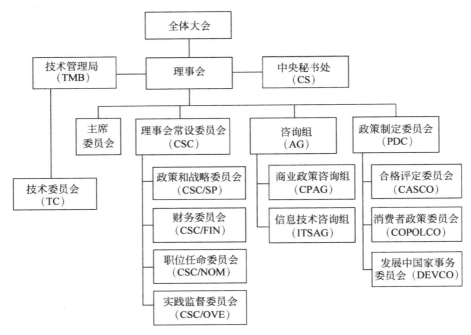

图 7-2 ISO 的组织结构

成员表示愿意积极参加该 SC 工作。ISO 的国家成员体可以根据需求，决定是否作为积极成员（P 成员）或观察成员（O 成员）参加某一个具体的 TC 或 SC。积极成员需派出专家，积极参加工作，并有权力就 TC 或 SC 的相关事项进行投票表决；观察成员只是接受委员会的文件，有权提出意见和参加会议，但无权就 TC 或 SC 的相关事项投票表决。PC 的建立由技术管理局批准，目的是制定某一项不属于现有任何 TC 工作范围的项目，PC 负责制定的国际标准发布后即行解散。WG 是 TC 或 SC 为开展标准的编写工作而建立，通过其所属的 TC 或 SC 任命的召集人向母委员会汇报工作。

（三）标准制定

按照 ISO/IEC 导则的规定，ISO 的标准制定程序包括 7 个阶段：①预备阶段，评估预备工作项目并制定初始草案；②提案阶段，提出新工作项目提案，纳入工作计划即正式立项；③起草阶段，成立工作组（WG），形成协商一致的工作草案；④委员会阶段，研究草案文本，提出相关评议意见；⑤询问阶段，对询问草案进行投票；⑥批准阶段，对最终国际标准草案进行投票；⑦发布阶段，即发布国际标准。

经过 7 个标准制定程序阶段制定的文件是国际标准（ISO），除此之外，ISO 也提供其他类型的标准化文件，包括：技术规范（ISO/TS）、可公开提供规范（ISO/PAS）、技术报告（ISO/TR）、指南（ISO/Guide）和国际研讨会协议（IWA）等[①]。ISO/TS、ISO/PAS 和 ISO/TR 与 ISO 标准一样，是经过标准制定程序制定的。ISO/TS 是委员会内部代表技术协商一致的规范性文件。ISO/PAS 是 ISO 发布的应对迫切市场需求的文件，代表某外部组织或 WG 内部专家的协商一致。ISO/TR 是一种资料性文件，其内容与一般的标准化文件不同。ISO/Guide 和 IWA 不需要经过标准制定程序制定。ISO/Guide 由政策委员会或特定的小组制定，规定与国际标准化相关的事宜，就如何处理标准起草过程中的具体事宜向标准起草者提供建议，或就如何处理与标准化原则相关的事宜向国家标准机构提供建议。IWA 由研讨会制定，涉及的主题非常广泛。

除此之外，ISO 和 IEC 还联合制定标准化文件，这类文件在发布时被双编号（如 ISO/IEC 1001：2012）。

二、国际电工委员会

国际电工委员会（International Electrotechnical Commission，IEC）是世界上成立最早的国际标准组织，属于采用编制模式运行的法定实体，是独立的、非营利性的非政府组织，由各国的国家委员会[②]参加。IEC 成立于 1906 年，总部最初设在英国伦敦，1948 年迁至瑞士日内瓦。IEC 主要在电气工程和电子工程领域中开展标准化活动，近年来拓展到智慧城市等新兴领域。

（一）组织结构

IEC 的组织结构包括理事会（全体大会）、理事局、执行委员会、中央办公室等，如图 7-3 所示。理事会是 IEC 最高权力机构，负责制定 IEC 政策、

---

① 截至 2017 年底，ISO 共发布了 21991 项标准化文件。

② 截至 2018 年底，IEC 共有 171 个国家委员会。

长期战略和财务目标,选举 IEC 官员和相关部门负责人,并负责修订章程和议事规则。理事局是主持 IEC 工作的最高决策机构,负责提出并落实理事会制定的政策。理事局下设管理咨询委员会、标准化管理局、市场战略局和合格评定局。管理咨询委员会主要负责 IEC 理事局的咨询工作。标准化管理局全面负责标准化技术管理工作。市场战略局确定 IEC 活动领域的主要技术趋势和市场需求。合格评定局负责 IEC 合格评定活动的全面管理工作。执行委员会执行理事会和理事局决议,监督中央办公室运行,与 IEC 国家委员会进行沟通,并为理事局准备议程和文件。中央办公室是 IEC 的办事机构和活动中心,负责监督 IEC 章程、议事规则、导则及理事会和理事局决议的执行。

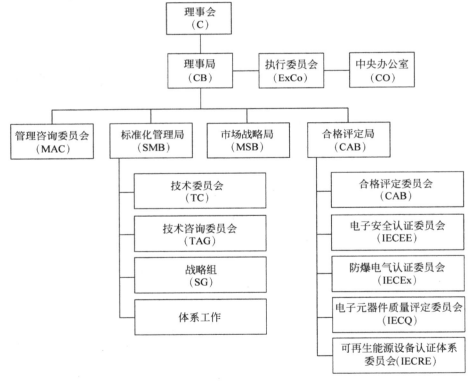

图 7-3　IEC 的组织结构

（二）标准化技术组织

IEC 的标准化技术组织主要包括技术委员会（TC）、分委员会（SC）、工作组（WG）、项目组（PT）和维护组（MT）[①]。IEC 的 TC、SC、WG 的建立程序与 ISO 相同。现有 TC 或 SC 工作范围内的新工作项目提案（NP）会分配给一个 PT 或一个 WG，或者建立新的 WG 来负责此 NP。IEC 优先建立任务导向的 PT 而不是结构导向的 WG。因此 IEC 倾向于将工作分配给 PT，PT 负责一个任务，完成工作即告解散。在批准新工作项目过程中，承担新工作项目的积极成员指派专家参与标准的起草。这些专家组成的 PT 由项目负责人领导。每个 PT 的工作方案中通常只有一个项目。多个 PT 可以隶属于一个 WG，或直接向母委员会汇报。此外，每一个 TC 都要建立一个以上的 MT。MT 由 TC 的积极成员通过信件确定或在 TC 或 SC 会议期间指定专家组成。MT 的成员可以是原标准的起草者或与原标准起草无关的成员。MT 的召集人由相关的 TC 或 SC 指定。

（三）标准制定

按照 ISO/IEC 导则的规定，IEC 标准制定阶段与 ISO 相同，但对文件的命名有所差异，包括：在询问阶段，ISO 对应的文件是 DIS，IEC 对应的文件是 CDV；在发布阶段，ISO 对应的文件是 ISO 标准或 ISO/IEC 标准，IEC 对应的文件是 IEC 标准或 ISO/IEC 标准。

与 ISO 类似，IEC 也在国际标准（IEC）之外提供多种标准化文件类型，包括 IEC TS、IEC PAS、IEC TR、IEC Guide 和工业技术协议（ITA）[②]。其中，IEC TS、IEC PAS、IEC TR 和 IEC Guide 的制定程序与 ISO 的同类型文件一致，而 ITA 是 IEC 独有的。ITA 是具体说明新产品或服务的参数的规范性或资料性文件。

三、国际电信联盟

国际电信联盟（International Telecommunication Union，ITU）是专门制定信息通信技术事务领域标准的国际标准组织，属于采用编制模式运行的法

---

① 截至 2018 年底，IEC 共设有 104 个 TC，100 个 SC，566 个 WG，236 个 PT，625 个 MT。
② 截至 2018 年底，IEC 共发布了 10771 项标准化文件。

定实体，成员由成员国、部门成员、部门准成员和学术成员构成[①]。ITU 成立于 1865 年，总部设在瑞士日内瓦，是联合国的 15 个专门机构之一，但在法律上不是联合国附属机构。与 ISO 和 IEC 不同，ITU 主要在信息通信领域开展标准化活动，致力于通过标准化连通世界，保护并支持每个人的基本通信权利。

（一）组织结构

ITU 的组织结构主要由全权代表大会、理事会、中央秘书处、无线电通信部（ITU-R）、电信标准化部（ITU-T）、电信发展部（ITU-D）等组成。ITU 的组织结构如图 7-4 所示。全权代表大会是 ITU 的最高权力机构，旨在确定 ITU 的总体政策，通过战略规划与财务规划，并选举高层管理人员、理事国和无线电规则委员会委员。理事会的作用是在两届全权代表大会之间审议电信政策问题，确保 ITU 的活动、政策和战略适应迅速发展的电信产业环境。中央秘书处是 ITU 的常设机构，负责向 ITU 成员提供准确、及时和有效的服务，并协调各部门行动。ITU-R 负责管理国际无线电频谱和卫星轨道资源，制定无线电通信领域的标准。ITU-T 负责制定信息通信领域的标准。ITU-D 旨在帮助普及信息通信技术。

（二）标准化技术组织

ITU 的标准化文件主要由 ITU-T 和 ITU-R 制定。

ITU-T 的标准化技术组织主要包括研究组（SG）、工作组（WP）、分工作组（SWP）。研究组由 ITU-T 的世界电信标准化全会（WTSA）建立，负

---

① 截至 2018 年底，ITU 共有 193 个成员国和 800 多个部门成员、部门准成员和学术成员。ITU 鼓励下列实体参加 ITU 的活动：有关成员国批准的经认可的运营机构、科学或工业组织和金融或发展机构；有关成员国批准的与电信事务有关的其他实体；区域性及其他国际性电信、标准化、金融或发展组织。部门成员全面参加其所在部门的活动，部门准成员参加部门的某一研究组的工作，学术成员主要指与电信发展相关的学院、院所、大学及相关研究机构。

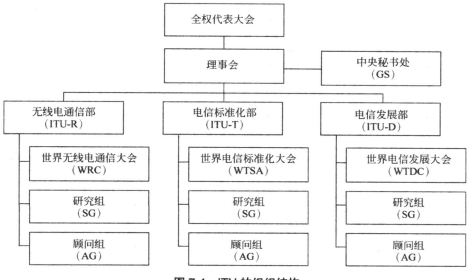

图 7-4　ITU 的组织结构

责具体领域标准的制定工作[①]。研究组可以将其负责的总的研究领域内的一个课题或一组课题，或某些现有建议书的完善和充实工作委托给一个工作组。若工作范围很宽，则研究组可决定将已分配给一个工作组的任务进一步分配给若干分工作组。

ITU-R 的标准化技术组织主要包括研究组（SG）、工作组（WP）和任务组（TG）。研究组和工作组的设立程序和职责与 ITU-T 类似。研究组按需设立最低数量的任务组，负责紧急的课题和工作组无法适时进行的紧急建议书的起草工作。任务组在完成所分配的任务后解散。

（三）标准制定

ITU 制定的标准被称为"建议书"（Rec.ITU-T 和 Rec.ITU-R），其制定

---

① 截至 2018 年底，ITU-T 有 11 个研究组：SG2 "业务提供和电信管理的运营问题"、SG3 "包括相关电信经济和政策问题在内的资费及结算原则"、SG5 "环境、气候变化和循环经济"、SG9 "宽带有线和电视"、SG11 "信令要求、协议和测试规范"、SG12 "性能、服务质量与体验质量"、SG13 "关注 IMT-2020、云计算和可信网络基础设施的未来网络"、SG15 "用于传输、接入和家庭的网络、技术和基础设施"、SG16 "多媒体编码、系统和应用"、SG17 "安全" 和 SG 20 "物联网、智慧城市和社区"。

程序与 ISO 和 IEC 截然不同。按照 WTSA Resolution 1：2008《ITU-T 议事规则》规定的传统批准程序（TAP）和 ITU-T A.8：2008《新建议书和修订建议书的替换批准程序》规定的替换批准程序（AAP），ITU 建议书的制定包括以下 4 个阶段。

（1）课题的提出。成员国及其他经正式授权的实体提交建议的课题（proposed question），研究组召开会议审议建议的课题，形成课题草案（draft question）提交 ITU-T。

（2）课题的批准。每四年一届的世界电信标准化全会（WTSA）批准 ITU-T 各研究组的课题。在两届 WTSA 之间也可以对课题进行批准。

（3）建议书批准程序的选择。在课题获得批准后，需要选择拟使用的建议书批准程序，一般而言，具有政策和监管影响的建议书使用 TAP 批准程序，其他的建议书使用 AAP 批准程序。根据 ITU 公约的规定，使用 TAP 和 AAP 两种批准程序获得批准的建议书具有同等地位。

（4）建议书的批准。当建议书草案足够成熟时，就按照既定的批准程序批准为建议书。

四、小结

ISO、IEC 和 ITU 三个组织所进行的国际标准化活动覆盖了几乎所有的国际标准化领域，从前文的分析中不难发现，三者之间，尤其是 ISO 和 IEC 之间有很多相似之处。但它们在成员构成、组织结构、技术工作管理和标准制定等方面又彼此各有特点。表 7-2 给出了对这三个组织一些主要特点的比较。

表 7-2　ISO、IEC 和 ITU 的比较

项目	ISO	IEC	ITU
性质	非政府机构 非营利性	非政府机构 非营利性	联合国机构
成员	国家成员体	国家委员会	成员国、部门成员、部门准成员和学术成员
组织结构	理事会下设技术管理局（TMB）	理事局下设标准化管理局（SMB）、市场战略局（MSB）、合格评定局（CAB）	理事会下设无线电通信部（ITU-R）、电信标准化部（ITU-T）、电信发展部（ITU-D）

续表

项目	ISO	IEC	ITU
标准化技术组织	技术委员会（TC）及其下属的分委员会（SC）、项目委员会（PC）和工作组（WG）	技术委员会（TC）、分委会（SC）、工作组（WG）、项目组（PT）和维护组（MT）	研究组（SG）、工作组（WP）和分工作组（SWP）
标准化文件类型	国际标准（ISO）、技术规范（ISO/TS）、可公开提供规范（ISO/PAS）、技术报告（ISO/TR）、指南（ISO/Guide）和国际研讨会协议（IWA）	国际标准（IEC）、技术规范（IEC TS）、可公开提供规范（IEC PAS）、技术报告（IEC TR）、指南（IEC Guide）和工业技术协议（ITA）	建议书（Rec.）

第三节 区域标准化

区域标准化是指仅世界某个地理、政治或经济区域内的国家的有关机构可参与的标准化①。区域标准组织是指成员资格仅向某个地理、政治或经济区域内的各国有关国家机构开放的标准化组织。从全球标准化生态系统中的区域标准化层面出发，本节将介绍由欧洲三大标准组织构成的欧洲标准化体系，以及泛美地区和南亚地区的标准组织。

一、欧洲标准化

在区域标准化层面，欧洲的标准化体系是世界上最典型和高效的。欧洲的三大标准组织与欧洲各国的国家标准机构对欧洲单一市场的建立与运行起着重要的推动作用。

（一）欧洲标准化体系的构成

欧洲标准化体系主要由欧洲标准化委员会（CEN）、欧洲电工标准化委员会（CENELEC）和欧洲电信标准学会（ETSI）三大标准组织构成，负责

---

① 见 GB/T 20000.1—2014《标准化工作指南 第 1 部分：标准化和相关活动的通用术语》中的 3.6.2。

欧洲标准的制定，并与国际标准组织 ISO、IEC 和 ITU 在业务上形成对应关系并保持密切联系。这三大欧洲标准组织相互支撑、互为补充。

1. 欧洲标准化委员会

欧洲标准化委员会（European Committee for Standardization，CEN）是欧洲的区域标准组织，属于采用编制模式运行的法定实体，是独立的、非营利性的非政府组织，由国家标准机构作为国家成员[①]参加。CEN 成立于 1961 年，总部设在比利时布鲁塞尔。CEN 主要在 CENELEC 和 ETSI 之外的领域开展标准化活动，如机械工程、建筑和土木工程、燃气用具、卫生保健等。其宗旨在于促进国家标准机构之间的标准化协作，积极推行 ISO 标准，制定本地区需要的欧洲标准（EN），并推行合格评定（认证）制度，以消除贸易中的技术壁垒。

（1）组织结构

CEN 的组织结构包括全体大会、管理局、主席委员会及其咨询机构、技术局、认证局和 CEN/CENELEC 管理中心等：

——全体大会是最高权力机构，负责批准 CEN 预算、处理成员关系并任命官员等事务；

——管理局是 CEN 全面工作的管理机构，负责准备年度预算等事务，并直接向全体大会报告；

——主席委员会是由 CEN 和 CENELEC 共同创建的理事机构，由管理局授权并负责管理创新研究、对外关系、沟通等 CEN 与 CENELEC 共同关心的问题；

——技术局负责标准计划的管理，并促进 CEN-CENELEC 管理中心、技术委员会和其他机构的高效运行；

——认证局在管理局的指导和监督下工作，负责所有与 CEN 标准化文件有关的合格评定的活动；

——CEN-CENELEC 管理中心由 CEN 和 CENELEC 共同建立[②]，负责两

[①] CEN 的国家成员包括 28 个欧洲联盟国家的国家标准机构，前南斯拉夫马其顿共和国、塞尔维亚、土耳其以及欧洲自由贸易联盟的冰岛、挪威和瑞士三国。

[②] CEN-CENELEC 管理中心取代了 CEN 管理中心和 CENELEC 中央秘书处。

个组织的日常事务运营、协调和管理。

（2）标准化技术组织

CEN的标准化技术组织主要包括技术委员会（TC）和分委员会（SC）、工作组（WG）、技术局工作组（BTWG）和研讨会（WS）[①]。TC负责标准的制定工作，由技术局组建，向技术局报告。TC可设立SC，TC和SC下设WG，具体负责某项或某几项标准的起草。各技术委员会的秘书处工作由CEN各国家成员分别承担。BTWG负责制定TC覆盖不到的领域的标准。WS的职责是制定代表研讨会成员一致意见的研讨会协议。

（3）标准制定

按照CEN/CENELEC内部规章第2部分《标准化工作通用规则》[②]的规定，EN的制定程序包括以下6个阶段。

① 提案阶段。有两种途径，一种是国家来源的提案，提交给相应的国家成员，由国家成员提交至技术局；另一种是欧洲和国际层面来源的提案（包括欧洲委员会、EFTA秘书处或专业学协会等），提交给CEN-CENELEC管理中心，由管理中心提交至技术局。最终由技术局依据项目主题和标准化需求程度决定是否受理提案。

② 起草阶段。由TC或SC建立WG，确定工作组召集人，由工作组召集人组织专家在协商一致的条件下起草标准草案。标准草案起草完成后，工作组召集人或秘书将工作组草案提交TC秘书处，由TC主席和秘书进行评估。评估不通过，返回进行修改；评估通过，由工作组召集人或秘书和编辑委员会统一格式进行定稿，登记为征求意见草案。

③ 公开征求意见阶段。CEN-CENELEC管理中心将征求意见草案分发给所有国家成员进行为期12周的公开征求意见，国家成员同时进行投票。收到意见和投票结果后，CEN-CENELEC管理中心发给TC秘书处，由TC分析和评估收到的意见，并逐条给出后续处理措施。TC可将该项工作指派给工作组来做，但技术委员会最终对由此产生的结果负责，并正式批准针对

---

① 截至2018年底，CEN共设有330个TC、45个SC、1576个WG和36个WS。

② CEN/CENELEC Internal Regulations Part 2-2017：Common Rules For Standardization Work.

每条意见的后续处理措施。在这个阶段，TC 也可以发起投票，并以简单多数通过决定跳过正式投票阶段。

④ 投票阶段。CEN-CENELEC 管理中心将最终草案发送给所有国家成员、附属组织[①]、伙伴标准组织[②]、欧洲委员会、欧洲自由贸易联盟秘书处以及 TC 主席和秘书进行为期 8 周的正式投票。对于投票结果，简单多数为赞成票且权重[③]大于等于 71% 才可视为投票通过。

⑤ 批准阶段。投票通过的最终标准草案，由技术局根据投票结果将其批准为欧洲标准。

⑥ 发布阶段。接到批准为欧洲标准的通知后，CEN-CENELEC 管理中心进行编辑性的修改工作。5 周内，管理中心将推荐语言（一般为英语）版本的文本发送给法国标准化协会（AFNOR）和德国标准化学会（DIN）进行翻译，并在 4 周内返回管理中心。CEN-CENELEC 管理中心将最终标准进行分发，发布阶段结束。

经过 6 个标准制定程序阶段制定的文件是欧洲标准（EN），除此之外，CEN 也提供其他类型的标准化文件，包括技术规范（CEN/TS）、技术报告（CEN/TR）、指南（CEN/Guide）和研讨会协议（CWA）[④]。EN 是由 CEN/CENELEC 批准的欧洲标准，国家成员必须等同采用为本国的国家标准。CEN/TS 和 CEN/TR 与 EN 一样要履行标准制定程序。当未得到足够支持成为 EN、正式投票期限截止时未达成协商一致或重要技术仍在发展中，可作为 CEN/TS 发布。当标准内容被认为是紧急的或者建议性的，不宜发布为 EN 或 TS 的可制定为 CEN/TR。CEN/Guide 是由 CEN 发布的与欧洲标准化的规则、方向、意见或建议相关的文件。CWA 由研讨会制定，反映对其内容负责的个人和组织之间的协议同意。

[①] 附属组织是申请加入欧盟的候选或潜在候选国家的国家标准机构和国家委员会。

[②] 伙伴标准组织是不具备成为 CEN/CENELEC 附属组织资格的国家标准机构和国家委员会。

[③] 在投票中，一个国家成员一票，但是依据各国经济和人口情况，所投票的权重不同。例如：法国、德国、意大利和英国等所投票的权重为 29，波兰和西班牙所投票的权重为 27，而冰岛、马耳他所投票的权重则为 3。

[④] 截至 2018 年底，CEN 共发布了 16979 项标准化文件。

2. 欧洲电工标准化委员会

欧洲电工标准化委员会（European Committee for Electrotechnical Standardization，CENELEC）是欧洲的区域标准组织，属于采用编制模式运行的法定实体，是独立的、非营利性的非政府组织，由国家委员会作为国家成员参加，国家成员构成与 CEN 一样。CENELEC 成立于 1972 年，总部设在比利时布鲁塞尔。CENELEC 主要负责制定电子电工领域的欧洲标准（EN）。其宗旨是协调各国家成员的电工电子标准，实施电工电子产品的合格评定（认证）制度。

（1）组织结构

CENELEC 的组织结构包括全体大会、管理局、技术局、主席委员会和 CEN-CENELEC 管理中心等：

——全体大会是最高权力机构，负责所有法规和政策的表决、管理成员等工作；

——管理局负责执行大会通过的决议，管理和监督 CENELEC 日常管理事务；

——技术局负责标准计划的管理，并促进 CEN-CENELEC 管理中心、技术委员会和其他机构的高效运行；

——主席委员会和 CEN-CENELEC 管理中心都是由 CEN 和 CENELEC 共同建立的联合机构，其职责见欧洲标准化委员会的组织结构，这里不再赘述。

（2）标准化技术组织

CENELEC 的标准化技术组织主要包括技术委员会（TC）和分委员会（SC）、工作组（WG）、技术局任务组（BTTF）、技术局工作组（BTWG）、报告秘书处（SR）和研讨会（WS）[①]。CENELEC 的 TC、SC、WG 和 BTWG 的建立程序与 CEN 相同。BTTF、SR 是 CENELEC 特有的标准化技术组织形式。BTTF 由 CENELEC 技术局设立，目的是完成既定期限内的具体的短期标准化任务。SR 由技术局设立，向技术局汇报可能 CENELEC 感兴趣的 IEC 的 TC、SC 的工作。

---

① 截至 2018 年底，CENELEC 共设有 78 个 TC/SC、288 个 WG 和 17 个 BTTF/BTWG。

（3）标准制定

按照CEN/CENELEC内部规章第2部分《标准化工作通用规则》的规定，CENELEC的标准制定阶段与CEN相同，此处不再赘述。在标准化文件方面，与CEN类似，CENELEC也在EN之外提供多种标准化文件类型，包括技术规范（CENELEC/TS）、技术报告（CENELEC/TR）、指南（CENELEC/Guide）、协调文件（HD）[1]和研讨会协议（CWA）[2]。其中，CENELEC/TS、CENELEC/TR、CENELEC/Guide和CWA的制定程序与CEN同类型文件一致，而HD是目前仅存在于CENELEC的正式发布的规范性文件。国家成员在国家层面实施HD时必须公布HD的编号和名称，并撤销任何与之冲突的国家标准。

3. 欧洲电信标准学会

欧洲电信标准学会（European Telecommunications Standards Institute，ETSI）是欧洲的区域标准组织，属于采用编制模式运行的法定实体，是独立的、非营利性的非政府组织，由各类成员[3]参加。ETSI成立于1988年，总部设在法国尼斯。ETSI除了继续承担欧洲邮政与通信管理局会议（CEPT）的工作外，主要致力于研究制定欧洲通用的电信领域的欧洲标准（ETSI EN）和学会自身的ETSI标准（ETSI ES）。ETSI的宗旨在于执行欧共体绿皮书中规定的方针政策，充分利用欧洲现有的电信资源，加速电信领域的技术协调和标准化进程。

（1）组织结构

ETSI的组织结构包括全体大会、常务委员会和由理事长领导的秘书处等。

---

[1] 协调文件（harmonization documents）是目前仅存在于CENELEC的正式出版的标准，其编制、批准、更新和复审程序与欧洲标准相同，且与欧洲标准一样，所有CENELEC国家成员必须将协调文件采用为本国标准，同时废止任何与之冲突的标准。与协调标准的不同之处在于，协调文件可以不等同采用成国家标准，即它可以被拆分到几个国家标准或者一个国家标准的不同部分中。

[2] 截至2018年底，CENELEC共发布了7352项标准化文件。

[3] ETSI的成员包括四类：一是代表国家的成员和准成员；二是非营利性协会、大学、公共研究机构和微型企业；三是政府组织；四是观察员组织。截至2019年5月，ETSI在全球共拥有898个成员，来自五大洲的65个国家。

——全体大会是ETSI的最高权力机构，决定ETSI的所有政策和管理决策、人员任命，通过决议和章程等。

——常务委员会受全体大会委托负责休会期间ETSI日常工作的正常运转，包括标准化技术组织的管理。

——秘书处为ETSI提供后勤保障，为ETSI的运作提供支持。

（2）标准化技术组织

ETSI的标准化技术组织主要包括技术委员会（TC）、项目组（EP）、协作项目组（EPP）、行业规范组（ISG）、特别任务组（STF）和工作组（WG）[①]。其中，TC由常务委员会设立，负责工作计划的准备和标准制定，只关注技术领域的工作，并可承接来自EP和EPP的相关工作。EP由常务委员会基于市场需求而非技术需求组建，可与其他标准化技术组织联合制定标准，并将一般性工作分包给具有相应能力的TC承担。EPP是在TC或者EP不能满足合作需求，需要与ETSI之外的标准化组织进行合作以达到标准化目的的情况下由全体大会设立的。ISG由秘书长经与常务委员会磋商设立，负责制定组规范、组报告，开展产业专题的研究，快速解决特定产业领域的需求。STF在TC或EP的指导下完成用以支持标准化活动的有限期限内的特别任务。WG可在TC、EP和EPP需要的情况下建立。

（3）标准制定

根据ETSI导则的规定，ETSI EN的制定程序与CEN和CENELEC不同，ETSI EN的制定工作较ITU更为开放，标准化文件均以协商一致的方式产生，标准立项由ETSI成员通过TC提出，经批准后列入工作计划，由各技术委员会承担标准的研究工作。技术委员会提出标准草案，经秘书处汇总发往国家成员征求意见，返回意见后修改汇总并分发给国家成员投票，赞成票大于等于71%的可以成为ETSI EN标准。

根据ETSI导则的规定，ETSI还制定包含规范性条款的ETSI ES。ETSI ES的立项由ETSI成员通过TC提出，由各TC承担标准的编制工作。标准草案经批准后由秘书处分发给ETSI全体成员进行加权投票，赞成票大于等

[①] 截至2018年8月，ETSI共有25个TC、1个EP、2个EPP和13个ISG。

于 71% 的可以成为 ETSI ES。

ETSI 标准化文件除了 ETSI EN、ETSI ES 之外，还包括技术规范（ETSI TS）、技术报告（ETSI TR）、指南（ETSI EG）、专题报告（ETSI SR）、组规范（ETSI GS）和组报告（ETSI GR）[①]。其中，ETSI TS 包含规范性条款，能够快速反映市场需求、快速验证和维护。ETSI TR 只包含资料性条款。ETSI EG 包含资料性条款，为 ETSI 的标准化活动提供指导。ETSI SR 为一般的 ETSI 成员或公众利益提供信息。ETSI GS 包含由行业规范组制定的规范和/或信息内容。ETSI GR 也由行业规范组制定，但仅包含资料性条款。

（二）欧洲标准化体系的运行机制

欧洲的标准化体系与立法、公共政策实施密切关联。欧盟、各成员国、标准组织和利益相关方共同建立了以技术法规和标准为核心的，完整、高效的技术制度体系和运行机制。

1. 通过标准化支撑立法和公共政策

在欧盟及其各成员国，标准化是支撑立法和公共政策实施的重要工具。立法和公共政策的范畴非常广泛，包括了欧盟理事会及各成员国为达到其政策目标而制定的所有措施，具体形式包括法规、指令、决定、建议等。根据 1985 年通过的《技术协调和标准的新方法决议》和 2008 年确立的新立法框架，标准与相关欧盟协调立法的关系进一步明确，即相关欧盟协调立法仅规定产品或服务应当满足的基本要求，而标准为产品或服务符合这些基本要求提供途径和手段。在此背景下，为了更好地发挥标准和标准化在支撑立法和公共政策实施中的作用，《关于欧洲标准化的 1025/2012 号法规》[②] 确立了支撑欧盟立法和政策的欧洲标准化文件制定的全套机制，包括：标准制定计划

[①] 截至 2019 年 5 月，ETSI 共发布了 44605 项标准化文件。

[②] 2013 年 1 月 1 日，关于欧洲标准化的 1025/2012 号法规颁布，取代了之前的 98/34/EC 指令、1673/2006/EC 决议和 87/95/EEC 决议等三个不同层面的法律法规，形成新的立法框架。该法规共 7 章 30 条，规定了欧洲标准化体系的运行机制。

的产生、标准化委托书①的发出和接受、相关的经费资助、标准文本与标准化委托书的符合程度评估直至标准正式发布的全过程的要求。

2. 制定和实施协调标准

为了更好地发挥标准化支撑立法和公共政策的作用,欧洲三大区域标准组织 CEN、CENELEC 和 ETSI 受欧盟委员会的委托制定一类特殊的欧洲标准——协调标准②。协调标准由市场主导,同时要考虑公共利益和欧盟委员会下达的标准化委托书中所载明的政策目标。与其他欧洲标准不同,协调标准的制定是为了帮助产品符合相关欧盟协调立法。根据标准化委托书所涉及的领域及拟解决的问题,协调标准可能由一个欧洲标准组织制定,也可能由几个欧洲标准组织联合制定。协调标准的制定原则和制定程序与 CEN、CENELEC 和 ETSI 制定欧洲标准相同。协调标准发布后,欧盟委员会立即在欧盟官方公报或根据欧盟协调立法的相关法案中所载明的方式发布与协调标准有关的信息,包括标准名称、编号及相关的法规或指令等。欧盟各国在国家层面发布与协调标准等同的国家标准,或使用签署认可法③认可某项协调标准为等同的国家标准,并在合理的期限内废止与协调标准相冲突的国家标准④。

3. 在标准化机构与欧盟委员会、成员国之间建立合作

根据《关于欧洲标准化的 1025/2012 号法规》,每个欧洲标准组织和国家标准机构应当每年发布年度标准化工作计划,并在其网站或其他可公开获得的网站上进行公布,同时在有关出版物上刊登年度标准化工作计划发布的通知。在发布年度标准化工作计划之前,每个欧洲标准组织和国家标准机构

---

① 标准化委托书是欧盟委员会向欧洲标准化组织(CEN、CENELEC 和 ETSI)发出的制定欧洲标准或其他标准化文件的要求。这些欧洲标准或其他标准化文件通常用以支撑欧盟政策目标的实现,例如,支撑有关产品和服务的欧盟立法和政策的实施。

② 截至 2018 年 6 月底,CEN 和 CENELEC 制定的协调标准总数为 3806 项,涉及 42 部法规/指令。

③ 指国家标准机构通过发布认可公告的方式,声明 CEN、CENELEC 和 ETSI 发布的某项协调标准与该国的国家标准具有同等地位,也就是该协调标准成为了发布公告的国家标准机构发布的国家标准。

④ 通常,欧盟各国实施欧洲标准的时间都需经 CEN 或 CENELEC 技术局批准。该时限通常为 6 个月,从能够获得欧洲标准的时间算起,直到国家成员向 CEN-CENELEC 管理中心发送实施该标准的报告。

需要通知其他欧洲标准组织、国家标准机构和欧盟委员会。欧盟委员会需要将这些信息通报给各成员国。在标准制定信息沟通方面，每个欧洲标准组织和国家标准机构要根据请求，以电子形式将其欧洲标准化文件、国家标准草案发给这些欧洲标准组织、国家标准机构或欧盟委员会。对于收到的评议，欧洲标准组织和国家标准机构要在3个月作出答复，并充分考虑这些意见。此外，国家标准机构要接受其他成员国的有关方提交的对标准草案的评议，接受其他国家标准机构派出的观察员参与工作计划内的活动。

4. 利益相关方参与欧洲标准化的机制

在欧洲层面，欧洲标准组织 CEN 和 CENELEC 为便利代表中小企业、消费者、公共利益的相关方参与标准化活动，制定了 CEN/CENELEC 指南25《与欧洲组织和其他利益相关方的伙伴关系的概念》，确立了欧洲组织、其他利益相关方通过与 CEN、CENELEC 建立合作伙伴关系参与标准化活动的机制，包括合作伙伴关系的类型、适用条件、每种合作伙伴关系下可参与的标准化活动内容。在 ETSI，其成员资格面向全社会开放，其成员涵盖了来自国家标准机构、政府机构、网络运营商、制造商、服务提供商、研究机构、咨询公司、大学以及用户等信息和通信技术领域的利益相关方，且近年来 ETSI 不断吸引更多的利益相关方参与 ETSI 标准化活动。在国家层面，国家标准机构通过在其年度工作计划中考虑列入中小企业感兴趣的标准项目、在其官网上免费提供标准摘要、使中小企业免费获得标准草案等措施鼓励和促进中小企业参与标准化。

二、其他区域标准化

除了欧洲之外，在其他区域层面也建立了区域层面的标准组织。这些组织并不像欧洲的三大标准组织那样形成了完整的体系，但也为满足特定区域的标准化需求发挥了重要作用。

（一）泛美标准委员会（COPANT）

泛美标准委员会（Commission Pan-Americana de Normas Technicas[①]，

---

① 此为拉丁语全称，英语全称为 Pan American Standards Commission。

COPANT)是中美洲和拉丁美洲的区域标准组织,属于采用编制模式运行的法定实体,是独立的、非营利性的非政府组织,由国家标准机构作为国家成员[①]参加。COPANT成立于1949年,总部设立在玻利维亚拉巴斯。COPANT是泛美地区最重要的区域标准组织,其宗旨是通过技术标准化与合格评定活动,促进成员国间的经济一体化和多边贸易,实现成员国经济、社会、产业和科技等领域的发展和共赢。

1. 组织结构

COPANT的组织结构主要包括大会、理事会及执行秘书处等。

——大会是组织的最高权力机构,负责制定COPANT的政策、长期战略和财务目标,选举COPANT官员和相关部门负责人,并负责修订章程和议事规则。大会可以设立常设委员会、临时委员会或专门组开展特定活动或研究,以推动大会任务的执行。这些委员会或专门组的功能、目标、期限和构成由大会确定。

——理事会是COPANT的管理机构,负责COPANT的运作。理事会在必要时可以根据COPANT的目标成立标准化技术组织,并规定其任务、工作范围与责任。

——执行秘书处全面负责COPANT日常行政事务,根据大会和理事会确定的政策和准则开展工作,编辑出版COPANT标准及各种出版物,代表COPANT与其他国际、区域组织及各国家标准机构联系。

2. 标准化技术组织

COPANT的标准化技术组织主要包括技术委员会(TC)、工作组(WG)和焦点组(FG)[②]。理事会根据COPANT的目标视需要建立标准化技术组织,并明确其任务、范围和职责。技术组织的工作按照相应的程序开展。对技术组织感兴趣的国家成员均可申请加入。

3. 标准制定

COPANT所制定的标准为泛美地区标准(COPANT)[③]。自1992年起,

---

① COPANT的国家成员包括32个国家的国家标准机构。
② 截至2018年3月底,COPANT设有2个TC、3个WG、5个FG。
③ 截至2018年3月底,COPANT发布了92项标准。

COPANT 的工作重心由标准的研制转移到区域内国际标准的推广应用和开展合格评定等方面，逐步转变为区域内部成员间及与国际标准组织的协调机构。

（二）南亚标准化组织

南亚标准化组织（South Asian Regional Standards Organization，SARSO）是南亚的区域标准组织，属于采用编制模式运行的法定实体，是由区域联盟（SAARC）设立的非营利性的非政府组织，由国家标准机构作为国家成员[①]参加。SARSO 成立于 2011 年，总部设在孟加拉达卡。SARSO 的宗旨是实现和加强 SAARC 成员国之间在标准化和合格评定领域的协调与合作，通过制定区域标准促进区域内贸易，帮助南亚企业走向全球市场。

1. 组织结构

SARSO 的组织结构主要包括理事会、技术管理局、合格评定局和秘书处等。

——理事会是 SARSO 的最高权力机构，负责制定 SARSO 政策、长期战略和财务目标，选举 SARSO 官员和相关部门负责人，并负责修订章程和议事规则。理事会的所有决议需经 SAARC 许可。

——技术管理局由各国家标准机构提名的技术专家组成，负责策划、协调和监督所有包括标准化技术组织管理、标准制定等方面的技术工作，并向理事会汇报。

——合格评定局负责策划、协调和监督所有合格评定工作并向理事会汇报。

——秘书处负责 SARSO 的日常运营。

2. 标准化技术组织

SARSO 的标准化技术组织主要包括行业技术委员会（Sectoral Technical Committes，STC）、编辑委员会（Editing Committee）和工作组（Working

---

[①] SARSO 的国家成员包括 7 个南亚区域合作联盟（SAARC）成员国和马尔代夫共和国的国家标准机构。

Group，WG）。STC 由理事会根据技术管理局的建议而设立。STC 在技术管理局的领导下运行，并向技术管理局汇报工作。技术管理局每年审查 STC 的功能及是否需要继续，并向理事会提出相关建议。STC 可下设 1 个或多个编辑委员会，负责编辑工作和比较研究各国家成员的国家标准、SAARC 标准草案、最终 SAARC 标准草案是否符合 SARSO 导则第 2 部分《SAARC 标准的结构和起草的规则》的规定。STC 可根据特定工作在特定时期成立 WG，每个工作组至少有 3 个 SAARC 国家成员参与工作。

3. 标准制定

SARSO 导则第 1 部分《技术工作程序》规定了制定标准的 5 个阶段。

（1）提案阶段，提出新工作项目提案，纳入工作计划即正式立项。

（2）起草阶段，形成工作组草案。

（3）询问阶段，STC 成员对工作组草案提出相关评议意见。

（4）批准阶段，形成最终标准草案。

（5）发布阶段，即发布 SAARC 标准。

根据 SARSO 导则第 2 部分《SAARC 标准的结构和起草的规则》，SARSO 的标准化文件主要包括 SAARC 标准（SARS）、技术规范（SARS TS）、技术报告（SARS TR）、指南（SARS Guide）和可公开提供规范（SARS PAS）。其中，SARS 是由 SARSO 批准，并提供给 SAARC 国家成员的标准，其他标准化文件与对应的 ISO 其他标准化文件的功能基本一致。

三、小结

综上所述，区域标准组织的成立，一般来说都是为了实现区域经济的一体化和促进区域贸易的发展。这一特定的使命决定了区域标准组织一方面要对接国际标准组织，另一方面又要联结区域内的国家标准机构，在全球标准化生态系统中起到承上启下的作用。欧洲的标准组织在数量和规模上更加庞大，产生的影响力更广，在推动区域发展方面发挥的作用也更深远。相比之下，泛美地区和南亚的区域标准组织还不可与其同日而语。尽管存在较大的差异，但不同的区域标准组织在内部组织结构、标准化技术组织和标准制定方面较为类似，并且与国际标准组织趋同。

第四节 国家标准化

国家标准化是指在国家层次上进行的标准化[①]。国家标准机构是指有资格作为相应国际标准组织和区域标准组织的国家成员，在国家层次上公认的标准机构。从全球标准化生态系统中的国家标准化层面出发，本节将分别阐述美洲、欧洲和亚洲的一些主要的国家标准机构。

一、美洲

美洲的国家标准机构主要以北美洲的美国和加拿大，以及南美洲的巴西为代表。由于历史渊源、地理接壤、经济体制相同等原因，美国和加拿大的国家标准机构具有很强的相似性，都是通过认可其他专业标准化组织的模式来制定和发布国家标准。而巴西的国家标准机构则具有南美洲国家标准机构的典型特点，属于采用编制模式运行的法定实体。

（一）美国国家标准学会

美国国家标准学会（American National Standards Institute，ANSI）是美国国家标准机构，属于采用认可模式运行的法定实体，是独立的、非营利性的非政府组织。ANSI 成立于1918年，总部设在美国华盛顿。与世界上大多数的国家标准机构不同，ANSI 不直接制定美国国家标准，而是通过提供程序文件将专业标准化组织认可为美国国家标准制定组织（ASD），并将其制定并符合条件的标准批准为美国国家标准（ANS）。ANSI 的宗旨是：通过促进和便利自愿协商一致标准和合格评定体系，并保持标准与合格评定体系的完整性，从而增强美国商业的全球竞争力和提高美国的生活质量。

1. 组织结构

ANSI 的组织结构主要包括董事会（BD）及其下设的执行委员会（EC）、

[①] GB/T 20000.1—2014《标准化工作指南 第1部分：标准化和相关活动的通用术语》，定义 3.6.3。

政策委员会（PC）等。

——BD 是 ANSI 最高权力机构，负责确定 ANSI 的战略方向、批准 ANSI 主席的任命、进行资产管理和监督等。董事会闭会期间，由 EC 行使职权。

——PC 负责为既定的规划领域提供战略指导，所有 ANSI 成员均可参加。PC 下设的国家政策委员会（NPC）负责就美国国家标准制定过程中的相关问题、政府关系和公共政策问题制定基本政策和作出相应决定。NPC 又下设与认可 ASD 和批准 ANS 直接相关的执行标准委员会（ExSC）和标准审查委员会（BSR），其中 ExSC 负责认可 ASD，BSR 负责批准 ANS。

2. 将专业标准化组织认可为 ASD

ExSC 制定和维护《ANSI 基本要求：美国国家标准的正当程序要求》（以下简称《ANSI 基本要求》），并照此对专业标准化组织提交的书面程序进行审核。《ANSI 基本要求》主要包括以下 10 个方面。

（1）开放。任何利益相关方均可以参与相关的标准化活动。

（2）不受控。标准制定程序不为任何利益集团、个体或组织所控制。

（3）平衡。标准制定程序应当寻求利益间的平衡，要在不同利益集团的参与中实现平衡的目标。

（4）协调与统一。须作出实质性的努力，以解决已有的国家标准和申请的国家标准间的潜在冲突。

（5）及时发布信息。标准活动的通告需要在适当的媒体上发布，以证明给予了所有受直接和重大影响的方面参与的机会。

（6）充分考虑参与者和公众的意见和异议。

（7）记录达成协商一致的投票证据，获得至少三分之二赞成票（不计入弃权票）。

（8）设立申诉机制。作为正当程序必要的组成。

（9）书面的程序。发布书面的程序来对标准制定过程进行管理，且这些程序是为利益相关方所公开可获得的。

（10）遵守要求。所有的美国国家标准制定者都应当遵守正当程序的要求。

获得 ANSI 认可即表明专业标准化组织所提交的标准制定程序满足《ANSI 基本要求》的规定，该组织即成为 ASD[①]。除此之外，ASD 还应当作出如下承诺：在标准化规划和共同利益协调活动中配合 ANSI；申请者需要通过 ANSI 参与国际标准化活动；对于提交批准的美国国家标准提案，申请者要同意遵守相关的政策和管理程序；向 ANSI 支付相关费用。

3. 美国国家标准的批准

ASD 制定的标准可以由 BSR 批准成为美国国家标准，或者 ASD 可以通过申请成为 ANSI 审核指定机构（ANSI Audited Designator）而将其制定的标准直接发布为美国国家标准[②]。

（1）经 BSR 批准成为美国国家标准

BSR 是批准美国国家标准的部门。ASD 需要向 BSR 提交有关材料，BSR 主要对以下 7 方面内容进行审核。

① 是否按照 ASD 的程序制定标准，特别要关注是否遵循正当程序要求，是否达成协商一致，以及是否为解决异议作出努力。

② ASD 对于标准的上诉是否处理完成。

③ 是否根据项目立项通告系统（PINS）向 ANSI 提供标准制定程序或相当的内容。

④ 是否根据提供的程序解决与其他美国国家标准间可识别的冲突。

⑤ 检查标准内容是否与其他已知国家标准协调和重复，如果存在重复，是否对该标准有迫切需求

⑥ 是否符合 ANSI 专利政策。

⑦ 是否符合 ANSI 商业条款及条件等。

如果 BSR 确定编制草案已经满足上述要求，该标准就被批准为美国国家标准。如果 BSR 确定该编制草案属于违背公众利益、包含不公平条款或不适合国家使用等情况，或者 ASD 未能为解决冲突作出实质性努力，那么 BSR 就会拒绝批准。

---

① 截至 2018 年，ANSI 认可了 237 家 ASD。

② 截至 2018 年，ANSI 批准了约 11500 项美国国家标准。

(2) 由 ANSI 审核指定机构直接发布为美国国家标准

ASD 还可以向 ANSI 申请成为 ANSI 审核指定机构。ANSI 审核指定机构直接被 ExSC 授权制定美国国家标准，其制定的标准不须通过 BSR 批准，仅由审核指定机构自己对协商一致证据进行复审并将结果通告 ANSI，其标准就可以发布为美国国家标准。目前，仅有五个专业标准化组织获得授权成为 ANSI 审核指定机构，包括美国供暖制冷与空调工程师学会（ASHRAE）、美国材料实验协会（ASTM）、美国消防协会（NFPA）、美国国家卫生基金会（NSF）和美国保险商实验室（UL）。

被批准为美国国家标准后，标准封面或扉页上需要标注美国国家标准的标识或"美国国家标准"字样。美国国家标准采用"ANSI"标识，置于 ASD 原有标准编号之前，如"ANSI/MSE 50028-2016"。

（二）加拿大标准理事会

加拿大标准理事会（Standards Council of Canada，SCC）是加拿大的国家标准机构，属于采用认可模式运行的法定实体，是联邦皇家公司。SCC 成立于 1970 年[①]，总部设在加拿大渥太华。与美国的 ANSI 一样，SCC 不直接制定加拿大国家标准，而是通过提供相关要求和指南认可标准制定组织（SDO），并将其制定并符合条件的标准批准为加拿大国家标准（CAN）。SCC 的宗旨是通过在加拿大推动高效而有用的自愿性标准，来推进国家的经济，支持可持续发展，推动健康、安全，增加工人和公众的福利，帮助和保护消费者，促进国内贸易和国际贸易。

1. 组织结构

SCC 的组织结构主要包括管理委员会（GC）、常设委员会（SC）、咨询委员会（AC）和包括认可服务部（ASB）、加拿大标准制定程序部门（CSD）在内的有关运营部门。

——GC 负责对 SCC 的战略方向进行审核、批准和提出建议，委员由联邦政府任命，通过创新、科学和经济发展部向议会报告。

---

① 1970 年加拿大皇家批准通过《加拿大标准理事会法案》，联邦政府成立 SCC。

——SC 负责监督 SCC 的运行、财务管理及其咨询委员会的运作。

——AC 的主要职责是确保董事会能够获得各种咨询意见、信息和观点。AC 包括省级地区咨询委员会（PTAC）和标准制定组织咨询委员会（SDOAC）。PTAC 旨在促进省、地区和 SCC 之间的合作，推动省、地区参与加拿大国家标准化活动，SDOAC 旨在促进 SCC 和标准制定组织（SDO）之间的合作。

——在运营部门中，ASB 负责认可标准制定组织（SDO），CSD 负责制定与维护和认可标准制定组织有关的文件，监督 SDO 的标准制定过程等，并承担 SDOAC 的秘书处职责。

2. 将专业标准化组织认可为 SDO

ASB 根据《加拿大标准制定要求和指南：认可的标准制定组织》对专业标准化组织提供的书面申请材料进行审核，将符合条件的组织认可为标准制定组织（SDO）。对申请组织的要求主要包括以下 6 方面。

（1）有成文的标准制定、发布、维护政策和程序，利益相关方能及时获取这些文件。

（2）确保有影响的利益相关方和其他利益相关方有相同机会有效参与标准制定，这些利益相关方包括但不限于公众利益方、生产商、监管者及标准使用者，他们能够全面反映加拿大的国家利益。

（3）标准制定程序应当考虑不同利益相关方和不同身份代表之间的利益平衡。

（4）标准制定程序应当公开透明，将有关信息在制定标准过程的特定阶段通知公众，并提供隐私保护允许范围内的标准制定活动的相关信息。

（5）标准制定活动不与其他加拿大国家标准机构、区域性标准组织或国际性标准组织的工作发生交叉重复。

（6）设立申诉机制，制定相应程序及时处理来自利益相关方的投诉和申诉，并保留文字记录等。

获得 SCC 认可即表明该专业标准化组织所提交的标准制定程序满足《加拿大标准制定要求和指南：认可的标准制定组织》的规定，该组织即成为

SDO[1]。除此之外，SDO 还应当承诺符合 SCC 对发布、维护加拿大国家标准和采用国际、区域标准和其他标准化文件的要求。

3. 加拿大国家标准的发布

SDO 制定的标准直接发布为加拿大国家标准（CAN）[2]。SCC 通过中央公告系统（CNS）[3]与公众和利益相关方共同监督 SDO 制定标准的过程。SCC 对 SDO 制定标准的要求主要包括以下 5 个方面。

（1）SDO 在标准前言中自我声明所制定的标准符合《加拿大标准制定要求和指南：认可的标准制定组织》《加拿大标准制定程序概览》《加拿大标准制定要求和指南：国家采用国际 / 区域标准和其他标准化文件》等文件的要求。

（2）SDO 至少每半年提交一次其工作内容[4]，经 SCC 批准后，在 CNS 发布。

（3）在标准制定过程中，保证标准由均衡的利益相关方组成的委员会经协商一致制定，标准制定过程接受公众监督。

（4）标准发布为两种官方语言，标准与现行的国际或相关的标准保持一致或以其为基础制定。

（5）标准不为贸易设置壁垒。

只要符合这些要求，SDO 制定的标准即可自行发布为加拿大国家标准。国家标准封面上需要标注加拿大国家标准标识或"加拿大国家标准"字样。加拿大国家标准采用"CAN"标识，置于 SDO 原有标准编号之前，如"CAN/CSA"。标准一经发布，SDO 便需要将新标准、标准新版本、修改单、确认单及相应的元数据的电子版提交至 SCC。

---

[1] 截至 2018 年底，SCC 认可了 10 家 SDO。
[2] 截至 2018 年底，SCC 批准了 3673 项加拿大国家标准。
[3] 中央公告系统（CNS）是 SCC 的公告门户网站，向公众和利益相关方提供 SDO 制定、采用新标准或其他标准化文件、标准新版本、复审或废止标准等方面的信息。
[4] 工作内容包括：SDO 正在制定和已经发布的标准的名称和国际标准分类号、以 ISO 国际协调阶段代码（ISO international harmonized stage codes）为基础的标准制定程序阶段代码、公众评议开始和结束的日期、参考的国际标准等。

（三）巴西技术标准协会

巴西技术标准协会（Associação Brasileira de Normas Técnicas，ABNT）是巴西国家标准机构，属于采用编制模式运行的法定实体，是独立的、非营利性的非政府组织。ABNT 成立于 1940 年，总部设在巴西里约热内卢。根据 1962 年巴西政府决议，ABNT 被确定为惟一的国家标准化论坛（National Forum for Standardization），负责管理巴西的标准化活动。ABNT 的目标是制定巴西技术标准和其他补充文件；代表巴西政府参与国际、区域标准化活动；监督标准的应用情况，进行合格评定活动。

1. 组织结构

ABNT 的组织结构包括全体大会（AG）、审议委员会（CD）和财政委员会（CF）等。

——AG 是最高决策机构，负责制定年度行动计划、批准财务报表、选举领导职位。

——CD 是 ABNT 的领导机构，下设战略指导委员会（COE）、执行理事会（DE）和技术委员会（CT）。COE 负责确定标准化技术政策、批准 CT 业务计划和行业标准化计划、批准行业标准机构注册等工作；DE 是 ABNT 的执行机构，负责日常行政管理和技术工作管理的所有事务；CT 是协调、规划和执行与其活动范围有关的标准化活动的机构，负责确保各相关方的利益，指导和规范巴西标准的制定活动等。

——CF 负责财务报表审查和财务预警等工作。

2. 标准化技术组织

ABNT 的标准化技术组织主要包括技术委员会（CT）和研究委员会（CE）。CT 根据其结构和活动范围分为以下三类：巴西委员会（ABNT/CB）、部门标准化委员会（ABNT/ONS）、特别研究委员会（ABNT/CEE）[①]。ABNT/CB 是国家层面的标准化技术组织。ABNT/ONS 是部门层面的标准化技术组织。对于现有的 ABNT/CB 或 ABNT/ONS 都不涉及的领域，可以创建 ABNT/

[①] 截至 2018 年底，ABNT 设有 69 个 ABNT/CB、4 个 ABNT/ONS 和 250 个 ABNT/CEE。

CEE 负责编制标准。ABNT/CB 和 ABNT/ONS 内部设有 CE，CE 负责标准文件的编写、征求意见处理等工作，成员包括相关生产者、消费者、技术机构、专业人员、政府和私营机构的代表。

3. 标准制定

巴西国家标准（ABNT NBR）的制定程序主要包括以下阶段。

（1）提案阶段。任何个人、企业、实体或政府机构都可以提出制定标准的需求，ABNT 负责分析需求的相关性，在可行的前提下，将其转给相关的 CT，纳入 CT 的部门标准化计划。如果没有对应的 CT，则 ABNT 可以建一个新的 CT。

（2）起草阶段。CE 组织利益相关方代表起草标准，并在 CT 内部就标准草案达成一致意见。

（3）征求意见阶段。ABNT 通过互联网对标准草案在全国范围内征求意见，征求意见期间，任何个人或组织都可以提出意见和建议。征求意见结束后，CE 组织召开会议，并邀请在征求意见中给出意见的相关方参加，在会上对所有意见和建议进行分析和回答，最终以协商一致的方式审议该标准草案是否可以批准为巴西国家标准。

（4）批准发布阶段。通过审议的标准草案将作为国家标准由 ABNT 批准发布[①]。

ABNT 本身不制定除标准之外的其他类型的标准化文件，但在采用 ISO 和 IEC 国际标准化文件时，也采用 TS、PAS、TR 和 Guide。对于这类文件，在原有文件代号之前增加"ABNT"，如"ABNT ISO/IEC TR"。如果采用的是 ISO 和 IEC 国际标准，则在原有文件代号之前增加"ABNT NBR"，如"ABNT NBR ISO"。

二、欧洲

在欧洲标准化体系内，欧洲的国家标准机构大都是法定实体，并且以编制模式而存在。其中英国标准学会、德国标准化学会和法国标准化协会

---

① 截至 2018 年底，ABNT 发布了 8131 项标准化文件。

最具典型性，它们不仅是欧洲，而且是国际标准组织中最具影响力的国家标准机构。

（一）英国标准学会

英国标准学会（British Standards Institution，BSI）是英国国家标准机构，属于采用编制模式运行的法定实体，是独立的、非营利性的非政府组织。BSI 成立于 1901 年，总部设在英国伦敦。BSI 于 1929 年被授予《皇家宪章》，于 1931 年与英国政府签署了谅解备忘录，被确定为公认的英国国家标准机构。BSI 的组织目标是通过制定和维护推动贸易发展、保护消费者和帮助政府执行政策的标准来支持全球经济、创新和可持续发展，通过简化生产和分配流程来减少浪费，通过使用许可标识来确定符合标准。

1. 组织结构

BSI 的组织结构主要包括董事会、标准政策与战略委员会（SPSC）和执行委员会等。

——董事会是 BSI 最高权力机构，负责机构战略制定、组织构建、财务报告控制、内部控制、风险管理等。

——标准政策和战略委员会（SPSC）是董事会下设的 5 个委员会中专门负责标准化工作的委员会。SPSC 主要负责在国家、欧洲和国际标准领域向董事会提供建议、制定 BSI 的战略政策和监督技术委员会的运行情况。SPSC 下设专业政策、策略或技术委员会。

——执行委员会负责实施既定的战略和 BSI 的日常运营。

2. 标准化技术组织

BSI 的标准化技术组织主要包括技术委员会（TC）及其下属的分委员会（SC）、工作组（WG）。TC 由 SPSC 批准建立，主要负责制定和维护英国国家标准，作为英国国内对口委员会参与国际和欧洲标准组织中技术委员会的标准编制工作。TC 一旦建立，将作为常设机构长期存在，直至 SPSC 正式宣布将其解散。为了确保一致的国家立场，很多 TC 也作为英国对应国际/欧洲标准化技术组织的镜像委员会（Mirror Committee）。TC 可下设 SC，SC 负责具体领域的技术工作。TC 或 SC 下设的 WG 承担具体标准起草任务，任务完成后即行解散。

3. 标准制定

英国国家标准（BS）的制定主要有三种途径：一是将国际标准等同采用为国家标准；二是将欧洲标准等同采用为国家标准，并废止与欧洲标准相冲突的 BS；三是制定仅在国家层面使用的英国国家标准。因此，BS 的制定程序充分考虑了与这三种途径的对应。根据 BS 0《标准的标准：标准化的原则》的规定，BS 的制定程序主要包括以下 6 个阶段。

（1）新工作阶段。任何组织和个人都可以提出制定或修订国家标准、欧洲标准或国际标准的提案，BSI 将评估可行性和是否存在与已有国家标准、欧洲标准或国际标准的冲突，并要求提案方考虑标准化文件的类型并给出文件的范围。如果是对于欧洲标准或国际标准的提案，那么需要获得镜像委员会的批准，并提交相关国际或欧洲标准组织履行立项程序。

（2）起草阶段。对于制定或修订欧洲标准或国际标准的提案，按照相关国际或欧洲标准组织起草阶段的规定进行起草，BSI 将通过选派英国专家的方式参与起草工作。对于制定或修订国家标准的提案，则成立一个专家小组，按照 BS 0《标准的标准：标准化的原则》第 9 条的规定进行起草。

（3）公开征求意见阶段。对于国家标准草案、国际或欧洲标准草案（包括在采标过程中增加的英国国家附录）都要在英国国内进行为期 60 天的公开征求意见，公开征求意见的草案统一被称为公开评议草案（Draft for Public Comment，DPC）。对于国际或欧洲标准草案，公开征求意见后，TC 负责对公众意见的回复进行审核，并将其作为形成英国国家意见的基础。对于国家标准草案，任何利益相关方都可以提出意见。

（4）最终文本阶段。对于国际标准和欧洲标准，TC 根据公开征求意见的结果，形成最终的标准文本，并根据国际和欧洲标准制定程序的规定进行投票。对于国家标准，由技术委员会批准最终文本。

（5）采标阶段。本阶段仅限于采用国际标准和欧洲标准。对于 ISO 和 IEC 标准，BSI 的 TC 将对是否采用进行询问，在没有充分反对理由的情况下，尽量等同采用。对于欧洲标准，BSI 将按照新立法框架的规定，履行等同采用 CEN 和 CENELEC 标准的义务。

（6）批准发布阶段。本阶段仅限于制定 BS。董事会按照 BSI 的章程批准和发布 BS。

经过 6 个标准制定程序阶段制定的文件是英国标准（BS），BS 的类型包括规范、管理体系、规程、指南、试验方法、数值待定方法、术语和分类标准。除此之外，BSI 也提供其他类型的标准化文件，包括可公开提供规范（PAS）[①]。PAS 是受外部赞助人委托，为了满足特定的市场需求而制定的。PAS 不像标准那样需要较高的协商一致程度，通过快速制定程序可以在 6~12 个月内完成。

（二）德国标准化学会

德国标准化学会（Deutsches Institut für Normung e.V.，DIN）是德国国家标准机构，属于采用编制模式运行的法定实体，是独立的、非营利性的非政府组织。DIN 成立于 1917 年，总部设在德国柏林。DIN 的宗旨是为了整个社会的利益，采用系统和透明的程序鼓励、组织、指导和调节标准化活动，同时维护公共利益。

1. 组织结构

DIN 的组织结构主要包括全体大会、董事局、董事局委员会、执行局和管理局等。

——全体大会由全体成员参加，主要负责年报审批、董事局各项活动审批、董事局成员选举等工作。

——董事局主要负责制定财务管理指南、制定成员收费标准、决定负责标准制定的标准委员会的成立或解散、协调各委员会等工作。

——董事局下设董事局委员会，负责协助董事局履行职责、为董事局提供咨询服务。

——执行局由主席（CEO）和副主席组成，负责 DIN 的全面运营管理，并向董事局负责。管理局是 DIN 日常工作的实际管理机构。

2. 标准化技术组织

DIN 的标准化技术组织主要包括标准委员会及其下属的顾问委员会、工

---

① 截至 2019 年 5 月，英国共发布了 38120 项标准化文件。

作委员会、分委员会和工作组①。标准委员会由董事局委员会依据执行局的建议而建立，负责不同领域德国标准的制定，并支持德国标准的实施、参与认证活动，同时在欧洲和国际层面协调对应的标准化工作。标准委员会也作为德国镜像机构（Mirror Body）派代表参加国际标准和欧洲标准的编制工作。顾问委员会负责指导、协调技术工作。工作委员会由标准委员会的顾问委员会建立，主要工作是在充分考虑欧洲及国际标准的情况下起草德国标准，并积极参与欧洲和国际层面的标准制定工作。工作委员会工作范围过大时，可设立分委员会，将其工作范围中的某些方面分配给分委员会。工作委员会和分委员会可以依据需求设立工作组，负责执行特定的任务。

3. 标准制定

德国国家标准（DIN）的制定主要有三种途径：一是将国际标准等同采用为国家标准；二是将欧洲标准等同采用为国家标准，并废止与欧洲标准相冲突的国家标准；三是制定仅在国家层面使用的德国国家标准。因此，DIN 的制定程序充分考虑了与这三种途径的对应。根据 DIN 820-4《标准化 第 4 部分：工作程序》的规定，德国标准（DIN）的制定程序包括以下 5 个阶段。

（1）提案阶段。任何组织和个人都可以提出制定或修订国家标准、欧洲标准或国际标准的提案，DIN 将评估其必要性和可行性。如果 DIN 决定接受该项目提案且认为该项目适用于欧洲或国际层面的标准化工作，标准委员会需要将提案提交相关欧洲或国际标准组织，并由德国镜像机构负责后续的相关工作。提案一旦被标准委员会采纳，就在"DIN 技术规则公报"和标准委员会网站上公布该标准项目的工作标题。

（2）工作组草案阶段。对于制定或修订欧洲标准或国际标准的提案，按照相关国际或欧洲标准组织起草阶段的规定进行起草，德国镜像机构将通过选派专家的方式参与起草工作。对于制定或修订国家标准的提案，则按照 DIN 820-2《标准化 第 2 部分：文件的编写》的规定进行起草，形成工作组草案。

---

① 截至 2019 年 5 月，DIN 设有 69 个标准委员会、599 个工作委员会。

（3）标准草案阶段。对于制定或修订国家标准，工作组草案经讨论修改后编辑为标准草案，进行为期 2~4 个月的公开征求意见。征求意见结束后将在负责的标准委员会中对收集的意见进行讨论和处理（如果没有意见则本阶段结束），形成第二稿标准草案（second draft standard）。对于国际或欧洲标准草案，DIN 参与评论和投票。

（4）标准发布原稿阶段。负责的标准委员会对第二稿标准草案达成一致时，形成标准发布原稿（manuscripts for standard）。委员会秘书处将其提交给负责过程质量监控的部门进行审查，以保证其符合德国标准出版的文件表述规则和有关原则。

（5）发布阶段。PQ 负责人将标准手稿交由出版机构进行公开发行。

经过 5 个标准制定程序阶段制定的文件是德国标准（DIN），除此之外，DIN 也提供其他类型的标准化文件，包括 DIN 规范（DIN SPEC）等[①]。DIN SPEC 是在小型工作组或研讨会中起草的规范性文件，不需要获得较高的协商一致程度和所有的利益相关方参与，可以在几个月内发布。DIN SPEC 在形式上包括可公开提供规范（DIN PAS）和研讨会协议（DIN CWA）。与德国标准相比，DIN SPEC 的制定程序主要包括提案阶段、研讨会阶段和发布阶段。

（三）法国标准化协会

法国标准化协会（Association Française de Normalisation，AFNOR）是法国国家标准机构，属于采用编制模式运行的法定实体，是独立的、非营利性的非政府组织。AFNOR 成立于 1926 年，总部设在法国巴黎。AFNOR 的任务是推动并协调标准的制定，提高法国在欧洲和国际标准组织中的地位，推动并便利标准的应用，开展产品、服务和体系的认证。

1. 组织结构

AFNOR 的组织结构主要包括行政委员会、标准化协调和指导委员会（CCPN）、审计和评估委员会（CAE）、战略委员会（COS）、标准制定咨询

---

① 截至 2019 年 5 月，DIN 共发布了 40403 项标准化文件。

委员会（CCNA）、标准化地方政府委员会（CCNC）等。

——行政委员会由代表政府、企业、消费者、协会、地方政府和经认可的非政府组织等大约30个成员组成，负责管理AFNOR。

——CCPN负责制定国家标准化战略，确定战略委员会的总体目标和优先事项，并确保其与国家、欧洲和国际政策的一致性。

——CAE负责组织评估以部门为基础的标准化局（BNS）[①]，同时检查其活动的符合性和有效性。

——COS负责集中管理主要的标准化计划，并召集相关经济部门的主要决策者，制定工作优先次序，向CCPN提出战略方面的建议。

——CCNA旨在确定社会伙伴的需求，明确他们在制定标准战略和方案上的立场。

——CCNC是地方政府与标准化之间的接口，其职责是确保地方政府在法国、欧洲和国际规范进程中的代表性，确定地方政府的优先事项，提高地方政府的标准意识。

2. 标准化技术组织

AFNOR的标准化技术组织主要包括由BNS或AFNOR设立的标准化委员会[②]。一般的法国标标准（NF）由BNS设立的标准化委员会制定，当主题领域涉及多个部门或者涉及部门中没有BNS时由AFNOR设立的标准化委员会制定。标准化委员会负责相关领域的标准编制工作，也作为法国镜像委员会派代表处理来自欧洲和国际的标准草案，参与欧洲和国际标准化活动。

3. 标准制定

法国国家标准的制定主要有三种途径：一是将国际标准等同采用为国家标准；二是将欧洲标准等同采用为国家标准，并废止与欧洲标准相冲突的国家标准；三是制定仅在国家层面使用的法国国家标准。因此，NF的制定程

---

① BNS是独立的专业性机构，分布在各行各业的不同领域，通常隶属于行业机构。BNS的专家来自行业和专业组织、制造商、消费者、实验室、地方和国内有关团体等。BNS一般不制定自己的专业标准，而是为AFNOR编制法国国家标准草案，然后交由AFNOR按照规定程序批准后，作为法国国家标准发布。

② 截至2017年底，法国共有标准化委员会956个，47%的标准化委员会受AFNOR直接管理。

序充分考虑了与这三种途径的对应。根据《法国标准化规则 第1部分》和《关于法国标准化的2009—697号法令》的规定，NF制定程序主要包括以下7个阶段。

（1）预备阶段。任何相关方都可以通过AFNOR或者BNS提出制定标准项目的申请，标准化委员会从技术和经济上分析标准项目的可行性。AFNOR评估申请的标准项目在法国、欧洲和国际层面的适用性，并根据评估结果将该项工作分配给合适的标准化委员会。

（2）立项阶段。标准化委员会根据可利用资源和优先顺序将标准项目（可以是对现有项目的修订或修改，或者是新的标准项目）进行登记立项，确定标准项目的类型和优先级，所有只在法国使用的标准项目是优先考虑的，而对于欧洲或国际标准项目的优先级要从为法国带来的技术与经济利益，以及标准制定需要的人力和财力两个方面进行考虑。

（3）起草阶段。标准化委员会负责起草标准草案，标准项目一般由BNS指定的标准化委员会起草，如果某一标准涉及多个部门或涉及部门中没有BNS时，则由AFNOR的标准化委员会起草。

（4）标准化委员会正式磋商阶段。标准化委员会专家的意见主要是在该阶段提出的，标准化委员会在BNS的指导下就评估意见、标准草案、立项阶段确定的内容等进行正式磋商，就技术内容达成共识。

（5）征求意见阶段。标准化委员会决定将标准草案纳入法国标准中时，需要在法国标准化协会网站上进行不少于15天的征求意见，以确保该草案符合相关方的利益，并且不会引发各种主要的反对意见。

（6）部长级磋商阶段。在征求意见结束后、批准标准之前，AFNOR需将标准草案与现行法规之间的关系、征求意见情况、标准的实用性以及对于欧洲或国际标准草案的法国立场提交给部长级标准化工作组[①]代表进行征询评估，并将收到的意见进行处理，在处理会议上分发给所有参与者，达成最

---

① 部长级标准化工作组根据《关于法国标准化的2009—697号法令》成立，隶属于工业部。工作组由工作组代表主持工作，以政府特派员的身份参与AFNOR标准工作；工作组成员由各部委的标准化负责人组成，并在法国官方公报上进行公布；工作组负责确定法国标准化方面的政策以及就所有标准和标准化政策相关事项向工业部部长提出建议。

终协议。

（7）批准和发布阶段。由 AFNOR 对标准草案进行审批，审批后的标准草案将作为国家标准发布①。

经过 7 个阶段制定的文件成为法国标准（NF），除此之外，AFNOR 也提供其他类型的标准化文件，包括试行标准（XP）和文件手册（FD）②。XP 给出标准化要求，需要进行试用，试用时间限制在 3 年内③，在试用结束的一年内，标准化委员会需对 XP 进行审查，XP 需经标准化委员会协商一致才可发布，有时在标准化委员会许可下可以在其他标准化委员会、利益相关方或公众间获得更高的协商一致程度。FD 区别于 NF 和 XP，不规定要求，经标准化委员会协商一致后可发布，不需要公开征求意见，FD 实施后每 5 年由标准化委员会进行审查。

（四）俄罗斯联邦技术法规和计量局

联邦技术法规和计量局（Federal Agency on Technical Regulating and Metrology，GOST R）是俄罗斯国家标准机构，属于采用编制模式运行的行政实体④，隶属于俄罗斯联邦工业和贸易部。GOST R 成立于 2004 年，总部设在俄罗斯莫斯科。GOST R 提供技术法规和计量领域国家服务，履行公共财产管理的职能，控制和监管国家标准和技术法规强制性要求的遵守情况，并代表俄罗斯参与国际和区域标准化活动。

1. 组织结构

GOST R 实行局长负责制，局长经联邦工业和贸易部部长提名，由俄罗斯联邦政府任免。组织结构主要包括技术法规和标准化部、国家监督与控制部、计量部、信息管理和分析部、财务部、行政与对外关系部和检查与审计部。

---

① NF 本身是自愿性的，但在被法令（decree）引用的情况下，工业部和有关部门部长通过签署命令（order）使标准强制实施。
② 截至 2018 年底，AFNOR 共发布了 34000 余项标准化文件。
③ 例外情况，对于欧洲标准化组织，XP 的试用期可以延长到欧洲标准公布。
④ GOST R 根据 2004 年 5 月 20 日俄罗斯联邦总统签发的第 649 号法令成立，是联邦行政机构（Federal Executive Body）。

2. 标准化技术组织

GOST R 的标准化技术组织主要包括标准化技术委员会（Technical Committee on Standardization）、标准化项目技术委员会（Project Technical Committee on Standardization）。标准化技术委员会和标准化项目技术委员会均由 GOST R 建立。标准化技术委员会成员中可包括俄联邦权力机构、俄联邦行政机构、科学组织、生产厂家、执行机构和消费者协会代表等，各方代表以平等的地位自愿参加委员会。标准化项目技术委员会是临时性机构，完成相应任务后就解散，其建立和人员的组成与标准化技术委员会相同。

3. 标准制定

《俄罗斯联邦标准化法》（2015年）及 ГОСТР 1.2—2016《俄罗斯联邦标准化 俄罗斯联邦国家标准 制定、代替、修订、修改、暂停和废止的操作指南》对国家标准的制修订程序作出了相关规定。国家标准制修订程序主要包括以下 5 个阶段。

（1）立项阶段。GOST R 编制并批准国家标准制订计划。GOST R 要确保有关各方能够获得国家标准的制定计划以便了解该计划。

（2）起草阶段。GOST R 向国家标准制定者发送有关编写国家标准草案的通知，开展相关的标准草案的编制工作。GOST R 在官方网站上公布电子版的标准草案，并在 GOST R 的官方出版物上刊登纸质版的标准草案。

（3）征求意见阶段。标准化技术委员会或标准化项目技术委员会对国家标准草案进行公开征求意见。国家标准制定者需要考虑有关各方的书面意见，并对国家标准草案进行修改，编制来自各方的意见汇总处理表（包括意见内容的摘要和讨论的结果）。公开征求意见的时间不少于 60 天。

（4）审查阶段。标准化技术委员会或标准化项目技术委员会的成员进行投票，获得简单多数票数就视为审查通过。标准草案的审查期限为，自标准化技术委员会或标准化项目技术委员会成员收到标准草案之日起 90 天内。技术委员会的审查结论需要在 7 天之内提交 GOST R。

（5）批准阶段。GOST R 在收到标准化技术委员会或标准化项目技术委员会审查结论起的 30 天之内，作出批准国家标准草案（确认国家标准的生效日期）或拒绝国家标准草案的决定，并在 7 天之内在其官方网站上公布

第七章 国际国外标准化

结果。

GOST R 的标准化文件包括国家标准（ГОСТ Р）、基础国家标准、准国家标准、标准化规范、标准化建议以及技术和社会信息分类。国家标准为普遍适用的标准，规定标准化对象的一般特性、规则及原则。基础国家标准规定开展标准化工作的原则以及国家标准类型。准国家标准的制定是为了在应用中积累经验，并为后续制定成国家标准做准备。标准化规范主要是对基础国家标准的个别规定进行补充或具体化的组织与方法类规定，以及确定实施标准化工作的程序与方法的文件。标准化建议主要包含标准化活动与促进相关国家标准应用的组织与方法类信息，或者相关国家标准或准国家标准制定前，在实践中预先进行检验的文件。技术和社会信息分类主要包含某一领域的系统化编码，以及对技术、过程、方法、方式、设备的说明和相关资料。

除 ГОСТ Р 之外，俄罗斯也使用由欧亚标准化、计量和认证委员会发布的独立国家联合体标准（ГОСТ）[①]。

三、亚洲

亚洲国家的国家标准机构彼此之间存在着一定差异性。有些机构采用了法定实体模式，属于非政府机构，如印度标准局；而有些则采用了行政实体模式，属于政府机构，如日本工业调查会、我国的国家标准化管理委员会（见第六章）。亚洲国家标准机构普遍与政府的关系更为紧密，法定实体模式的标准机构也会属于某个政府机构，或直接承担政府职能。

（一）日本工业标准调查会

日本工业标准调查会（Japanese Industrial Standards Committee，JISC）是日本国家标准机构，属于采用编制模式运行的行政实体[②]，隶属于日本经济产业省。JISC 成立于1949年，总部设在日本东京。JISC 主要负责调查和审

[①] 欧亚标准化、计量和认证委员会是 ISO 承认的"跨欧亚地区标准机构"，它发布的 ГОСТ 标准为区域标准。截至2018年底，ГОСТ Р 和 ГОСТ 共有43383项。

[②] 1949年颁布的《工业标准化法》确立 JISC 为日本国家标准机构。JISC 是对主管省厅大臣负责的咨询性组织。

议日本工业标准（JIS），并且在促进工业标准化方面，根据有关主管大臣的咨询提供报告或提出建议。

1. 组织结构

JISC 的组织结构包括总会、基本政策部会、标准第一部会和标准第二部会。

——总会是 JISC 最高决策机构，负责制定 JISC 运营规程，以及各委员会运行规则，通过对以产业政策、技术政策、通商政策等为基础的标准化政策的相关问题进行研究讨论，确定综合发展规划。

——基本政策部会负责审议标准化和合格评定的基本方针、制度和政策以及不属于标准第一部会和标准第二部会的事项。

——标准第一部会和标准第二部会分别对应 ISO、IEC 相关事务的处理，负责审议 ISO、IEC 相关领域 JIS 的制定，审议国际标准相关事项，审议 JIS 标志制度、认证认可制度，以及国际互认等合格评定制度的运作情况。ISO/IEC JTC 1 领域 JIS 的制定由标准第二部会负责审议。

2. 标准化技术组织

JISC 的标准化技术组织主要包括技术委员会（Technical Committee）、行业技术委员会（Sectional Technical Committee）和跨行业技术委员会（Cross-sectional Technical Committee）。JISC 的标准化技术组织主要负责 JIS 的调查和审议。JISC 的基本政策部会下设知识产权技术委员会和 JISC 标识技术委员会；标准第一部会下设 1 个跨行业技术委员会和 15 个行业技术委员会；标准第二部会下设 1 个跨行业技术委员会和 3 个行业技术委员会。

3. 标准制定

根据 2014 年修订的《工业标准化法》，JIS 的制定程序主要包括以下阶段。

（1）提案阶段。提案的提出有两种主要途径。第一种是主管省厅[①]提出制定 JIS 的需求，经过 JISC 的决议程序获得立项。第二种是利益相关方根据主管省厅的条例规定，向主管省厅大臣提议制定 JIS，并附上最初草案。第

---

① 包括总务省、文部科学省、厚生劳动省、农林水产省、经济产业省、国土交通省和环境省。

二种途径是提出 JIS 提案的主要途径。

（2）起草阶段。主管省厅大臣计划制定 JIS 标准时，委托相关协会和学会等民间组织起草 JIS 草案，形成的 JIS 草案提交 JISC。

（3）审议阶段。JISC 的标准化技术组织按照主管省厅条例规定的公平程序对 JIS 草案进行审议，并向主管大臣报告审议结果。审议前，还需要接受 60 日的公众评议。

（4）批准阶段。主管大臣最终确认经 JISC 审议后提交的 JIS 草案是否能够形成 JIS，如果 JIS 草案反映了所有利益相关方的意愿，并且对处在同样条件下的利益相关方适用，无不当歧视，那么即批准通过。

（5）发布 JIS 标准，在政府公报上公布该 JIS 的名称及编号，制定、修订、确认及废止的类别，以及日期。

经过 5 个标准制定程序阶段制定的文件是日本标准（JIS），除此之外，JISC 也制定其他类型的标准化文件，包括技术规范（TS）和技术报告（TR）[①]。日本的 TS 和 TR 制度与 ISO 的 TS 和 TR 制度是相同的。TS 是指由于不能确认市场的适用性，或者在技术上仍处于发展阶段，当前不适宜制定 JIS，但将来有可能转化为 JIS 的标准化文件。TR 是指包含不同于 JIS 的数据，利于标准化推进的标准化文件。

（二）印度标准局

印度标准局（India Bureau of Standards，BIS）是印度国家标准机构，属于采用编制模式运行的法定实体[②]，是独立的、非营利性的非政府组织。BIS 成立于 1986 年，总部设在印度新德里。BIS 致力于制定以及推行国家标准，实施合格评定制度，代表印度参与国际标准化活动，旨在协调发展产品的标准化、标识和质量认证活动，以及与之相关的事项。

1. 组织结构

BIS 的组织结构主要包括执行委员会和咨询委员会。

---

① 截至 2018 年底，JISC 发布了 10774 项 JIS、21 项 TS 和 TR，共计 10795 项标准化文件。
② BIS 根据印度议会 1986 年通过的《印度标准局法案》成立，是法定组织（Statutory Organization）。

——执行委员会负责BIS的日常运行，由11名成员组成，其中包括印度标准局总干事、印度工商联合会总干事、电子信息部联合秘书等。

——咨询委员会下设标准咨询委员会、实验室咨询委员会、认证咨询委员会、财务咨询委员会、消费者政策咨询委员会和计划发展咨询委员会等，负责相关领域的技术工作。每一个咨询委员会由主席和成员组成。

2. 标准化技术组织

BIS的标准化技术组织主要包括部门理事会（Division Council）[①]、行业委员会（Sectional Committee）、分委员会（Subcommittee）、小组（Panel）和工作组（Working Group）等。部门理事会由BIS在规定的产业和技术领域内设立，目的是制定关于产品、过程、系统或服务的印度标准。行业委员会由其所属的部门理事会设立，每个行业委员会须由BIS有关人员及不同利益方的代表组成。在必要的时候，行业委员会也可以由BIS任命来制定特定标准。分委员会、小组和工作组由行业委员会在其工作领域内组成，在界定范围内制定印度标准（IS），并由行业委员会协调相关活动。

3. 标准制定

BIS的标准制定程序主要包括以下阶段。

（1）立项阶段。经过调查研究，由部门理事会确认立项并将制定标准任务指派给适合的行业委员会。

（2）起草阶段。行业委员会起草标准，形成BIS工作草案。

（3）征求意见阶段。就BIS工作草案在利益相关方中征求意见，征求意见时间不得少于一个月。

（4）批准阶段。行业委员会根据反馈的意见修改标准草案，经过行业委员会主席批准后，递交相关部门理事会主席决定是否发布为印度标准。

（5）发布阶段。BIS发布印度标准。

除了印度标准（IS）之外，BIS也可制定临时标准（SP）[②]，以满足技术

[①] 截至2018年底，BIS共设立14个部门理事会，分别为土木工程，化学业，电工业，食品和农产品，电子与通信技术，机械工程，医疗设备和医院规划，管理和系统，冶金工程，石油、煤炭及相关产品，生产和基础工程，运输工程，纺织业，水资源等部门理事会。

[②] 截至2018年9月底，BIS共发布了19836项标准化文件。

不成熟时对标准的需求。相关行业委员会批准立项后，经过部门理事会主席同意，可不对临时标准草案广泛征求意见，即发布为印度临时标准。临时标准的有效期不超过2年。在有效期内，行业委员会可将临时标准转化为印度标准。如果未转化为印度标准，那么该临时标准在有效期后即行废止。临时标准属于标准化文件，需要按要求在报纸上予以公布，但不得使用标准标志。

四、小结

综上所述，国家标准机构在机构本身的性质、内部组织结构和标准制定活动等方面各具特色，呈现出了不同的发展模式。这些发展模式与所在国家的经济体制、社会制度和历史文化等都有密切联系。虽然每个国家的特点都鲜明独特，但这些模式之间也有相通之处。通过对共性的抽取，可以将国家发展模式概括为三种：一是以认可模式运行的法定实体，美国和加拿大为典型代表；二是以编制模式运行的法定实体，欧洲国家和印度为典型代表；三是以编制模式运行的行政实体，俄罗斯、日本为典型代表。表7-3给出了对这三种模式主要特点的比较。

表7-3 三种模式国家标准机构的比较

运行模式	法定实体		行政实体
	认可模式	编制模式	编制模式
典型国家	美国、加拿大等	英国、德国、法国、巴西、印度等	日本、俄罗斯等
性质	非政府机构 非营利性	非政府机构 非营利性	政府机构 非营利性
标准化技术组织	无	按领域设置，具有一定层次结构	按领域设置，具有一定层次结构
标准制定	认可专业标准化组织，将其制定的标准发布为国家标准	组织制定标准	组织制定标准
技术工作程序	认可专业标准化组织的程序、国家标准批准程序	国家标准制定程序	国家标准制定程序
国家标准构成	（1）采用的国际标准； （2）转化的专业标准	（1）采用的国际/区域标准； （2）自主制定的国家标准	（1）采用的国际标准； （2）自主制定的国家标准

第五节　专业标准化组织

专业标准化组织是在某个专业领域内开展标准化活动，其成员资格向世界各个国家的利益相关方开放的标准化组织。专业标准化组织有的以学会、协会的形式存在，有的则以联盟等形式存在。从全球标准化生态系统中的专业标准化层面出发，本节主要分析电气和电子工程师学会、美国测试与材料协会和万维网联盟这些不同形式的专业标准化组织的组织结构、标准化技术组织和标准制定情况。

一、电气和电子工程师学会

电气和电子工程师学会（Institute of Electrical and Electronics Engineers，IEEE）是专业标准化组织，属于采用编制模式运行的法定实体[①]，是独立的、非营利性的非政府组织。IEEE 成立于 1963 年，总部设在美国纽约。IEEE 是一个国际性的电子技术与信息科学工程师的学会，制定标准是其多项职责之一。IEEE 的宗旨是促进从计算机工程、生物医学、通信到电力、航天、用户电子学等技术领域的科技和信息交流，开展教育培训，制定电气、电子领域标准，推动电工技术在理论方面的发展和应用方面的进步。

（一）组织结构

IEEE 的组织机构包括全体大会（Assembly）、理事会（Board of Director）和理事会下设的六个委员会等。

——全体大会负责对 IEEE 重大事项进行决策。

——理事会负责制定方针和策略，对重大事项进行决策，监督 IEEE 所有活动。

---

① 截至 2018 年底，IEEE 在全球 160 多个国家共有 423000 余名成员，设有 10 个地理大区、339 个地域分会、2116 个地方成员技术兴趣分会、543 个联系小组、39 个技术协会、7 个技术理事会，共发布了近 1300 项标准。

第七章 国际国外标准化

——六个委员会[①]中,标准协会(IEEE-SA)负责标准化工作,组织制定和修订 IEEE 标准,并在 IEEE 感兴趣的领域开展标准化相关活动;技术活动委员会(Technical Activities Board)下设不同领域的技术协会[②],这些技术协会具体承担标准的编制工作。

IEEE-SA 内设理事局(Board of Governors,BOG)和标准局(IEEE-SA Standards Board,SASB)。BOG 是 IEEE-SA 的管理层,负责制定政策,进行财务监督,并在 IEEE 的技术领域开展标准化相关活动。SASB 负责 IEEE 标准的制定和协调工作,包括标准的立项、审查、发布和出版,并处理所有相关的申诉。为了监督和便利标准的制定,SASB 下设七个委员会,包括:

——新标准委员会(NesCom),负责审查项目立项请求,并将其意见提交给 SASB 进行批准;

——程序委员会(ProCom),负责审查《IEEE SASB 操作手册》《IEEE 标准格式手册》和《IEEE-SA 标准规章》的修改,并将其意见提交给 SASB;

——标准审查委员会(RevCom),负责以咨询方式对提交给 SASB 进行批准或者采用的标准给出是否批准或采用的建议,并将建议告知 SASB;

——审核委员会(AudCom),负责例行审核,确保每个支持者[③]和工作组通过其政策和程序遵守了《IEEE SASB 规章》和《IEEE SASB 操作手册》;

——专利委员会(PatCom),负责对 IEEE 标准制定过程中涉及专利的问题进行审查,并在适当时向 SASB 提出建议;

——行政委员会(AdCom),负责有关行政事务,并向 SASB 提出建议,以便由 SASB 进行处理;

——行业沟通委员会(ICCom),负责确保有关行业沟通活动符合 IEEE 的范围和宗旨,并负责审查行业沟通活动的进展情况和取得的成果。

---

① 六个委员会包括教育活动委员会(Educational Activities Board)、IEEE 美国部(IEEE-USA Board)、成员及地区活动委员会(Member and Geographic Activities Board,MGA Board)、出版服务和产品委员会(Publication Services and Products Board)、标准协会(IEEE Standards Association,IEEE-SA)和技术活动委员会(Technical Activities Board)。

② 截至 2018 年底,技术活动委员会下设了 39 个技术协会,主要进行信息资源传播、会议、出版、教育等活动,其中有 31 个技术协会参与制定标准。

③ IEEE 标准的支持者一般是 IEEE 内部的技术协会和委员会,有时标准局也可以成为支持者。

（二）标准化技术组织

IEEE-SA 的标准化技术组织主要包括技术委员会（TC）、协调委员会（SCC）和工作组（WG）。TC 设立在技术协会中，负责具体领域标准的制定。当某一标准的范围超过单一技术协会的界限，或者某个技术协会发现无法独立完成工作时，SASB 就建立 SCC 完成对应的工作。SCC 分为两类，第一类是为 IEEE 的标准制定活动进行信息交换的论坛，不制定标准；第二类是标准项目的支持者，除了承担第一类标准协调委员会的协调责任外，还要满足 IEEE 对支持者的所有要求[①]。WG 由自愿支持制定标准的个人和实体（包括公司、组织、非营利性组织、政府机构）组成，负责起草标准。

（三）标准制定

IEEE 标准的制定程序主要包括以下 5 个阶段。

（1）立项申请阶段。任何个人和组织均可提出制定标准的建议，并积极争取支持者的支持。由支持者提出标准项目，并由支持者组成研究组。由此研究组向 NesCom 提交项目授权申请书并申请批准启动项目。

（2）成立 WG 阶段。项目授权申请书批准后，支持者组织对此项目感兴趣的专家组成 WG。标准项目原则上需要在 4 年内完成。

（3）制定标准草案阶段。WG 首先确定标准的目的和范围；其次，列出标准大纲，将草案编写任务分配给各工作组成员完成，形成标准草案；最后，由 IEEE 专业编辑人员负责最终文本的编辑。草案要经过多次反复修改完善。

（4）支持性投票阶段。标准草案完成后，由支持者邀请感兴趣的专家和利益相关方组成投票组，一旦投票组成立，其组成在整个投票期间将不能改变。投票组中的任何人都可以发表评论，但只有具有 IEEE-SA 资格的成员拥有投票表决权。投票通常持续 30 到 60 天。草案要经过不断的修改和投票，直至投票达到 75% 的同意比例，并且未产生新的反对票，方可视

---

① 见《IEEE-SA 标准局操作手册》第 5 条"标准制定"。

为通过。

（5）批准发布阶段。支持者将草案和支持性材料提交给 RevCom 进行审查，RevCom 确保 WG 遵循所有程序和原则进行起草和投票，并向 SASB 提出批准或不批准的建议。SASB 根据 RevCom 的建议决定批准或不批准标准。经批准后，标准由 IEEE-SA 专业编辑人员编辑，并由 WG 对编辑好的标准内容和格式进行审核，在确保编辑过程中没有错误后，再正式发布标准。

经过 5 个标准制定程序阶段制定的文件是 IEEE 标准（IEEE Std），IEEE Std 的类型包括标准（Standard）、推荐做法（Recommended Practice）、指南（Guide）和试用文件（Trial-Use Document）四类。其中，标准是具有规范性要求的文件；推荐做法用以给出 IEEE 的推荐程序和方案；指南给出若干可选的良好实践方法，但并不做出推荐；试用文件的类型可以是上述三类技术文件之一，但实施有效期不超过三年。这四类标准的文件名称中通过使用"Standard""Recommended Practice""Trial-Use..."或"Guide"区分"标准""推荐做法""试用文件"或"指南"。

二、美国测试与材料协会

美国测试与材料协会（American Society for Testing and Materials，ASTM）是专业标准化组织，属于采用编制模式运行的法定实体①，是独立的、非营利性的非政府组织。ASTM 成立于 1898 年，总部位于美国费城。ASTM 致力于服务全球的社会需求，将制定协商一致标准和提供创新性服务融合在一起，通过标准在公共健康和安全、消费者信心和整体生活质量等方面产生积极影响。

（一）组织结构

ASTM 的组织结构主要包括董事会及其下设的董事会委员会（Board

---

① 截至 2017 年底，ASTM 设有 148 个技术委员会，2053 个技术分委员会，标准总数达到 12700 余项。

Committee）和常设委员会（Standing Committee）。董事会负责协会的重大事项决策，下设执行委员会、财务审计委员会和四个常设委员会，包括：

（1）标准委员会（Committee on Standard），负责审查和批准所有技术委员会关于标准行动的建议，审核 ASTM 标准是否满足 ASTM 标准制定程序的要求，解决有关标准的司法争议；

（2）技术委员会运行委员会（Committee on Technical Committee Operation），负责制定、维护、解释和执行《ASTM 技术委员会管理规定》，并根据所建议的变化采取行动；

（3）发布委员会（Committee on Publication），负责就发布政策向董事会提出建议，同时也负责 ASTM 的发布计划；

（4）合格评定委员会（Committee on Certification Program），负责就认证计划的制定向董事会提供建议，并批准或撤销 ASTM 认证项目。

（二）标准化技术组织

ASTM 的标准化技术组织主要包括技术委员会（Main Committee）、分委员会（Subcommittee）和工作组（Task Group）。技术委员会的名称和工作范围由董事会批准。每个技术委员会可以制定自己的章程，并经技术委员会运行委员会批准。技术委员会可以下设分委员会和工作组。分委员会处理所属技术委员会工作范围内的特定主题，并可根据需要设立工作组。分委员会是标准制定工作的基本单位，所有标准投票项目均发起于分委员会，同时，分委员会也负责处理投票结果中的反对票。工作组是负责特定任务（例如起草标准草案或者进行实验室间的研究）的小型组织，一般由 4 至 6 名成员组成，工作组主席必须由所属分委员会的主席任命。特定任务完成后，工作组即解散，除非工作组所属分委员会认为该工作组还可以制定更多标准。

（三）标准制定

ASTM 的标准制定程序主要包括以下 7 个阶段。

（1）建议阶段。任何公司、组织、行业协会、专业协会、大学、政府机构或个人均可以向 ASTM 提出制定标准的建议。

（2）立项阶段。技术委员会确定是否立项，并进行立项注册。

（3）起草阶段。提出建议方负责标准的起草，可独立完成，也可以邀请其他的志愿者共同完成。根据起草者的意见，决定是否征求意见。

（4）分委员会投票阶段。由分委员会对标准草案进行投票，60%以上的委员参加投票，并且获得三分之二赞成票才视为通过。

（5）技术委员会投票阶段。由技术委员会对标准草案进行投票，60%以上的委员参加投票，并且获得90%赞成票才视为通过。

（6）标准委员会审核阶段。标准通过技术委员会投票后，提交到标准委员会审核起草和投票的程序是否公开、公正和透明，是否合理处理了申诉，是否解决了反对意见。

（7）批准发布阶段。审核通过后便获得标准委员会的批准，最终由ASTM发布。

《ASTM 技术委员会管理规定》将 ASTM 标准（ASTM）分为以下 6 类：①分类标准（Classification），根据相似特性（如来源、成分、性能或用途）对材料、产品、系统或服务进行系统编排或分组；②指南标准（Guide），给出信息汇编或一系列选项，而不推荐具体做法；③规程标准（Practice），是对实施一项或多项尚未产生检测结果的具体操作进行的系列指导，例如应用、评估、清洗、收集、净化、检验、安装等；④规范标准（Specification），是对材料、产品、系统或服务需要满足的一系列明确要求；⑤术语标准（Terminology），包含术语、术语定义、术语描述、名称以及缩略语、简称或符号解释的文件；⑥试验标准（Test Method），一种产生检测结果的权威性程序，例如对一种或多种不同质量、特性或属性的鉴定、测定和评估。

三、万维网联盟

万维网联盟（World Wide Web Consortium，W3C）是专业标准化组织，属于采用编制模式运行的法定实体，是独立的、非营利性的非政府组织。W3C 成立于 1994 年，由美国麻省理工学院、欧洲数学与信息学研究联盟、日本庆应大学和中国北京航空航天大学的四个全球总部联合运营，成员为来自全世界40个国家的453个组织。W3C将不同的利益相关方聚集在一起，通过清晰、有效、基于协商一致的程序制定确保网络长期发展的标准化文件，引领万维网发挥最大潜力。

（一）组织结构

W3C的组织结构主要包括W3C团队（W3C Team）、咨询委员会（Advisory Committee）、咨询局（Advisory Board）和技术架构组（Technical Architecture Group）等。

——W3C团队由来自全球各国的人员组成，负责W3C活动的领导、组织和管理，以及资源分配和战略规划。

——咨询委员会由每个W3C成员委派的一名代表组成，审查W3C的程序，并选举咨询局和技术架构组的成员。

——咨询局主要负责就战略、管理、法律事务、程序和解决冲突等问题向W3C团队提供指导。

——技术架构组负责管理Web架构的技术问题。

（二）标准化技术组织

W3C的标准化技术组织被统称为特许组（Chartered Group），具体包括工作组（Working Group）、兴趣组（Interest Group）、社区组（Community Group）和业务组（Business Group）等。工作组通常会生成可交付成果（例如标准跟踪技术报告、软件、测试套件以及对其他团队可交付成果的评审）。每个工作组都有自己的章程，并设有一名主席，协调组内的工作；还设有一名联络员，协助主席完成各项工作，并做好主席、组内成员、其他工作组、W3C团队成员之间的协调工作。兴趣组的主要目标是将评估潜在Web技术和策略的人员聚集在一起，通常以论坛的形式交流意见。社区组和业务组为开发人员、设计人员和任何对Web感兴趣的人提供了一个讨论和发布想法的场所。社区组使所有人可以在W3C上提出他们的想法，以成为未来W3C可能要开展的标准化工作。业务组为世界各地的公司提供开发开放Web技术所需的专业知识和交流社区。

（三）标准制定

W3C 的标准化文件是 W3C 建议（W3C Recommendation）[①]。根据《W3C 程序文件》的规定，W3C 建议的制定程序主要包括以下阶段。

（1）公布第一版公开工作草案（First Public Working Draft）。在获得 W3C 主任[②]批准后发布第一版公开工作草案。第一版工作草案的发布较为宽松，不一定代表工作组对工作草案的一致意见，只是表明 W3C 及其成员同意在该工作草案所在的技术领域继续开展工作。

（2）公布未做修订或多处修订的工作草案（Working Draft，WD）。在对第一版公开工作草案进行完善的基础上，形成 WD。如果 WD 有较大变动，工作组要将其在 W3C 的技术报告网页（W3C Technical Reports page）上进行公开，以征求工作组之外的意见。如果经过 6 个月后对 WD 没有较大修改，工作组也需要将其公开，并注明没有修订的理由。

（3）公布候选建议（Candidate Recommendation，CR）。W3C 主任需要向其他 W3C 工作组和社会公众公布 CR，并将 CR 在 W3C 的技术报告网页上至少公布 28 天。

（4）公布提议的建议（Proposed Recommendation，PR）。咨询委员会审查 PR 是否适合作为 W3C 建议发布，审查通过后并经由 W3C 主任批准，PR 在 W3C 的技术报告网页上至少公布 28 天。

（5）发布 W3C 建议。由 PR 推进为 W3C 建议，必须获得 W3C 主任批准，并以 W3C 决议的形式正式发布 W3C 建议。W3C 主任向咨询委员会、其他 W3C 工作组以及公众宣布 W3C 建议正式发布。

四、小结

综上所述，与国际和区域标准组织、国家标准机构相比，遍布世界各处的专业标准化组织在内部组织结构和标准制定活动等方面呈现出了更强的多

---

① W3C 发布的标准化文件被称作"建议"。截至 2018 年底，W3C 共发布 200 多项建议。
② 指 1989 年创建万维网的 Tim Berners-Lee 先生。

样性和更高的灵活性。虽然数量众多、各具特色，但从本质上看，专业标准化组织的发展模式主要有两种：一种是学/协会模式，以 IEEE、ASTM 等为典型代表；另一种是联盟模式，以 W3C 等为典型代表。表 7-4 给出了对这两种模式主要特点的比较。

表 7-4　两种模式专业标准化组织的比较

模式	学/协会模式	联盟模式
法律地位	法定实体	不一定是法定实体，可以通过契约进行联合
规模	较大，标准涉及的领域较广	较小，标准涉及的领域较窄
组织结构	较为复杂，职责较多，制定标准通常为职责之一	较为简单，制定标准多为惟一职责
标准化技术组织	多为技术委员会/分委员会、工作组的形式	多为各类小组的形式
标准制定程序	较为完整，阶段较多	较为简单，阶段较少
标准化文件类型	包括标准和其他标准化文件，类型较为丰富	多为以技术规范、建议为代表的其他标准化文件，类型较为单一

附录 A

我国行业代号、行业标准领域和行业标准化主管部门

序号	行业代号	行业标准领域	行业标准化主管部门
1	WB	物资管理	中华人民共和国国家发展和改革委员会
2	JY	教育	中华人民共和国教育部
3	QB	轻工	中华人民共和国工业和信息化部
4	FZ	纺织	
5	YB	黑色冶金	
6	YS	有色金属	
7	HG	化工	
8	JC	建材	
9	QC	汽车	
10	SJ	电子	
11	YD	通信	
12	XB	稀土	
13	BB	包装	
14	SH	石油化工	
15	JB	机械	中华人民共和国工业和信息化部、国家能源局

续表

序号	行业代号	行业标准领域	行业标准化主管部门
16	WJ	兵工民品	中华人民共和国工业和信息化部、国家国防科技工业局
17	CB	船舶	
18	EJ	核工业	
19	HB	航空	
20	QJ	航天	
21	GA	公共安全	中华人民共和国公安部
22	MZ	民政	中华人民共和国民政部
23	SF	司法	中华人民共和国司法部
24	LD	劳动和劳动安全	中华人民共和国人力资源和社会保障部
25	SY	石油天然气	中华人民共和国自然资源部
26	DL	电力	
27	NB	能源	
28	HY	海洋	
29	CH	测绘	
30	DZ	地质矿产	
31	TD	土地管理	
32	MT	煤炭	中华人民共和国自然资源部、中华人民共和国应急管理部
33	HJ	环境保护	中华人民共和国生态环境部
34	CJ	城镇建设	中华人民共和国住房和城乡建设部
35	JG	建筑工业	
36	JT	交通	中华人民共和国交通运输部
37	SL	水利	中华人民共和国水利部
38	NY	农业	中华人民共和国农业农村部
39	SC	水产	
40	SB	国内贸易	中华人民共和国商务部
41	WM	外经贸	
42	WH	文化	中华人民共和国文化和旅游部
43	LB	旅游	

附录A　我国行业代号、行业标准领域和行业标准化主管部门

续表

序号	行业代号	行业标准领域	行业标准化主管部门
44	WS	卫生	中华人民共和国国家卫生健康委员会
45	AQ	安全生产	中华人民共和国应急管理部
46	JR	金融	中国人民银行
47	HS	海关	中华人民共和国海关总署
48	SW	税务	国家税务总局
49	YY	医药	国家市场监督管理总局
50	RB	认证认可	国家市场监督管理总局
51	SN	出入境检验检疫	国家市场监督管理总局
52	GY	广播电影电视	国家广播电视总局
53	CY	新闻出版	国家广播电视总局
54	TY	体育	国家体育总局
55	QX	气象	中国气象局
56	LS	粮食	国家粮食和物资储备局
57	YC	烟草	国家烟草专卖局
58	LY	林业	国家林业和草原局
59	TB	铁路运输	国家铁路局
60	MH	民用航空	中国民用航空局
61	YZ	邮政	国家邮政局
62	WW	文物保护	国家文物局
63	ZY	中医药	国家中医药管理局
64	DA	档案	国家档案局
65	GM	国密	国家密码管理局
66	DB	地震	中国地震局
67	GH	供销	中华全国供销合作总社

参 考 文 献

[1] ABNT. Alteraçáo Estatutária Consolidada [Z/OL]. (2018-04). http://www.abnt.org.br/images/Docspdf/ESTATUTOABNT_abril18.pdf.

[2] ABNT. Números da Normalizaçáo 2017 [Z/OL]. http://www.abnt.org.br/normalizacao/numeros-2017.

[3] AFNOR. AFNOR Annual Report 2017 [Z/OL]. (2018-06). https://normalisation.afnor.org/actualites/assemblee-generale-afnor-rapport-2017.

[4] AFNOR. Règles Pour La Normalisation Française Partie 1 Instances et procédures de travail (10th Ed.) [Z/OL]. (2017-10). https://www.francenormalisation.fr/wp-content/uploads/2016/06/Regles-pour-la-normalisation-2017.pdf.

[5] AFNOR. Stratégie Française de Normalisation (2016-2018) [Z/OL]. https://normalisation.afnor.org/la-normalisation-en-france/strategie-normalisation/.

[6] ANSI. ANSI Essential Requirements: Due Process Requirements for American National Standards [Z/OL]. (2018-01). https://www.atis.org/01_legal/docs/2016_ANSI_Essential_Requirements.pdf.

[7] ASTM. ASTM Technical Committee Officer Handbook [Z/OL]. (2018-09). https://www.astm.org/handbook_Handbook_sdrb.pdf.

[8] ASTM. Regulations Governing ASTM Technical Committees [Z/OL]. (2018-10). https://www.astm.org/regs_Regulations.pdf.

[9] BSI. BS 0: 2016 A standard for standards-Principles of standardization [S/OL]. https://www.bsigroup.com/Documents/standards/guide-to-standards/BSI-BS-0-2016.pdf.

[10] BSI. BSI Royal Charter and Bye-laws [Z/OL]. (2008). https://www.bsigroup.com/Documents/about-bsi/royal-charter/bsi-royal-charter-and-bye-laws.pdf.

[11] BSI. Standards Policy and Strategy Committee Terms of Reference[Z/OL]. (2019-06-09). https://www.bsigroup.com/globalassets/Documents/about-bsi/governance/board-committees/standards-policy-and-strategy-committee-terms-of-reference.pdf.

[12] CEN, CENELEC. CEN/CENELEC Internal Regulation Part 1: Organization and Structure [Z/OL]. (2018-02). https://boss.cen.eu/ref/IR1_E.pdf.

[13] CEN, CENELEC. CEN/CENELEC Internal Regulation Part 2: Common Rules for Standards Work [Z/OL]. (2018-07). https://boss.cen.eu/ref/IR2_E.pdf.

[14] CEN, CENELEC. CEN/CENELEC Internal Regulation Part 3: Principles and Rules for the Structure and Drafting of CEN and CENELEC Documents [Z/OL]. (2017-02). https://boss.cen.eu/ref/IR3_E.pdf.

[15] CEN, CENELEC. CEN/CENELEC Internal Regulation Part 4: Certification [Z/OL].

(2014-01). https: //boss. cen. eu/ref/IR4_E. pdf.

[16] COPANT. COPANT Statutes and Rules of Procedure. [Z/OL]. [2018-03]. http: //copant. org/documents/cpnt/COPANT_Estatuto_Reglamento_05-2008. pdf.

[17] Council of Russian Federation. FEDERAL LAW OF THE RUSSIAN FEDERATION About standardization in the Russian Federation[Z]. (2015-06-24).

[18] Council of Russian Federation. FEDERAL LAW "On Technical Regulating" [Z]. (2002-12-18).

[19] DIN. DIN 820-4: 2014 Standardization-Part 4: Working Procedure[S].

[20] DIN. DIN Statutes [Z/OL]. (2015-11). https: //www. din. de/blob/66170/0ad27759be047557cf7654e1f4df824d/din-satzung-en-data. pdf.

[21] DIN. Guidelines for Standards Committees in DIN [Z]. (2013-09).

[22] ETSI. ETSI Directives [Z/OL]. (2019-04). https: //portal. etsi. org/Resources/ETSIDirectives. aspx.

[23] GOST R. GOST R 1. 2—2016 Standardization in Russian Federation. National standards of Russian Federation. Instructions for development, taking over, revision, correction, suspension and cancellation[S].

[24] IEC. IEC Masterplan [Z/OL]. (2018-02). https: //www. iec. ch/about/brochures/pdf/strategy/masterplan. pdf.

[25] IEEE. IEEE Annual Report 2017 [Z/OL]. (2018). https: //www. ieee. org/content/dam/ieee-org/ieee/web/org/corporate-communications/annual-report/2017-ieee-annual-report-final. pdf.

[26] IEEE. IEEE Standards Association Operations Manual [Z/OL]. (2018-12). https: //standards. ieee. org/content/dam/ieee-standards/standards/web/documents/other/sa_om. pdf.

[27] IEEE. IEEE-SA Standards Board Bylaws [Z/OL]. (2019-03). https: //standards. ieee. org/content/dam/ieee-standards/standards/web/documents/other/sb_bylaws. pdf.

[28] IEEE. IIEEE-SA Standards Board Operations Manual [Z/OL]. (2019-01). https: //standards. ieee. org/content/dam/ieee-standards/standards/web/documents/other/sb_om. pdf.

[29] ISO. ISO Annual Report 2017 [Z/OL]. (2018-02). https: //www. iso. org/files/live/sites/isoorg/files/about%20ISO/annual_reports/en/annual_report_2017_en. pdf.

[30] ISO. ISO Statutes[Z/OL]. (2018). https: //www. iso. org/publication/PUB100322. html.

[31] ISO. ISO/IEC Directives Part 1 and Consolidated ISO Supplement[Z/OL]. (2019-04-30). https: //isotc. iso. org/livelink/livelink?func=ll&objId=4230452&objAction=browse&sort=subtype.

[32] ISO, IEC. ISO/IEC Directives, Part 2, 2018, Principles and rules for the structure and drafting of ISO and IEC documents[Z/OL]. https: //www. iec. ch/members_experts/

refdocs/iec/isoiecdir2%7Bed8. 0. RLV%7Den. pdf.

[33] ITU. Collection of the Basic Texts of the International Telecommunication Union adopted by the Plenipotentiary Conference[Z/OL]. (2015). https: //www. itu. int/pub/S-CONF-PLEN-2015.

[34] ITU. ITU-T A. 1: 2016 Working methods for study groups of the ITU Telecommunication Standardization Sector (Study Group TSAG) [S].

[35] ITU. ITU-T A. 8: 2008 Alternative approval process for new and revised ITU-T Recommendations [S].

[36] ITU. ITU-T A. 11: 2012 Publication of ITU-T Recommendations and World Telecommunication Standardization Assembly proceedings (Study Group Assembly) [S].

[37] ITU. Resolution 1 (Rev. Hammamet, 2016)-Rules of procedure of the ITU Telecommunication Standardization Sector [Z/OL]. (2016-10-25). https: //www. itu. int/pub/T-RES-T. 1-2016.

[38] ITU. RESOLUTION ITU-R 1-7 Working methods for the Radiocommunication Assembly, the Radiocommunication Study Groups, the Radiocommunication Advisory Group and other groups of the Radiocommunication Sector [Z/OL]. (2015). https: //www. itu. int/dms_pub/itu-r/opb/res/R-RES-R. 1-7-2015-PDF-E. pdf.

[39] ITU. RESOLUTION ITU-R 4-7 Structure of Radiocommunication Study Groups [Z/OL]. (2015). https: //www. itu. int/dms_pub/itu-r/opb/res/R-RES-R. 4-7-2015-PDF-E. pdf.

[40] SARSO. SARSO Directives Part 1—Procedure for the Technical Work [Z/OL]. (2017-03). http: //sarso. portal. gov. bd/site/files/5403ae66-bf08-4290-a6ab-2faaf6b02d19.

[41] SARSO. SARSO Directives Part 2—Rules for the structure and drafting of SAARC Standards [Z/OL]. (2017-03). http: //sarso. portal. gov. bd/site/files/5403ae66-bf08-4290-a6ab-2faaf6b02d19.

[42] SCC. Canadian Standards Development: Program Overview [Z/OL]. (2017-04-05). http: //www. iapmostandards. org/media/2082/scc_canadian_standards_development-rogram_overview. pdf.

[43] SCC. Canadian Standards Development: Requirements & Guidance-Accreditation of Standards Development Organizations [Z/OL]. (2017-04-05). http: //www. scc. ca/en/system/files/publications/SIRB_RG_SDO-Accreditation_v0. 1_2017-06-23. pdf.

[44] SCC. Canadian Standards Development: Requirements & Guidance-National Adoptions of International/Regional Standards and Other Deliverables [Z/OL]. [2018-04-05]. http: //www. scc. ca/sites/default/files/publications/SIRB_RG_Adoptions_v0. 1_2017-04-24. pdf.

[45] THE EUROPEAN PARLIAMENT AND OF THE COUNCIL. DIRECTIVE 2009/48/EC OF THE EUROPEAN PARLIAMENT AND OF THE COUNCIL of 18 June 2009 on the safety of toys [Z/OL]. (2009-06-18). https: //eur-lex. europa. eu/LexUriServ/LexUriServ.

do?uri=OJ: L: 2009: 170: 0001: 0037: en: PDF.

[46] The Prime Minister. Decree No. 2009-697 of June 16 2009 Relative to Standardization (NOR: ECEI0909907D) [Z]. (2009-06-17). https: //www. legifrance. gouv. fr/eli/decret/2009/6/16/ECEI0909907D/jo/texte.

[47] World Wide Web Consortium. World Wide Web Consortium Process Document [Z/OL]. (2019-03-01). https: //www. w3. org/2019/Process-20190301/.

[48] 白殿一，等. 标准的编写 [M]. 北京：中国标准出版社，2009.

[49] 白殿一，等. 产品标准的编写方法 [M]. 北京：中国标准出版社，2017.

[50] 公安部，国家保密局，国家密码管理局，国务院信息工作办公室. 公安部等通知印发《信息安全等级保护管理办法》[Z/OL].（2007-06-22）[2007-07-24]. http: //www. gov. cn/gzdt/2007-07/24/content_694380. htm.

[51] 国家标准化管理委员会. 国家标准委关于发布《推荐性国家标准立项评估办法（试行）》的公告 [Z/OL].（2016-03-28）. http: //www. sac. gov. cn/sbgs/flfg/gfxwj/zjbzw/201606/t20160620_210925. htm.

[52] 国家技术监督局. 采用快速程序制定国家标准的管理规定 [Z/OL].（1998-01-08）. http: //www. sac. gov. cn/sbgs/flfg/gfxwj/zjbzw/201505/t20150504_187564. htm.

[53] 国家技术监督局. 地方标准管理办法 [Z/OL].（1990-09-06）. http: //www. sac. gov. cn/sbgs/flfg/gz/xzgz/201609/t20160909_216634. htm.

[54] 国家技术监督局. 国家标准管理办法 [Z/OL].（1990-08-24）. http: //www. sac. gov. cn/sbgs/flfg/gz/xzgz/201609/t20160909_216633. htm.

[55] 国家技术监督局. 国家标准化指导性技术文件管理规定 [Z/OL].（1998-12-24）. http: //www. sac. gov. cn/sbgs/flfg/gfxwj/zjbzw/201505/t20150504_187562. htm.

[56] 国家技术监督局. 行业标准管理办法 [Z/OL].（1990-08-14）. http: //www. sac. gov. cn/sbgs/flfg/gz/xzgz/201609/t20160909_216627. htm.

[57] 国家技术监督局. 企业标准化管理办法. [Z/OL].（1990-08-24）. http: //www. sac. gov. cn/sbgs/flfg/gz/xzgz/201609/t20160909_216630. htm.

[58] 国家能源局. 能源领域行业标准化管理办法（试行）[Z/OL].（2009-02-05）. http: //www. nea. gov. cn/2013-10/12/c_132792114. htm.

[59] 国家认证认可监督管理委员会. CNCA-C12-01：2015 强制性产品认证实施规则 机动车辆轮胎 [Z].

[60] 国家认证认可监督管理委员会. 认证技术规范管理办法 [Z/OL].（2006-01-23）. http: //www. cnca. gov. cn/bsdt/ywzl/gltxyfwrz/zcfg/201501/t20150107_39113. html.

[61] 国家市场监督管理总局办公厅. 关于征求《强制性国家标准管理办法（征求意见稿）》意见的函 [Z/OL].（2018-10-17）. http: //www. sac. gov. cn/szhywb/sytz/201810/t20181018_343098. htm.

[62] 国家质量监督检验检疫总局，国家标准化管理委员会. GB 4706.1—2005 家用和类似用途电器的安全 第1部分：通用要求 [S]. 北京：中国标准出版社，2005：08.

[63] 国家质量监督检验检疫总局，国家标准化管理委员会. GB/T 1.1—2009 标准化工作导则　第1部分：标准的结构和编写 [S]. 北京：中国标准出版社，2019：06.

[64] 国家质量监督检验检疫总局，国家标准化管理委员会. GB/T 700—2006 碳素结构钢 [S]. 北京：中国标准出版社，2006：11.

[65] 国家质量监督检验检疫总局，国家标准化管理委员会. GB/T 1499.1—2017 钢筋混凝土用钢　第1部分：热轧钢圆钢筋 [S]. 北京：中国标准出版社，2017：12.

[66] 国家质量监督检验检疫总局，国家标准化管理委员会. GB/T 16733—1997 国家标准制定程序的阶段划分及代码 [S]. 北京：中国标准出版社，1997：01.

[67] 国家质量监督检验检疫总局，国家标准化管理委员会. GB/T 20000.1—2014 标准化工作指南　第1部分：标准化和相关活动的通用术语 [S]. 北京：中国标准出版社，2014：12.

[68] 国家质量监督检验检疫总局，国家标准化管理委员会. GB/T 20000.2—2009 标准化工作指南　第2部分：采用国际标准 [S]. 北京：中国标准出版社，2009：06.

[69] 国家质量监督检验检疫总局，国家标准化管理委员会. GB/T 20001.1—2001 标准编写规则　第1部分：术语 [S]. 北京：中国标准出版社，2001：11.

[70] 国家质量监督检验检疫总局，国家标准化管理委员会. GB/T 20001.2—2015 标准编写规则　第2部分：符号标准 [S]. 北京：中国标准出版社，2015：09.

[71] 国家质量监督检验检疫总局，国家标准化管理委员会. GB/T 20001.3—2015 标准编写规则　第3部分：分类标准 [S]. 北京：中国标准出版社，2015：09.

[72] 国家质量监督检验检疫总局，国家标准化管理委员会. GB/T 20001.4—2015 标准编写规则　第4部分：试验方法标准 [S]. 北京：中国标准出版社，2015：09.

[73] 国家质量监督检验检疫总局，国家标准化管理委员会. GB/T 20001.5—2017 标准编写规则　第5部分：规范标准 [S]. 北京：中国标准出版社，2017：12.

[74] 国家质量监督检验检疫总局，国家标准化管理委员会. GB/T 20001.6—2017 标准编写规则　第6部分：规程标准 [S]. 北京：中国标准出版社，2017：12.

[75] 国家质量监督检验检疫总局，国家标准化管理委员会. GB/T 20001.7—2017 标准编写规则　第7部分：指南标准 [S]. 北京：中国标准出版社，2017：12.

[76] 国家质量监督检验检疫总局，国家标准化管理委员会. GB/T 20004.1—2016 团体标准化　第1部分：良好行为指南 [S]. 北京：中国标准出版社，2016：04.

[77] 国家质量监督检验检疫总局，国家标准化管理委员会. GB/T 28886—2012 建筑用塑料门 [S]. 北京：中国标准出版社，2012：11.

[78] 国家质量监督检验检疫总局，国家标准化管理委员会，民政部. 国家标准化管理委员会 民政部关于印发《团体标准管理规定》的通知 [Z/OL].（2017-12-15）. http://www.mca.gov.cn/article/xw/tzgg/201901/20190100014509.shtml.

[79] 国家质量监督检验检疫总局，国家标准化管理委员会. 质检总局　国家标准委关于发布《参加国际标准化组织（ISO）和国际电工委员会（IEC）国际标准化活动管理办法》的公告 [Z/OL].（2015-03-17）. http://www.sac.gov.cn/sbgs/flfg/gfxwj/

zjbzw/201606/t20160620_210923.htm.

[80] 国家质量监督检验检疫总局. 全国专业标准化技术委员会管理办法 [Z/OL].（2017-10-30）. http://www.sac.gov.cn/sbgs/flfg/gfxwj/zjbzw/201711/P020171123335474162222.pdf.

[81] 郭政, 朱倩沁. 巴西质量管理的发展历程与措施 [J]. 上海质量, 2018（2）: 35-40.

[82] 刘春青. 美国、英国、德国、日本和俄罗斯标准化概论 [M]. 北京: 中国标准出版社, 2012: 153-157.

[83] 潘薇, Nelson Al Assal Filho, 魏利伟. 巴西标准化发展现状概述 [J]. 标准科学, 2013（8）: 10-13.

[84] 全国人民代表大会常务委员会. 中华人民共和国标准化法 [Z/OL].（2017-11-04）. http://www.sac.gov.cn/sbgs/flfg/fl/bzhf/201711/t20171108_318652.htm.

[85] 中华人民共和国卫生部. 放射工作人员职业健康管理办法 [Z/OL].（2007-03-23）. http://www.gov.cn/gzdt/2007-06/21/content_655923.htm.